伝説の旅

谷　真　介

梟《ふくろう》社

目次

I　義経、平家伝説のゆくえ

義経北行伝説をたどる……7
南走平家伝説をめぐって……26

II　歴史と伝説の光と影

東北にあるキリスト兄弟の墓……43
環状列石の謎……52
伝説のなかを泳ぐ魚たち……60
浦島太郎の後日譚……70
猫の伝説ア・ラ・カルト……81
てんぐのきのこの不思議……97

埋蔵金あれこれ……107
樹のなかのひみつ……117
海に沈んだ島々……124
〝キリシタン第一号〟の周辺を探る……134
八重山のキリシタン事件……143
絵島事件と御蔵島独立運動……147
北辺の〝蟹の鋏の島〟――北海道・礼文島にて……156
グズリ謁見記――宮古湾・日出島にて……168
最後の波座士――五島列島・宇久島にて……179

III

沖縄・先島を歩く

謎の〝パナリ焼〟――竹富島にて……191
南波照間島物語――波照間島にて……202
〝ニーランの神〟をめぐって――竹富島にて……214

巨軀・怪力の女酋長——与那国島にて……223
石になった八重山乙女——石垣島にて……234
津波と人魚の話——石垣島にて……243
女は戦さの先ばり——石垣島にて……251
人頭税に苦しんだ島——宮古島にて……256

IV 伝説の真偽

幻の〝八文半の軍靴〟——沖縄・阿嘉島にて……267
「ジュリア・おたあ伝説」について——神津島……287

あとがき 295

I

義経、平家伝説のゆくえ

7　義経北行伝説をたどる

義経北行伝説をたどる

義経生存説

頼朝の義経追討の命をうけた泰衡が、数百騎の兵を率いて衣川のほとりにある高館に義経を襲ったのは、文治五年（一一八九）閏《うるう》四月三十日のことであった。義経はわずかな手兵とともに防戦したが支えきれず、持仏堂に入って自害しはてた。義経三十一歳。義経と死をともにした夫人河越太郎重頼の娘（正妻）は二十二歳、その女子はわずか四歳であった。『義経記』によれば、「さあ、早く館に火をつけよ」というのが、義経の最期の言葉であったという。

義経の首級は六月十三日、泰衡の使者新田冠者高平一行によって鎌倉に送られた。腰越で義経に心酔していた和田義盛、義経を悲惨な運命に陥れた梶原景時によって実検されたが、四十余日もついやして届けられた焼けた首級は、はたして義経のものであったかどうか。実検後義経の首級は藤沢市坂戸町の小高い丘にある白旗明神に埋められ、社の近くには首洗い井戸と伝えられる井戸が残っているが、義経自害のきめ手となる文献は、鎌倉幕府の史書である『吾妻鏡』と鎌倉方の使者の伝聞を記載した藤原兼実の日記『玉葉』だけといわれているから、たとえ「醇酒にひたし、黒塗りの櫃《ひつ》に入れて」送られたとしても、「此大暑中、焉《いずくん》ぞ腐爛壊敗せざらんや、また孰《いず》れか能《よ》く其真偽を弁別せんや。然らば則ち義経死たりと偽り、而して逃走せしならん乎《かな》」（『大日本史』）という疑問も生じ、〝義経生存説〟の素因が生まれるのである。

それでは、鎌倉に送られた首級は、いったい誰のものであったのかということになる。それは杉目小太郎行信のもので、行信は義経の影武者だけあって、義経と見まがうほど容姿風貌がよく似ていたという。

替玉説に端を発したこうした義経生存説は、奥州本『義経記』といわれる奥浄瑠璃「衣川合戦談」や「仙台浄瑠璃」、加藤謙斎『鎌倉実記』、『清悦物語』、馬場玄隆の『義経勲功記』などによって各地にひろまっていく。例えば林春斎『続本朝通鑑』は、「衣川之役義経不レ死逃到二蝦夷島一其遺種存二于今一」と記し、新井白石も『読史余論』のなかで、「義経手を束ねて死に就べき人にあらず。不審の事なり。今も蝦夷の地に義経の家の跡あり。又夷人飲食に必ずまつるそのいはゆるヲキクルミといふは即義経の事にて、義経のちには奥へゆきしなどといひ伝へしともいふ也」と、記している。

しかし、こうした義経の衣川脱出とは異なり、義経は泰衡襲撃前にすでに平泉にはいなかったという〝通説〟をくつがえす説を説く義経伝説研究家もいる。

岩手県の郷土史家佐々木勝三氏で、氏は戦後十数年にわたって東北地方に散在する義経伝説・遺跡を踏査し昭和三十二年（一九五七）にその成果を『義経は生きていた』という著書にまとめたが、それによると義経は文治四年（一一八八）にはすでに蝦夷地へ渡る用意をしており、平泉に近い油田（西磐井郡暇島村）の惣平という農夫に糧米借用を申し入れ、その時の借用書が「亀井文書」として残っているというのである。

高館を後にした義経が最初に越えた北上川の合流地点を望む。

その文面は、

此度狄地《えぞ》ニ渡為
粮米粟七斗致
借用候也若帰国
無之におゐては時之
将軍可願裁断者也
文治四年四月十八日
伊予守源義経判
武蔵坊弁慶
亀井六郎重清
執筆
惣平殿

とあり、佐々木氏は著書のなかにこの文書の写真まで載せている。

この借用書には数種類のものがあるということである。

白石は義経の平泉脱出について、「智者というものは無駄死をしないものである」と要を得たいい方をしているが、佐々木氏は衣川役一年前の平泉脱出について、朝廷がそれまで四回の宣旨を下しており、義経が、「死ぬ気であれば何度でも機会はあったが、あらゆる困苦を克服して生きて平泉まで来たのは、他に大目的があっての事だったから、この度も死を選ぶことをせず、あくまで生きることを考え、懐しい平泉を去る決意をしたと思う」と記し、その理由を「平泉は清衡、基衡、秀衡と三代かかって、京都を模倣して堂塔伽藍・僧坊・築山・池泉・市街・仏像等奥州産の金を惜しげもなく用いて建設した仏都を、戦乱の巷と化したくないということ、善良なる民を戦禍の巷に引き入れたくないということは、義経が京都を撤退した時の気持ちと同じであったろう」と、義経の心情をくんで愛情深く書き記している。

ともあれ、〝義経生存説〟にしたがえば、義経主従は平泉をあとに蝦夷地へむかって〝伝説の旅〟へと旅立ったことにはかわりない。では、義経主従はどのようなルートを経て、蝦夷地へ渡ったのだろう。

宮古隠棲

衣川を脱出した義経は、弁慶など従者および夫人河越氏ならびに女児、召使いなどを従えて人目を忍び、奥州本街道を避けて間道を潜行し、まず衣川と北上川の合流点近くを渡り、束稲山《たばしね》の麓にある佐藤基治の館にむかう。当時北上川はこの束稲山の麓近くを流れていたが、現在では西方約四キロほどのところに流れをかえている。

『江刺郡志』や土地に伝わる伝承では、義経はここから束稲山を越え、古老たちのいう旧道・東街道を北上し、「江刺の岩谷堂、人首《ひとかべ》、世田米《せたまい》を経て東海岸に出、さらに北上して八戸より船で蝦夷地に渡った」。あるいは「義経は釜石の方から八戸へ行った」などと伝えられているので、伝説・遺跡の数々は当然それに沿って点在している。

以下、長逗留をした宮古までのコースと主な遺跡物類を整理しながら記すと——

江刺の岩谷堂には、義経一行が宿泊したという多聞寺、義経・弁慶が粟五升を求めて炊き出しをし空腹をしのいだという弁慶屋敷跡、弁慶が腰をかけたという腰かけ松などの伝説がある。

一行はここから山間にむかい、玉里村（義経がしたためた経文、太刀）、下伊手（宿泊した源休館址）、人首、大股（義経一行が野宿をした判官山）、世田米（義経が鞍をかけた石）、気仙郡の上有住《かみありす》（判官手がけの松）、そして真夏の赤羽峠を越えた上郷村には義経の遺筆、判官神社、弁慶の腰かけ石などがある。さらにむかしは人馬の往来も容易でなかったといわれる六角牛山《ろっこうしやま》を北へ越えて界木《さかいぎ》峠（弁慶石）を経、栗橋村中村（義経が宿泊した八幡家、判官神社）に至る。

このあたりは〝義経伝説の宝庫〟ともいえるところで、伝説の数がもっとも多いところである。しかし近年になって観光客に人気のあるのは、「義経が疲れをいやすために五右衛門風呂につかった」という遠野細越の風呂家である。その風呂も、「当時五右衛門風呂はない。木をくり抜いたものだ」、「いや、筵《むしろ》を敷いて熱湯をかけ、そこに寝転がった一種の蒸し風呂だった」という説もある。当時の風呂はいまはないが、風呂家というかわった家名の由来も義経伝説から生まれている（同じような伝説としては、青森県三戸の榊家《さかき》がある。榊家は当時八戸の藤ケ森稲荷の神官をしていたが、義経が小用を催した時、急いで近くからサカキの葉やツタを集めてその場所をつくった。義経は名前を呼ばずに神官を「榊、さかき」と呼ぶので、「榊」を氏名《うじな》とし、家紋にツタを用いるようにしたという）。

ここから一行は鵜住居《うのずまい》の室浜（法冠神社）にぬけ、陸中東海岸に出る。

鵜住居からは、小槌川を渡り、大槌川沿いに上流に進み、金沢《かねざわ》村種戸口沢（弁慶の手形石）、豊間根《とよまね》、中山（義経が鞍を干したという鞍懸山）を経て小国、川井村箱石（判官権現）、茂市（判官堂）を通り宮古に至るのだが、どういうわけか川井村の鈴久名には静御前を祀った鈴権神社がある。

まことにおびただしい伝説・遺跡物の数である。しかし、しばらく居留していたといわれる宮古周辺には、まず義経が遠い都を懐しんで命名したと伝えられる宮古《みやこ》という地名の由来にはじまって、判官館、判官山、黒館、弁慶の遺筆、手形石など、これまたおびただしい遺跡物がある。ことに宮古北方の山口にある古樹うっそうたる黒森山（三二一メートル）は義経一行がしばらく隠棲していたところといわれ、義経と弁慶は蝦夷渡海の大願をはたすため大般若経の写経をし、それを奉納したという黒森神社（宮古市千徳）がある。

ところで、義経伝説の支持者は「黒」は「九郎義経」の「九郎」を匿した呼称であるとするから、この黒森山の「黒」も「九郎」を暗示したものとされている。しかし黒森、あるいは黒森山は筆者が調べただけでも岩手県内に十三を数えるほどある。これら点在する黒森、黒森山がすべて「九郎森」「九郎森山」であるかどうかは定かではないが、小森俊一著『三陸海岸の地名』によれば、これらの

「黒」の由来は「樹木おい茂り昼なお暗き」森、山に由来するといい、「黒」=「九郎」という説はとっていない。柳田国男も『郷土誌論』のなかでいっているように、土地のひとたちの素朴な〝自然命名法〟による由来の方が、この場合ははるかに似つかわしいように思われるのだが。

なお、義経一行は宮古に近い山口の「昼なお暗い」黒森山に三年三カ月余り潜み、その間義経は、名を北上左衛門と変え、大般若経六百巻を書き写したという。

津軽半島北上

宮古からは、海路で八戸まで渡ったという海路説がある。八戸に上陸したのは文治四年（一一八八）四月中旬のことだったというが、ここでは宮古から陸路をたどることにする。

まず田老《たろう》では、義経着用のかぶとがある。このほか小本の判官堂、蝦夷地渡海を祈願したと伝えられる普代《ふだい》の鵜鳥神社、普代村には農家から糧米を借用したという糧米借用の伝説もある。ここからさらに野田を経て三陸海岸沿いを北上して久慈に至るが、この久慈には〝源道《げんどう》〟という珍しい地名にちなんだウルトラ級の伝説がのこされている。

義経一行がこの地まで落ちてきた時、突如東南方の道を畠山重忠の率いる追手の兵に阻まれたというのだ。畠山重忠は正伝では義経の首級を鎌倉へ送った泰衡を討って功をあげた鎌倉方の武将である。一ノ谷では義経とともに平家を追った仲間でもある。義経は驚いたに違いない。ところが重忠方は南方の諏訪森という丘に兵を退け、空矢を討ったので義経一行は左峠《ひんだりとうげ》から道を西にとって山の峰を越え、西北に進んだ。その道を〝源道〟といい、珍しい地名の由来は、「むかし源氏の兵が通ったからだ」という。

この「重忠云々」の伝説にはもう一説ある。それによると重忠軍は南方の諏訪森に陣をとって夕飯をとっていたが、重忠は従者を連れずただひとり北方を見まわっていたところ、義経一行と遭遇。義経はこれまでと観念したが、重忠は弓に矢をつぎ義経には当たらぬよう「諏訪大明神」と念じつつ、矢を放った。その矢は義経をかすめて松の木に当った。義経は夕暗にまぎれて源道を通り、侍浜《さむらいはま》の方へ落ちていった。それを見届けると重忠は松の木にささった矢を引き抜き、神体として諏訪大明神を祀った。現在の諏訪神社の起源は、このエピソードに発しているという。

さて、義経伝説もここから青森県に入る。

八戸の馬淵《まべち》川北方の丘陵に、義経が四年ほど居留していたという小高い高館山がある。館までつくって義経がこの地に長逗留したのは、夫人が懐妊していたからだといわれるが、夫人は間もなくこの地で死去し、亡骸は近くの藤ヶ森（夫人ヶ森）の龗《おがみ》神社に葬られた。（夫人は京都の久我大臣の娘の久我御前で、病死したのは元久二年＝一二〇四年四月末日だという）。死去の原因は出産によるものであったのか、またその子はどうなったのかなどについては、このあたりの伝説はなにも語っていない。八戸には他に、義経が弓と矢を、弁慶は赤毛の引敷などを奉納した御前《みさき》神社がある。

八戸で夫人を亡くし長逗留をした義経は、さらに北上し、弁慶が般若経を奉納したといわれる天間館を経て、都母《つぼ》に至る。

この地は坂上田村麻呂が東夷征伐の時、都母（現在の坪）の蝦夷を追い払い、日本の北境として小

北行義経の伝説の跡

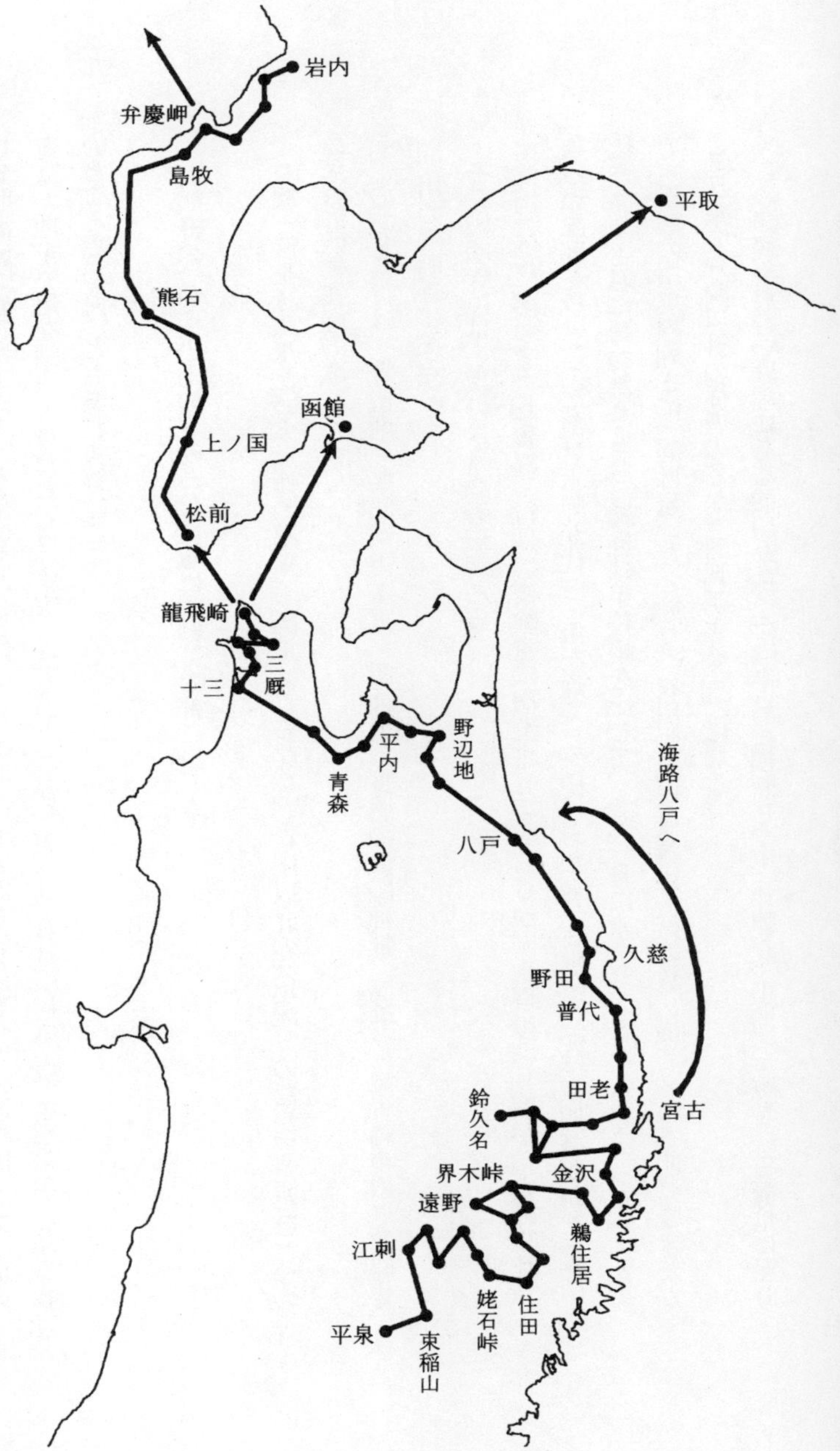

岩内
弁慶岬
島牧
平取
熊石
函館
上ノ国
松前
龍飛崎
三厩
十三
平内
野辺地
青森
海路八戸へ
八戸
久慈
野田
普代
田老
宮古
鈴久名
界木峠
金沢
遠野
鵜住居
江刺
住田
姥石峠
平泉
束稲山

山の上の巨石に〝日本中央〟と矢の根石で彫ったと伝えられるところである。田村麻呂が鎮守府として胆沢城（岩手県水沢市）を築いたのは八〇二年、胆沢近辺ならいざ知らず、田村麻呂が陸奥の青森の地まで足を踏み入れたという〝史実〟はない。しかし東北地方は田村麻呂の伝説がすこぶる多いところである。ともあれ義経はここで、

三熊野のつつく小山のふみ石を見るにつけても都こひしき

の歌一首を詠んだという。作の出来不出来はともかく、衣川以北の〝伝説〟のなかでただひとつのこされている義経の歌である。

このあと一行は、野辺地、馬門《まかど》、雷電宮、源兵坂、野内《のない》の貴船神社、安方《やすかた》（現青森市内）を経て、油川《あぶらかわ》の円明寺に至る。

その円明寺には、次のような寺伝がある。

油川の地に落ちてきた義経一行は、修験堂に宿泊させてもらうが、炊事役の弁慶が「鬼の霍乱《かくらん》」ならぬ風邪をひいたので亀井六郎が代って飯を炊くことになった。ところが六郎は水加減がわからない。仕方なく主君に尋ねたところ、義経は手控帳を出して、「米一升に水一升三合を入れよ」と教えたので、義経の用意周到さに一同は驚いたという。衣川脱出以後義経一行の数、従者名は不明のままだが、ここへ来て弁慶以外の従者の名が一名判明することになる。

この津軽半島のつけ根にある油川から一行は半島を横断し、十三《とさ》、脇元、小泊、三厩《みんまや》を経て龍飛《たつぴ》に至り、

そこからいよいよ海峡を越えて蝦夷地へ渡るのだが、三厩には義経の事蹟が開山の基になったという鞍馬義経寺がある。

その縁起には、源廷尉義経公は蝦夷地を志してこの地までやってきたが、波浪高く風荒ぶいてかの地に渡るすべもない。崖上の巌頭に三日三晩座して観世音に大悲の懇求をした。すると――、

「満願の暁頃白髪の老翁告て曰く汝至心に誠を投じ甚だ切なるが故に今嵓《がん》中に三疋の龍馬を与えるなり、是に乗じて渉るべしと云終て失のう、廷尉感涙衣の袖を沾《うるお》し、早天に嵓頭を下り嵓穴に向えば駿馬風に嘶き海面も亦波を抑す、於是酬徳の為にとて廷尉常に親ら尊秘するところの正観音を嵓上に安置し遂に主従三騎蝦夷の地へと押しわたる……」

この時、義経が巌頭に安置した観世音は、母常盤御前から形見としてもらった一寸の銀の像であった。その後はるか星霜を経て寛永の頃、越州（新潟県）西川郡符中の僧円空が諸国遍歴の途次たまたまこの地を訪れ、巌頭に不思議な光を放つものを見つけてよじ登ると、そこに長さ一寸の白銀の聖観世音像があったという。円空は感仰の余り木像を刻み、そのなかにこの尊像を納めて草庵を結び、〝義経風祈りの観音〟と称して尊崇した。義経寺となったのは、明治以後であるという。

三厩には他に義経主従が三頭の馬をつないだという三つ並んだ岩穴。義経がかぶとを置いたというかぶと岩（竜浜）などの伝説があるが、義経寺の縁起によって蝦夷地へ渡ろうとした義経一行は、三名であることがここで判明する。油川に伝えられている伝説では弁慶と亀井六郎の名があるから、従者はこの二名で、もし他にも従者がいたとすれば、すべてこの地で主君と永の別れを告げたことになる。

平泉駅前にある弁慶の墓。

ところで、三厩の義経寺縁起では義経一行は三頭の竜馬にのって蝦夷へ渡ったことになっている。馬にのって二十キロを越える海峡を越えたというのでは、いくら伝説でもリアリティがなさすぎよう。佐々木氏は「船は十三の福島城の秀元が提供したのではないか」と推測しているが、渡海をめぐって次のような伝説もある。

義経は竜飛から舟で一度下北半島に渡り、仏ガ浦から蝦夷地へ橋をかけようとしたというのである。義経は土地のひとたちに頼んでたくさんの材木を牛に引かせてきたが、牛はその苦役にたえられず途中で倒れてしまった。その時材木はみな卒塔婆に似た〝材木石〟になったというのである。海底トンネルならぬ蝦夷地へ大橋をかけようとするなら、距離的にいって仏ガ浦より竜飛崎からの方がはるかに短い。この伝説は下北半島の大間町周辺に産出する角材に似た〝材木石〟を義経伝説のなかに組み入れたもののようである。

義経入夷の前にもうひとつ、どうしても紹介しておきたい伝説がある。

これまでの伝説はすべて太平洋岸に点在しているが、義経は衣川脱出後、けわしい奥羽山脈を横断し秋田の男鹿半島に近い芦崎に出た形跡があるのである。芦崎に伝わる伝説は、江戸時代の大旅行家として知られる菅江真澄の旅日記『男鹿の秋風』に記されているもので、義経は蝦夷に渡る途次、鞍馬山で学んだ折に出羽の芦崎から来ていた鈴木宗因というものと昵懇《じっこん》になっていたので、弁慶をつれてこの宗因を尋ね、食糧に粟を借り入れてその借用書を宗因の家にのこしていったというのである。

いずれにせよ、義経は本州の最北端から蝦夷地へ渡海していくのだが、それではなぜ義経は蝦夷へ落ちていったのだろう。

ジンギスカンの肖像。

近代に入って〝義経生存説〟に大輪の花を咲かせたのは、大正十三年（一九二四）に小谷部《こやべ》全一郎が著わした『成吉思汗ハ源義経也』という著書である。義経入夷の夢はいわば、判官びいきの江戸時代人が悲劇の英雄の末路に托したロマンであったが、義経＝成吉思汗《ジンギスカン》であるというこの書は書名が示す通り奇想天外というか、雄大な構想の一大ロマンで当時のひとびとを驚かすに充分であった。この書は伊藤博文の女婿であったのちの文部大臣末松謙澄が欧州留学中に英文で草した「成吉思汗即義経説」を実地踏査したものといわれているが、刊行されると当時の「中央史壇」という雑誌が一号全誌を費して『成吉思汗は義経にあらず』という大特集を組んで反駁した（大正十四年二月号）。すると小谷部氏は『続、成吉思汗は源義経なり、著述の動機と再論』を発表して応じ、「中央史壇」もまた特集を組んで駁すといったありさまであった。三宅雪嶺なども、「伝説と史実を混同するな」といった論文を発表している（ぼくが所持している小谷部氏の著書は大正十三年十二月五日発行の六版本だが、初版発行一カ月でこれだけの刷数が出ているから、まぎれもなく当時のベストセラーであったろう）。

この『成吉思汗ハ源義経也』によると、アイヌ民族は大きく分けてふたつの種族に分けられ、東方網走地方に定住している種族を荒蝦夷《あらえぞ》といい、本州東北地方にいた種族を熟蝦夷《にぎえぞ》と呼んでいた。この熟蝦夷が居住地を追われて海を越え、釧路から西部、日高地方に定住した。奥州で成長した義経はこの熟蝦夷と親交があったことから彼等をたよって蝦夷地へ落ちていったというのだ。この小谷部説によれば、本州東北部における熟蝦夷は主として太平洋岸に定住していた。したがって義経の伝説も「福島仙台秋田方面に存せずして、平泉入ノ戸宮古地方に多く」伝わっているのであり、義経が北方へ落ちて行くにはこのコースしかあり得ないというのである。

蝦夷義経伝説

さて、蝦夷地へ渡った義経はその後どのようなコースをとって、どこへいったのだろう。

北海道には五十を越える義経伝説、遺跡が散在するが、本州のそれと比べるとコースが追えるほど整然とはしていない。上陸地点にしても、竜飛からの最短距離にある福山、義経が創建したという欣木院のある松前説と、義経が弓で岩をついたところ、にわかに清水がわき出したという伝説のある函館上陸説などがあるが、その後の足どりはいずれも不明である。だが北海道における義経伝説の中心は日高地方、沙流川の平取《ひらとり》なのでそこへ話を移していこう。

平取における義経について、小谷部氏は次のような興味あるアイヌ酋長の話を紹介している。

「義経が蝦夷綏撫《すいぶ》に関し老酋長ペンリが著者に語りし伝説に曰く、昔し判官は沙流《サル》の河港に上陸し平取《ピラトリ》のハイヌサウシと云ふ処の丘の上に、砦を築きて居り、吾々の祖先に弓矢にて鳥獣を捕り、網にて魚を漁る法を伝へ、又た手工農作の事を教へたるより、判官を命の親として神に祀るなり」云々。

――これが新井白石などのいう義経＝オキクルミ説である。オキクルミはアイヌに生活文化の技術を教えた人文神である。また義経は判官――ホンカイサマとも呼ばれているが、いずれにせよ義経は蝦夷地に入ってアイヌの神として崇められることになるのだ。なお、平取の義経神社に祀られている義経の木像は、江戸幕府の役人近藤重蔵守重が蝦夷地にひろまっている義経伝説をアイヌ人の人心掌握政策に利用することを考えてつくられたもので、佐流太《さるた》にあったものをのちに神社とともに平取に移したものである。重蔵は〝神国日本の威風〟をアイヌ人たちに誇示するため、こうした神祠を蝦夷地の各地に建立しているが、平取の義経神社に祀られている義経の木像は、重蔵が自分の像を義経像に凝したものだという説も当地にはある。

ところで蝦夷地に伝わる義経伝説は、一言でいえば荒唐無稽なものが多い。義経はアイヌ酋長の娘と結婚したという伝説も岩内町ばかりではなく積丹《しゃこたん》岬、石狩にもあり、それぞれの地に勢力をもっていたアイヌ酋長の娘と結婚して幸福な余生を送ったり、悲恋物語よろしく別離したりしている。[*1]また知床に伝わる伝説では、突如として弁慶の妹なる女性が出現してきたりする。そして伝説はアイヌ人が居住していた太平洋岸、オホーツク海岸、日本海岸と海岸沿いに点在し、内陸部の屈斜路湖、阿寒などの湖のほとりにも伝えられていて、ほとんど枚挙にいとまがないほどである。いずれ荒唐無稽なら、話はいっそうスケールの大きなもの、ユーモラスなものの方が面白いと思われるので、それを紹介しておこう。

白糠《しらぬか》に近い茶路川の河口のほとりに出た義経は、腹が空いたといって漁師たちの捕えたクジラを一頭もらい受け、ひとりでペロリとたいらげてしまったという。また根室の羅臼には義経は一刀のもとに鯨を切り殺し、蓬の串に鯨肉を刺して焼いて食べようとしたところ、火がはねたのでびっくりしてとびあがり、尻もちをついたという伝説ものこっている。さしもの武将もさい果ての地まで落ちのびてくると臆病侍以下のていたらくである。この伝説は、何を語ろうとしたのだろうか。また北海道には弁慶岬、弁慶温泉などの地名がある。弁慶はアイヌ語のペンケのもじりで、北海道にはこの名のつく地名が多い。その意は「川上」を示すと、アイヌ文化研究家で詩人の更科源蔵氏の『アイヌ語地名解』にみえている。

なお、蝦夷地にも〝義経の借用書〟というものがある。昭和十一年（一九三六）に刊行された石附舟江著『伝説蝦夷哀話集』という書物に紹介されているが、それによるとクレンケなるアイヌ人が借用書の所有者で、義経は馬糧と干鰊を当家から借り受け、「文治五年（一一八九）九月五日」の日附があるという。本州の伝説では北端の竜飛にたどりつくまでに宮古の黒森山で三年余、八戸で数年逗留し十年近くかかっている。史実では義経が衣川で自害したのは文治五年四月三十日。この借用書の日附はどういうことになるのだろう？　平泉から直行してきたというなら辻褄はあうのだが。

義経と成吉思汗

ともあれ、判官びいきの日本人は義経をアイヌの神に仕立てあげてしまったが、江戸時代にはそれでもまだ憐憫《れんびん》おさまらないひとたちがいて、義経を弁慶岬から蒙古へ、あるいは蝦夷地の北方ルートにのせてカラフトへ脱出させ、遂に成吉思汗にまで仕立てあげてしまうのである。

それを蒙古まで足をのばして実地検証し、熱狂的に説いたのが前記小谷部氏の著書だが、「源義経」を音で読むと「ゲンギケイ」となり、「成吉思《ジンギス》」は「ゲンギス」となり、「汗《カン》」は皇帝を意味する、あるいは成吉思汗は「九」という数を好んだがそれは自分つまり「九郎義経」の「九」であるからだといった論法で、これはもう語呂合わせの御都合主義、ひいきの引き倒しである。成吉思汗は蒙古民族のなかでも高貴な種族である「ニロン」、すなわち「日の族」（ニロンはニホンに通ずるともいう）の出であり、「その母の名をホルン・イケと伝ふるは、平家の棟梁清盛の義母にして、源家嫡流頼朝を助命せる縁故より、牛若丸の義経をも助命せる池の禅尼の名のイケに通ず」といった塩梅である。

さらに小谷部説を紹介すると、踏査の折ハバロフスクには笹竜胆《りんどう》の紋をつけた武将像を祀る廟があったとか、成吉思汗即位の時には源九郎を意味する白旗九旒《りゅう》を樹てたとか、興安嶺の山中にある古城址で土地の長老にむかし住んでいた武将の名を尋ねたところ、「クロー」とこたえたという。もちろん「九郎」を意味する「クロー」である。

また、成吉思汗の戦術がスピーディであり、義経の奇襲作戦とよく似ているとか、弁慶はどうしたかといえば、ちゃんと名を匿して存在している。大汗にいつも影のように随征していたスーブタイがそれで、速不台《スーブタイ》すなわちソウボウ台（台は殿のことであるという）で、僧坊殿ということになる。

義経の生年は一一五九年、成吉思汗は生年は諸説あるが近年では一一六七年説が有力であるから年齢には八歳の開きがある。また伝えられるところでは成吉思汗は長身であり、義経は五尺の短軀であった。この点はどうなるのかといえば、小谷部氏は「主君（成吉思汗）崩御の時は玉躰漸次縮小せる」奇異が生じたという驚くべき伝説を援用し、「成吉思汗は威を部民に示さんとして常に身に厚く衣服を纏ひて肥大を装ひ、長靴の底を厚くして、身長を補」っていたという。いまでいう流行のあげ底シューズである。そして最後に、

「大汗成吉思を以て義経の後身に非らずと云ふは、蛙は蝌斗《かと》（オタマジャクシ）の後身に非らずと云ふが如く、成吉思汗を蒙古生粋の人なりといふは、蜥蜴《とかげ》を竜なりとするが如く、而して義経を衣川に死せりと主張する我が国歴史家の見解は、影を以て実体なりと強弁し、或は其は形の稍々相似たるより、鰌《どじょう》を目して鯨なりと云ふに等しきもの也」

と、大喝破している。

この書を〝奇書〟と呼んだひとがいるが、まことに驚くべき書物である。

入蒙後の義経伝説は、さらに発展をつづける。清の六代皇帝乾隆が『国書輯勘録』という書物集成の序文に、

「朕姓ハ源。義経之裔。其ノ先出二清和ニ一。故号ス二国清ト一」

と記し、自分は清和源氏の裔であるから国名を清和の清をとって「清《シン》」としたということが、江

戸時代の寛政十二年（一八〇〇）に刊行された桂川中良の『桂林漫録巻下』という書物に出ている。これも驚きだが驚きついでにもうひとつ――。成吉思汗の孫であるクビライ・ハンは祖父義経の仇の鎌倉将軍を討つために大軍を日本へ送ったのが、いわゆる〝元寇の役〟であったという。ちなみに頼朝が没したのは正治元年（一一九八）、一度目の蒙古襲来は文永十一年（一二七四）である。

こうなると、まるで輪廻転生である。白石は義経の衣川脱出について、「智者というものは無駄死をしないものである」といったが、判官びいきもここまできてしまうと、なにをかいわんやという気にもなってくる。入夷説も入蒙説も〝神国日本〟のおろかしい威風高揚にかつぎ出されたものであることは明白だが、義経をアイヌの神に仕立てたり成吉思汗にしなくても、悲劇の武将というものは時代を越えてわれわれの心に生きつづけているのである。

＊1　明治時代に来日したイギリスの宣教師で、アイヌ研究家として知られるジョン・バチラーは『アイヌの伝承と民俗』（青土社刊）のなかで、「アイヌ民族は自分たちの祖先は読んだり、書いたりすることを知っていたが、その術を奪ったのは義経だ」という、面白いアイヌの伝説を平取地方で採録している。日本の英雄義経は沙流《さる》のアイヌの村長の娘婿になったが、ある時義経は仮病をつかって仕事をやすみ、村長が山仕事に出かけた留守に妻をだまし、村長が大切にしていた兵法についての唯一の本（アイヌにとっての唯一の本）『トラノマキモノ』を盗み出して持ち去ったので、以後アイヌの人たちは文字を書くこと、読むことを失ったという。

南走平家伝説をめぐって

〝沖縄に君臨した平家〟

沖縄の島々を旅していると、よく平家の落人伝説を耳にする。

たとえば蟹のはさみの形をした西平安名《いりへんな》岬に通ずる宮古島の狩俣部落は、平家の落武者たちが漂着したところといわれ、その子孫と称される根間家の主家には、いまも古剣が伝えられているという。平良《ひらら》港の岸壁で釣りをしているときにこの話を聞いたので、翌朝雨のなかを狩俣へ出かけて根間家をたずねたが、あいにく主人は不在で家伝の古剣は見せてもらえなかった。この狩俣部落では、祭事に使う祭具などにも赤色の器具を用い、御獄《うたき》の石も赤糸で巻いて奉持しているという。ここの祭神は「赤血ぬ《の》赤台の真王」という神名の倭神《やまと》である。〝赤〟は平家のシンボル・カラーである。そういえば、八重山の竹富島では赤山王なる平家の落武者が漂着して、美崎のほら穴に住みついていたという話を聞いたこともあった。

このほか、石垣島の平久保《ぺーくぼ》部落のカーラマタの岩窟、桃里のマンゲー岩窟なども平家の落武者が

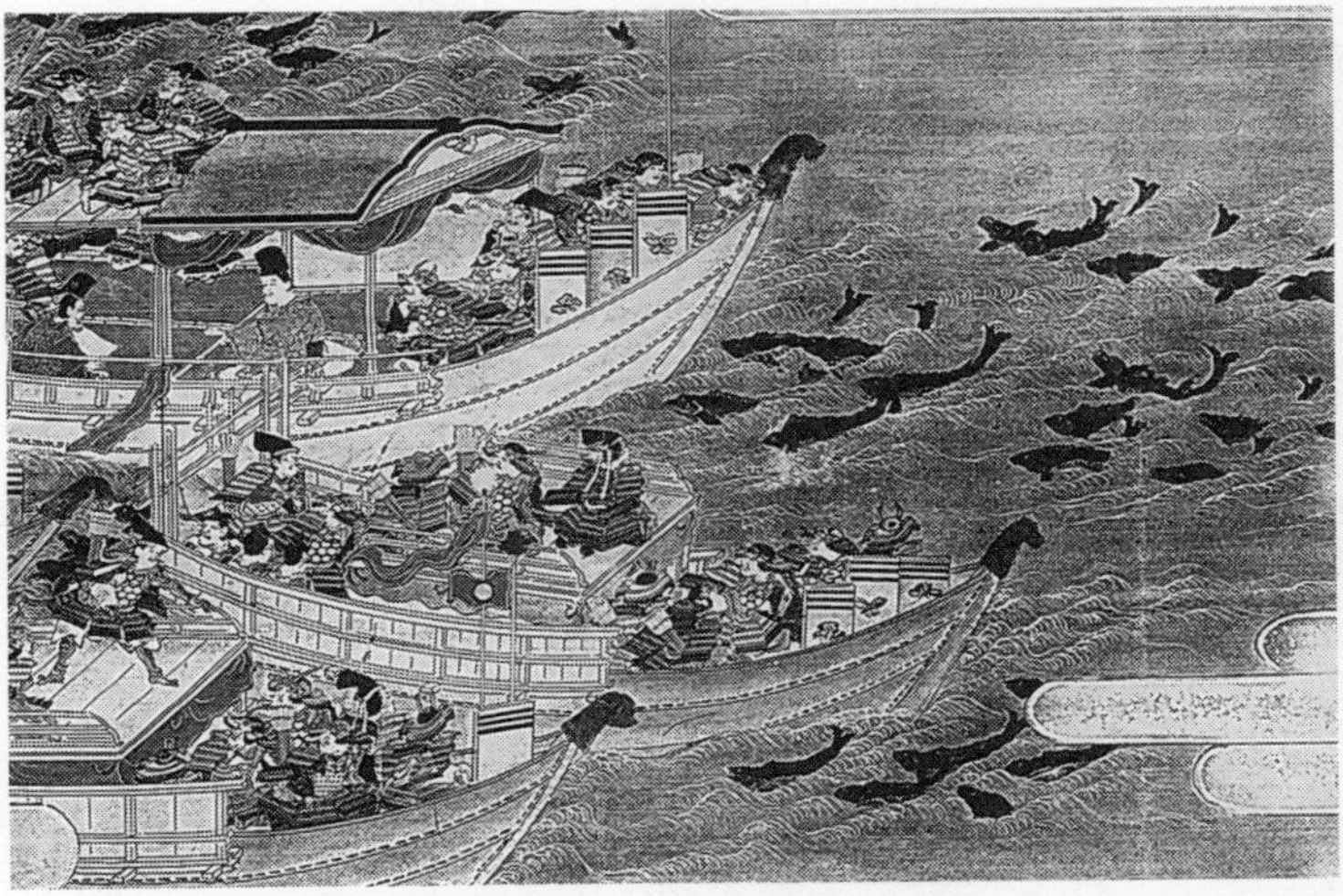

吉か凶か。壇ノ浦決戦のとき、平家船団にむかって 2000 余の海豚が近づき、公達たちを驚かせたという。（『平家物語絵巻』巻 11 の絵図）

住んでいたところといわれ、川平《かびら》にも〝大和墓〟〝八島（屋島）墓〟と称される墓がある。

大和墓は、わが国の最西端に位置する与那国島にもある。ここでは〝ダマトゥ・ハガ〟と島の方言でいわれ、山奥の境界を意味したが、のちに大和墓になったという。旧ドゥナンバラ村のあった大和《ダマトゥ》墓《ハガ》の洞窟内には落武者たちの人骨が累積していたという。

与那国島へ渡ったとき、島のひとに案内をしてもらって洞窟のある場所に出かけたが、洞窟は通称〝ハエモト山〟という山の中腹にあり、南島の樹林がうっそうとおい茂っていて、どこにほら穴の入口があるのかさえまるで見当もつかない。樹林に足を踏み入れたら、何がとび出してくるかわからないほどの静けさと妖しさがあたりに漂っていた。案内をしてくれた島のひとは、「いまはとてもほら穴までいけないし、いったというひとの話も聞かない」ということであった。

ところで、これまで紹介した伝説は、みな沖縄本島よりもさらに南にある先島諸島の島々のものである。平家の落人伝説は五島列島の宇久島や福江島をはじめ、薩摩の島々、〝道之島〟といわれる奄美の島々にも数多く点在している。しかしどういうわけか、沖縄本島にはひとつも伝わっていない。

そういえば、沖縄本島には〝為朝伝説〟があったのである。

伊豆の大島から琉球に逃れた為朝は、海洋博の開かれた本部《もとぶ》半島の今帰仁《なきじん》にある運天港に上陸し、そこで大里按司の妹と通じて一子をもうけた。その遺子こそ、沖縄史上最初の王といわれる舜天王（在位一一八七〜一二三七）だというのだ。ちなみに記せば、今帰仁の運天の名の由来は、「為朝は運を天に任せて、大島から流れ着いたから」だという。

鎮西八郎為朝の遺子が君臨しているようなところへ、平家の落武者たちがやってくるわけはない。ぼくはそう考えて納得していたのだが、この推論はあながち誤っているとばかりはいえなかった。幣原坦著『南島沿革史論』（明治三十二年）のなかに、「蓋し為朝渡島以来、源家の苗裔の勢を得たる所なるを以て、平家没落の際、多くは、茲を避けしなるべし」という一行があったからである。

こうした南島に散らばる平家の落人伝説の片々をノートに書きとめているうちに、あるとき那覇市の書店で『沖縄に君臨した平家』（昭和四十一年）という本を見つけ、がぜん平家の南島伝説に興味を持ちはじめたのであった。

著者の奥里将建氏は、『琉球人の見た古事記と万葉』『院政貴族語と文化の南展』『日本語系統論』などのユニークな著書を著わした沖縄の国語・歴史学者で、晩年は〝沖縄に君臨した平家〟の研究に没頭していたが、決定稿を見ぬままに昭和三十八年（一九六三）、七十八歳で急逝している。『沖縄に君臨した平家』は、奥里氏の没後に刊行されたものである。氏の研究は、〝為朝の遺子＝舜天王〟という琉球の歴史書『中山世鑑』（慶安三年＝一六五〇）以来の〝伝説〟を覆して、〝舜天王即南走平家〟という史実を実証し、沖縄に南走した平家は爾来三代七十三年にわたって沖縄に君臨し、「沖縄がどうしてわが国の海外貿易の先駆を承り、東西貿易史上に令名を馳せるに至ったか」を明らかにしようとしたユニークなものである。

奇縁というか、輪廻というか——、こうして沖縄を舞台に第二の壇ノ浦、源平合戦が展開されることになるのだが、江戸時代の新井白石から伊波普猷に至る〝為朝の遺子・舜天王〟の源氏説に対して、平家説の奥里氏は、では誰を〝舜天王〟に樹てたのだろう。

舜天王の即位は文治三年（一一八七）、二十二歳のときであるといわれる。壇ノ浦合戦の二年後であるから、平家説にかなりの時間的リアリティが生まれてくるが、もし入水した安徳帝を樹てるとすれば、わずか八歳であったから年齢のひらきが大きすぎる。

だが奥里氏はこの点には少しもこだわっていない。「私の本考の目的は南走平家の沖縄本島上陸を実証するところにあるのであるから、必ずしも安徳天皇ではなく、平家一行中の何人であってもよいのであって、強いてこれを固執しなくてもよい」と、論考の趣旨が別目的にあることを述べている。

薩南の島々に伝わる伝説にしろ、奄美の島々に伝わる伝説にしろ、平家の南島伝説の発端は、一般的には、

「海上には赤旗赤じるし投げすて、かなぐり捨てたりければ、竜田川の紅葉ばを嵐が吹きちらし

たるがごとし、汀によする白浪も、うすぐれなゐになりにける。主もなきむなしき舟は、塩（潮）にひかれ、風にしたがって、いづくをさすこともなくゆられゆくこそ悲しけれ……」という、『平家物語』の壇ノ浦合戦のエピローグからはじまっているのだが、奥里氏は『玉葉』に記されている寿永三年（一一八四）二月十九日の、

「平氏帰二住讃岐八島一、其勢三千騎許云々、被レ渡之首中、於二教経一者一定現存云々、又維盛卿三十艘許相率指二南海一去了云々、又聞、資盛貞能等、為二豊後住人等一乍レ生被レ取了云々……」

の条を根拠にあげて、屋島から維盛が〝船団〟を組んで南へ落ちていったとしているのである。誠実・温厚な人であったという正二位内大臣重盛の長男維盛は、壇ノ浦の〝源平最後の合戦〟に登場していない。『玉葉』にある通り、屋島から姿を消している。一説にはこのあと高野山に逃れ、僧となったのち、那智の海に入水したという伝説が和歌山に伝わっているから、「三十艘の船団を率いて南海を指して去っていった」という風聞や説が生まれても、一向におかしくはない。しかし奥里氏の説には、これ以降維盛は姿を消し、主のわからない〝平家船団〟のみが沖縄を指して南下していくのである。

そしてこの主のわからない平家の〝ゆうれい船団〟は、前記沖縄の今帰仁にある運天港へとむかうのだが、為朝説をとるにせよ、平家説をとるにせよ、運天港にはいまでも解明できない、ナゾを秘めた口承伝説が待ち構えているのだ。しかし一足とびに運天港へはとばずに、ここでは途中の島々に伝わる伝説をたどりながら、ゆっくり沖縄本島へ南下していくことにしたい。

孤島の落人軍団

壇ノ浦で敗退した平家は、まず玄海灘を越えて五島列島の一番北に位置する宇久島に伝説を残している。

ここに忠盛の第四子家盛が落ちて住みついたといわれるが、家盛が宇久島にたどりついたのは壇ノ浦の合戦から二年後の文治三年（一一八七）の春のことであった。しかし家盛は屋島、壇ノ浦の合戦には関係なく、文治元年の三月、京都で壇ノ浦敗退の報に接すると、名を菊亭と改め、秘かに西へ落ちる計画をたてた。そして同年十一月十五日京都を発ち、途中平戸に潜伏し、文治三年三月二十六日に宇久島の西端にある入江（通称火焚崎、船隠《ふなかくし》）にたどりついたという。のち家盛は馳せ参じた島の有力者たちの頭目となり、現在の平港近くの山本に館を構えて五島全島を支配した宇久氏（五島氏）の祖になったという。宇久島ではこれは〝伝説〟ではなく、〝史実〟として島のひとたちに伝えられている。

五島列島には、さらに一番南に位置する福江島東海岸の六方《むかた》に平家伝説が伝えられている。ここには壇ノ浦の合戦に破れた平知盛の一行が逃れてきて集落をつくっていたが、間もなく源氏来襲の虚報におののいて、平家崎で全員自害して果てたという。

平家の南島伝説は義経の北方伝説のように主人公がひとりというわけにはいかないので、その点複雑な様相を見せている。しかし、この五島列島の伝説は、沖縄までつづく〝南走伝説〟とは直接

家盛が逃れてきたと伝えられる五島宇久島火焚崎の船隠とその碑。

的なつながりはないようである。
奥里氏の説では、屋島から姿を消した南走平家の船団は、「博多や肥薩の船頭が案内を知った関門海峡を抜け、九州西部から南進していったのではあるまいか」としている。しかし奄美大島に伝わる平家落人の〝遺書〟だとされる「平家没落由来書」（一名「平家軍記」）などには、

「元暦二年（文治元年＝一一八五）丙申《ヒノエサル》三月二十三日、豊前国より九州南表へ船出し、津々浦々に乗入候得共可レ頼人なし、夫より乗出し屋久島と云ふ島に乗渡り……」

とあり、周防灘、豊後水道を経て日向灘からまず薩南の島に渡ったことが記されている。「平家没落由来書」や奄美大島に伝わる伝説によれば、安徳帝を奉じた南走平家の船団は三位中将資盛を征夷大将軍として、大納言時房、中納言経正、参議業盛などの諸将と女官などを主要メンバーとした主従三百余人であったという。
硫黄島の長浜浦に流れついた平家一族は黒木の御所を造り、安徳帝を奉じた。資盛たちはこの島に城を築き源氏の来襲に備えたが、島に渡って十八年目の建仁二年（一二〇二）の春、白旗をか

かげた源氏の軍船が海上に出没したとの報に接した。このころになると鎌倉方も南方の形勢に気づいたらしく、島津氏に取締りを厳しく命じたという。そこで資盛らは奄美大島をめざし、ほかの諸将は屋久島、黒島などに逃れた。安徳帝はこの島にとどまり、寛元元年（一二四三）五月五日の夜、六十六歳ではかなく世を去ったという。島には御陵があり、安徳帝自製の木の自像、帝および皇子を祀った権現神社がある。

以下、薩摩の島々から奄美の島々に伝わる遺跡、伝説などを島伝いに追ってみよう。

黒島　平家落人の築いた城の跡がある。五重塔を模した墓があり、弓術のすぐれた落人のものだという。

口永良部島　有盛の裔と伝えられる日高犬次郎の築いた日高城跡。この島には清盛の石碑がある。

口之島　光盛・仲盛などの塚。および城跡。

中之島　有盛はこの島にたどりついたのち死去したという。平家落人を合祀した八幡神社がある。

臥蛇島　平家落人の古墳。

平島　有盛の子が郎党とともに壇ノ浦より小舟に乗って逃れ、この島に住みついたという。

諏訪之瀬島・悪石島　平家落人の遺跡。

宝島　資盛の子兵衛太郎資宗が住む。平田の姓を称するものはみな平家の末裔だという。

なお、口之島・中之島・臥蛇島・平島・諏訪之瀬島・悪石島・宝島などの吐噶喇《トカラ》列島の島々には、十二月一日を〝七島正月〟と称して正月の祝事を行なう風習がある。これは孤島の味気ない生活に堪えられない平家の落人たちがひと足早く正月を祝ったことに由来するもので、もちろん一ヶ月先にはもう一度新年の祝事を行うという。

建仁二年（一二〇四）四月、二百名の手兵を従えて南下した資盛は、喜界ヶ島に上陸、居城を構えたが、三年後に、二十年前に屋島で別れた有盛、行盛の二将が彼のあとを追ってやってくる。有盛は重盛の第四子左近衛少将、行盛は重盛の弟基盛の子で左馬頭。資盛、有盛、行盛の三人は、史実では、安徳帝の入水後、鎧の上にいかりまで背負って海にとびこんだという中納言教盛、修理大夫経盛の兄弟につづいて入水し、義経の鎌倉への戦況報告にもそれが確認されているが、『平家物語』では三人は「手をとりくんで一所にしづみ給ひける」と語られている。この最期にあわれを催すのか、奄美の伝説はほとんど三人同道のものになっており、三人に関する伝説がおびただしく伝わっている（ついでに記しておけば、この喜界ヶ島には意外も意外、壇ノ浦合戦後兄頼朝と不和になった義経が逃れてきたという伝説もある）。

喜界ヶ島にたどりついた資盛たちは、やがて奄美の本島（大島）に上陸、島の有力者をつぎつぎと駆逐して全島を支配する。そして資盛は加計呂麻《かけろま》島の諸鈍《しょどん》に、有盛が名瀬浦上に、行盛が竜郷《たつごう》の戸口にそれぞれ居城を築き、島を三分して領した。

しかし、ここまで落ちてきて島を平定し、居城まで構えながら資盛たちはなお源氏の〝影〟をおそれ、おびえていたというのは、どういうことだろう。資盛は諸鈍に落ちついて間もなく他界したが、源氏来襲の虚報におびえた行盛父子が一切の望みを失って自ら城に火を放って自刃すると、浦上の有盛も腹を掻き切り、孤島の露と消え果てたと伝説は伝えている。

水鳥の羽音に驚いて敗走した富士川の初戦の例にもれず、南走平家の武将伝説の締めくくりは、〝源

南走平家の伝説の跡

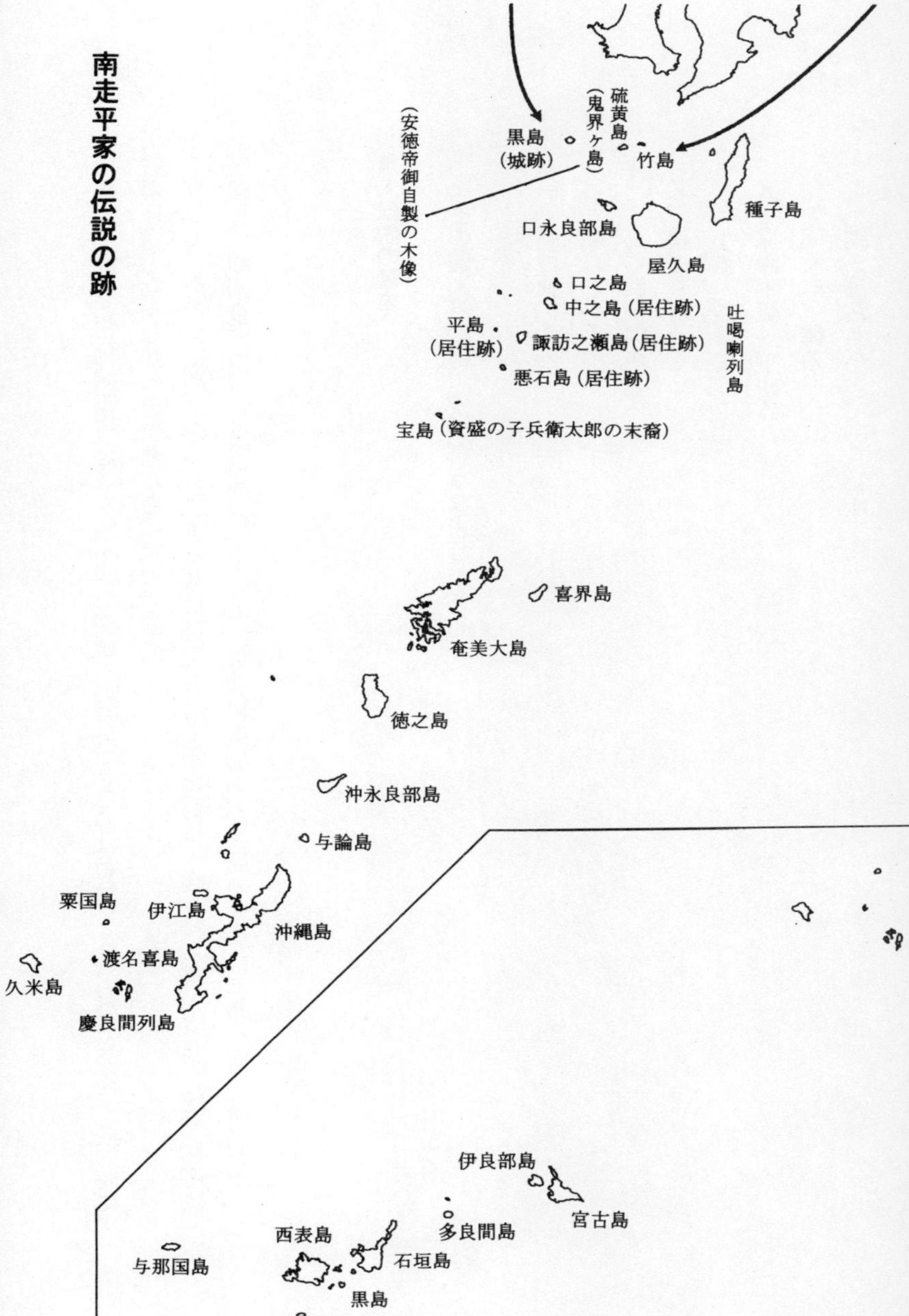

硫黄島（鬼界ケ島）
黒島（城跡）
竹島
（安徳帝御自製の木像）
種子島
口永良部島
屋久島
口之島
中之島（居住跡）
平島（居住跡）
諏訪之瀬島（居住跡）
吐噶喇列島
悪石島（居住跡）
宝島（資盛の子兵衛太郎の末裔）
喜界島
奄美大島
徳之島
沖永良部島
与論島
粟国島
伊江島
沖縄島
渡名喜島
久米島
慶良間列島
伊良部島
宮古島
多良間島
西表島
石垣島
与那国島
黒島
波照間島

氏来襲〃の虚報である。武将とはいえ、人間の深層心理というものはわからないものである。と同時に、伝説の作者もなかなかわきまえたものだといえる。

こうして、南走平家の名のある武将たちは奄美大島で姿を消し、残った〃落人軍団〃は、さらに南を指し、沖永良部島、与論島を経て、いよいよ沖縄本島本部半島の今帰仁にある運天港へむかうのである。

落人伝説の顛末

――その運天港には、次のような古謡がある。

一　勢理客《せりかく》ののろの
あけしののろの
雨《あま》くれ　降《お》ろちへ
又　運天《うむてん》　着《つ》けて
小港《こみなと》　着《つ》けて
又　嘉津宇嶽《かつおうたけ》　下《さ》がる
雨《あま》くれ　降《お》ろちへ
鎧《よるい》　濡《ぬ》らちへ

又　大和《やまと》の軍《いくさ》
　　山城《やしろ》の軍《いくさ》

この古謡は沖縄・奄美の島々に伝承されていた古歌謡を集大成した『おもろさうし』の第十四巻に収められているもので、伊波普猷氏の解釈によれば、「勢理客（運天港のある今帰仁の村の名）の祝女（のろ）が、あけし（勢理客の同義語）の祝女が、いのりをささげて、雨雲を呼び下し、武士の鎧をぬらした。武士は運天の小港に着いたばかりであるのに、祝女は嘉津宇嶽にかかった雨雲を呼び下して、その鎧をぬらした。この人々は大和勢である。山城勢である。」という。

さて、この古謡にうたわれた雨の日の運天港上陸の鎧の武者たちは、琉球王国の祖となったという為朝の一団であったのか、それとも平家の一団であったのか。

この古謡の作者が赤い指物でもちらりと見ていれば、前記奥里氏がいうように「南洋を指して去っていった」という『玉葉』の記述に信憑性も生まれ、平家説に軍配があがりそうな情景だが、それは現在でもわかってはいない。なお、薩摩の琉球侵略が慶長十四年（一六〇九）で、『おもろさうし』の全巻成立が元和九年（一六二三）であるところから、この古謡にうたわれた武士の一団は薩摩のものだとする説もある。この説に対しては、東恩納寛惇氏が当時の『喜安日記』その他をひいて、薩摩軍は方々火を放ちながら上陸してきたので、当時は古謡にあるように、「鎧をぬらすほどの大雨ではなかったろう」と否定している（『琉球の歴史』昭和三十四年）。

こうして壇ノ浦敗退後の平家南走伝説を追って沖縄本島までたどりつく。本島には平家伝説はないが、伝説はさらに南下し、冒頭に紹介したように、宮古島、石垣島、竹富島、与那国島などの先島諸島にまで点在していく。しかし、日本最西端の与那国島や石垣島に伝わる大和墓などの平家遺跡は、すでに調査が行なわれて真相があきらかになっている。最後にその顛末にふれておこう。

青森県の探検家笹森儀助は、明治二十六年（一八九三）五月から十月にわたって琉球探検の旅に出、帰郷後その見聞を日録風にまとめた『南島探験』（明治二十七年）という琉球紀行のバイブルともいえる著書を著わしたが、その八月二日の条に、与那国島の大和墓を訪ねた感慨を次のように記している。

「嗚呼数千里ヲ隔テタル絶海ノ孤島ニシテ、シカモ風俗人情ノ殊ナルノミナラス言語不通ノ島ニ跡ヲ寄セ怨ヲ呑ンテ死セントハ。覚ヘス涙襟ヲ湿シ謹テ香花ヲ奠シ、祭文ヲ捧ケテ吊《（弔）》意ヲ表ス」

南島の果てで聞く平家の落人伝説には、たしかに本土からきた旅人の胸に訴えるものがある。儀助のこのときの心情は充分うなずけるものがある。だがその帰路、ふたたび石垣島に渡って川平の大和墓を訪ねた儀助は、こんどは同島の警察署長に、「帰京ノ上人類学者ニ其実否ノ験定ヲ請ヒ、其事蹟ヲ明ニシテ忠魂ヲ旌表《せいひょう》セントノ意」を申し出て、岩窟内にある人骨のなかから髑髏一体を箱に入れて持ち帰ることにしたのである。

その結果については、残念ながらなにも記されていない。

しかし後日譚を伝えるエピソードとして、比嘉春潮氏の「沖縄研究――河上肇博士と伊波先生」（「年月とともに」『全集④』）のなかの一節を紹介しておこう。

「ある時（明治四十一年＝一九〇八年）、先生（伊波氏）は八重山で、ある島に伝えられる平家墓（石垣島・

川平）をごらんになった。壇ノ浦の戦いで死んだことになっている平家の残党が流れ着き、ここで死んだというのである。先生はそこで副葬品にキセルのあるのを見て、たちどころに、十二世紀にはまだ日本にタバコは伝わっていないこと、キセルもしたがってあるはずがないと断定されて、伝説をくつがえした。案内した青年たちは自分たちが平家の子孫で、大和人と何ら変わりがないことを信じていたのですっかり落胆してしまった」

そして、この伝説の〝真相〟については、東恩納寛惇氏が前記『琉球の歴史』のなかで、次のように記している。

「八重山川平の大和墓は、明治十八年（一八八五）島尻役所長西常央氏が巡回調査の際、森林中に散在した遺骨を拾い集め新たに二個の墓を建造してこれを収容したのであるが、同氏は平家落居の伝説を想起し、これらの遺骨をそれと断定し、桃林寺住職に大和墓の墓銘を揮毫させ慰霊祭を行い、かつ同氏自ら八重山数え歌を作り、小学児童にうたわせた。その中に『七つとや、名蔵の村に程近き、川平の村に大和墓』という文句があって、それよりその名が広く知れるに至った。然るに明治四十五年（一九一二）、土地の教員比嘉重徳氏が調査し、これらの遺骨が明和八年（一七七一）大海嘯の際、九一八〇人も被害を出し、全く廃村となった所もあった時のものであることを確めた。」

為朝伝説にせよ、平家の落人伝説にせよ、沖縄に伝わるこうした伝説は、薩摩の琉球侵略以降に生まれた日琉同祖論から、日本同化思想の強化を強力に押しすすめていった明治政府の、沖縄政策のなかから生まれたものに誤りはないようである。

II 歴史と伝説の光と影

東北にあるキリスト兄弟の墓

キリスト渡来伝説

青森県三戸《さんのへ》郡新郷村戸来《へらい》の雑木林に囲まれた小高い丘の上に、大きな十字架が樹てられた二つの塚がある。

正面向って右側が、和名「十来太良大天空」の墓、左側がその弟「十代」の墓で、この二つの墓が、東北地方の伝説のなかでも荒唐無稽というか奇想天外、超一級の伝説として知られるイエス・キリストとその弟だったといわれるイスキリの墓である。

イエスがイスラエルのエルサレム近郊にあるゴルゴダの丘で十字架にかけられて最期をとげたということは、今日ではだれも知らないものはないだろうが、実はこれは単なる〝伝説〟であって、十字架にかけられて昇天したのは身代わりで、十一カ月違いのウリふたつの弟イスキリであったというのだ。

イエスにイスキリなる弟がいたというのが、この伝説になんとも奇妙ないろどりをそえている。

新郷村役場で出している観光用パンフレット、『十和田湖の伝説』（高瀬博編著）、その他の話を綜合すると、伝説はすこぶるスケールが大きくて、ときどき吐息がもれてしまうほどである。まずは、その概略を記してみよう。

キリストがはじめて神国日本に渡米したのは、十一代垂仁天皇の御代（ＢＣ二九〜ＡＤ七〇）で、二十歳のときであった。彼は加賀国橋立湊に上陸し、皇祖皇太神宮の武雄心のミコトの弟子となって越中に至り、そこで約十一年間日本の言語や地誌などさまざまな修業を積み、三十三歳のとき、修業を終えてユダヤに帰り、バプチスマのヨハネや周囲の人びとに神国日本と神の尊さなどを説きつづけた。しかしキリストの教えは当時のユダヤ教長老たちに相容れられぬばかりか、パリサイの学者たちの反対に遭い、ついに捕われて磔刑に処せられることになった。

だが、このとき十字架にかけられたのは弟のイスキリであった。弟の身代りで一命を救われた兄キリストは、イスキリの遺骨の一部を持ってイスラエルを逃れ、アラビア砂漠を越え、艱難辛苦の旅をつづけて中国大陸を横断し、シベリアに出て四年目の二月、カラフトから小舟で貝鞍、現在の八戸《はちのへ》港に辿り着いた。なつかしい日本に再渡来したキリストは近くに十和田湖の見える戸来が生まれ故郷のガリラヤに似ているところから、ここを安住の地と定めた。そして名を十来太郎大天空と改め、村の娘ユミを妻に娶って三女をもうけ、百六歳の高齢で天寿をまっとうした。遺体は遺言に従って戸来岳の山頂で風葬にし、四年後に部落を見おろすかの丘の上に埋葬されたというのである。

イエスが公の生活というか、民衆の前に姿を現わすのは三十歳を過ぎてからである。それまでの私生活については、ほとんど知られていない。

父ヨゼフが大工であったので、父について大工仕事を手伝っていたのではないかといったことが伝えられているくらいであるから、この伝説はいまもって不明であるイエスの青年時代の空白を、巧みに嵌め込んだ形となっている（以下、伝説に従って、イエスの表記はキリストに統一）。

ところで、戸来に安住の地をみつけたキリストは、結婚をし子孫を得て、この地で百六歳まで安穏と暮らしていたわけではなかった。名を十来太郎大天空、あるいは八戸太郎天空と改めると、倭奴《ヤマト》の国内遍歴の旅に出る。

行くさきざきの、土地の著名な高山に登っては祈りをささげ、夜は森林や洞穴に起居し、「寝具を背負い、手には要心棒を、又雨露しのぐ大きな団扇」をもって行脚し、指圧、マッサージなどで病める人たちを治し、草根、木の実など薬草の処方などを教えながら、神の愛、神への祈りを説きつづけたという。

戸来の丘の上にあるキリストと弟イスキリの墓。

キリストは大天空、いや名ばかりではなくその風丰《ふうぼう》までが天狗に変わっている。天狗に身を変えた治療と神の愛への行脚は、どこをどう辿ったのかは不明である。あるいは天空を飛翔したのかも知れないが、その足跡は鞍馬山、筑波山、日光二荒山、妙義山、白根山、富士山、富山の城山、伯耆大山《ほうきだいせん》、九州阿蘇にまで及んでいる。

上州白根山では名を更に「白蓮坊天空」と改め、ハンセン病患者の治療にあたったが、その数があまりにも多いので、「太平太郎坊中天空」なる弟子のひとりを残して治療をつづけさせたという。

こうして全国行脚をつづけているうちに、齢も百歳を越え、体力の限界を感じたので再び戸来に戻り、景行天皇即位十一年（年代的には七〇年代、弥生式文化中期にあたる）四月五日の暮れ六ツ刻、老衰のため百六歳で死去したというのが、〝キリスト渡来伝説〟のあらましである。

光は東方より

まったく、雲をつかむような話である。

伝説もここまで拡がってしまうと、正直いって興味も半減してしまう。しかし、伝説の範囲を戸来の地だけに限定すれば、キリストの墓のほかに、館址、キリストが禊《みそぎ》をした「キリスト聖泉」、「キリスト修行の滝」などの〝遺跡〟があって、〝伝説の旅〟も結構楽しめる。

その他、付近一帯の原生林迷《まよ》ケ平《たい》を「エデンの園」、そのエデンの園のなかには、「ピラミッド」と称する巨岩（大石神）もある。「戸来《へらい》という地名もヘブライ語と関係がある」といった語呂合わせのような伝説もある。この地方には、次のような古くから伝わる意味不明の盆踊りの唄「ナニャドヤラ」がある。[*1] 歌詞は、

ナニャドヤラー
ナニャドナサレー
ナニャドヤラー

というもので、この歌詞は近年解読され、「お前の聖名をほめ讃えん　お前は毛人を掃蕩して　お前の聖名をほめ讃えん」というのだそうである。解読者は岩手県二戸出身でアメリカのシアトルに住む神学博士川守田英二氏。この唄は村の鎮守の祭りでも唄われ、踊られるという。また産まれたばかりの嬰児をはじめて戸外に出すとき、額に墨で十字を書き入れる古くからの風習があるが、これはユダヤのものであるという。〝聖跡〟のある新郷村では「古代の謎を秘めるキリストの地」というパンフレットを出し、毎年八月には〝キリスト祭り〟を行ない、「キリストもち」「キリスト・ラーメン」などが売り出されていた。

ところで、キリストの墓のある丘陵は、村の農家沢口家累代の墓所になっている。キリスト兄弟の墓は、丘陵の更に小高い台地の上にあるが、ほかの墓はすべて仏式の墓地が並んでいるのである。

八十歳になるという沢口スマさんはキリストの裔といわれているひとだが、話を聞いてみると、「あそこは、大きな館のあった跡で、ふたつの塚は偉い人の墓だということだけは、むかしから聞いていましたが――」

という。

スマさんは大変気さくなひとで、こちらの質問にはなんでもすぐ応えてくれた。

このあたりには、キリシタンが住んでいたという話も聞いたことはないし、現在キリスト教を信仰している家もない。家にはみんな神棚と仏壇を飾って、むかしから「ナミアミダブツ」を拝んでいると、笑いながらいう。

それでは、だれが素性不明の偉い人の墓を、キリストの墓だといい出したのだろう。

それはもう何十年も前、「イソハラからきたタケウチという人たちが、あそこを調べて、とつぜんいい出した」ことだというのである。

周囲は原生林に囲まれた戸来の地に、昭和十年（一九三五）のある日、茨城県磯原町の神官である武内臣麿という人が、万国古代文学研究会に属する考古学者で画家でもある鳥谷幡山氏ら数名とともに現われたのが、伝説誕生のはじまりである。

一行は村役場で、「キリストがこの村に住んだ」という古文書が、武内家の文庫のなかから発見されたから、調査をさせてほしいと申し出た。

そこで村長の佐々木伝次郎氏が、

「そういわれれば、むかしからエライ人がここへきて亡くなり、丘の上に遺体を埋めたという言い伝えがあったな」

と、思い出し、一行をふたつの土まんじゅうのある沢口家の墓所に案内したところ、「これこそ、キリストの墓にまちがいない」ということになった。一行の話に、土地の人たちは、ただあっけにとられていたという。

武内臣麿氏というのは、神功皇后の三韓出兵に加わった大和朝廷の政治家武内宿禰《たけのうちのすくね》（第十二代景行天皇二十五年、西暦九六年から仁徳天皇五十年、西暦三六三年まで、五代二四四年にわたって天皇につかえたという『日本書紀』などに登場する伝説的人物）の末裔《まつえい》であるという。鞣《なめ》し皮に書かれた家伝の古文書の冒頭には、初代天皇の神武天皇が出現するまでに一千名を越える神々の名が記され、実に九十七代もの天皇が存在していたことを明記した系統図が掲げられ、「日本こそ世界の中心である国」とも書き認められていたという。しかしおしいことに、この古文書は昭和二十年（一九四五）三月の水戸空襲で焼失したという。

さて、こうして戸来の地にキリスト伝説の種子がまかれた翌昭和十一年の五月二十六日、武内氏の神社内から、今度はヘブライ文字で刻まれた石製の「キリストの遺言書」なるものが発見された。これでもってキリストの〝日本渡来伝説〟は、〝史実〟として裏づけられた。遺書には前述のような青年時代の空白期のこと、日本へ再渡来してからの動静が認められていたという。

この遺書なるものが発見された翌々年の昭和十三年、考古学者の山根キク女史がのちに発禁になった著書『光は東方より』を刊行、この本によってキリスト日本渡来説ははじめて公にされたのであった。

内村鑑三の再臨運動

山根女史は、真の神国日本にはキリストばかりではなく、モーゼも釈迦も孔子も孟子もやってきたことがあるというおそるべき尾ヒレをつけ加え、沢口家の人びとをキリストの子孫と紹介している。

伝説はこうして、素朴な土地の人たちには関係なく、誇大癖のある人たちによってつくられ、世間に喧伝されていったのである。

しかし、騒ぎが大きくなり過ぎたのか、山根女史はのちになって自説を改め、「日本に逃れてきたイエス・キリストは、実はわが国でもっとも尊いお方のご先祖である」と主張するようになったという。なんとも人騒がせな話である。

ところで、このキリスト伝説を素材にして、「兄キリスト」という小説を書こうとしたことのある作家の長部日出雄氏は、伝説の生まれた根拠のひとつとして、助野健太郎・山田野理夫編『きりしたんの愛と死』に抄録されている「南部領内きりしたん宗旨改人数之覚」にみえる、

一　戸来次郎左衛門　侍　遠山道安弟子

一　同女房

一　男子二人

一　同女子二人

一　同嫁一人

をあげ、「『キリスト戸来終焉説』を生み出したひとつの要素は、このへんにあるのではないだろうか」と書いている（「兄キリスト」、『津軽空想旅行』所収）。

土地の人たちは否定をしていたが、この記録をみるかぎり、戸来にかくれキリシタンがいた形跡はうかがえる。しかし伝説が生まれた背景を考えると、ぼくには「キリストが再臨するとしたら、それは日本以外の国ではあり得ない」と熱烈に説いた内村鑑三の〝再臨運動〟が思い出されてくるのだ。

伝説は、この鑑三の再臨運動の曲解、短絡から生まれた〝不肖の落し児〟のように思えるのである。

鑑三の再臨運動が開始されたのは、大正七年（一九一八）であった。この直後から、例えば小谷部全一郎が『成吉思汗ハ源義経也』（大正十三年＝一九二四）を刊行して義経ジンギスカン説をエネルギッシュに説いたり、同十五年には木村鷹太郎が『布臘羅馬《ギリシャローマ》神話』その他を刊行して、「欧羅巴《ヨーロッパ》は亜細《アジ》亜《ア》の模写」であり、ヨーロッパの神名、地名は悉く日本の諸神、諸地名を「縮写」していると、これまた熱っぽく説いたりしている。これらは、いわゆる武内家の古文書にみられたという「日本こそ世界の中心である国」という説と軌を一にしてはいまいか。狂信的といって悪ければ、常軌を逸したナショナリズムの発露のように思えるのだが、どうであろうか。

＊1　戸来は青森県内の村だが、旧南部領であった。青森との県境にある種田の小子内にもこの奇妙な唄の盆踊りが伝わっている。大正十五年（一九二六）、小子内を再訪した柳田国男は「清光館哀史」のなかでこの唄の歌詞にふれ、「要するに何なりともせよかし、どうなりとなさるがよいと、男に向かって呼びかけた恋の歌である」と、述べている。

環状列石の謎

黒又山はピラミッドか?

青森県戸来《へらい》にある〝キリストの墓〟から〝エデンの園〟といわれる迷《まよ》ケ平原生林《たい》を抜けて十和田の湖畔に至り、宇樽部《うたるべ》、休屋《やすみや》を経て秋田の温泉郷大湯に入ると、ここに古代史の数々の謎を秘めた〝大湯環状列石〟の遺跡がある。

環状列石は周囲四十メートルの野中堂遺跡、四十六メートルの万座遺跡の二ヵ所からなっている。サークルを組む石はいずれも一メートル～二メートルほどの菱形、あるいは円形のまとまったもので組み石は九種類のパターンに分類され、それぞれ内帯、外帯の二重の大きな環状列石帯を構成している。

これらの組み石は、台地の近くを流れる大湯川から運ばれた河原石（多くは輝石玢岩）だが、注目されるのはそれぞれの遺跡の外帯と内帯との間に一基ずつ立石を置き、四隅に東西南北の標示石を配した〝日時計〟なるものがあることだ。

遺跡の発見は昭和七年（一九三二）十二月、耕地整理工事をしている時であった。

発見された時、遺跡は一万年前といわれる十和田湖カルデラ火山の噴火灰のなかに埋まっていたところから、まず第一の謎が生まれた。

常識で考えれば、遺跡は十和田湖が噴火する以前の太古の時代につくられたということになるのだが、その後の熱残留磁気の測定、出土石器、土器などの鑑定結果から遺跡の成立は約四千年前、縄文時代後期であることが判明した。

すると、それではなぜ一万年以上も前の火山灰のなかに四千年前の遺跡があるのかという新たな疑問が生じてくるわけである。

第二の謎は、〝日時計〟である。

野中堂遺跡と県道をはさんだ向い側にある万座遺跡にあるふたつの日時計を結んだ線は、冬至に太陽が昇る位置と夏至に太陽が沈む位置が一致しており、遺跡をつくった古代人たちは、すでに時間の観念、方位、暦計算というすぐれた技術を持っていたという。

また、ふたつの遺跡の北東約一キロのところに通称〝ピラミッド〟と呼ばれる三角形の黒又山（二八〇メートル）があるが、遺跡から見ると太陽は必ずその〝ピラミッ

大湯の環状列石。

ド〟の端から昇るというのだ。

〝ピラミッド〟を何故必要としたかは分からないが、黒又山の南側にはわざわざ岩を削って山を三角形に整えた跡まであり、

「黒又山の頂点とふたつの日時計は三角形で結ばれており、遺跡はあの〝ピラミッド〟の頂点が見える位置として、ここにつくられたと聞いている」

と、土地のひとたちはいうのである。

すると、遺跡より早くまず黒又山の三角整形工事（ピラミッド造り）が行なわれたことになるのだが、〝ピラミッド〟と遺跡造りとはどのような関係があったのだろう。

数学や幾何学に弱いものには、土地のひとたちのこうした話までが意味深長な謎かけのように聞こえてくる。

UFOの基地?

こうしたことから、日時計は古代人の天文台で、太陽の正確な日の出と日没の方向を測定しながら天体観測をつづけていたのではないかという説も生まれてくるのだ。

しかしさらに不思議なことは、日時計の立石に磁石を近づけると磁石の針が大きく揺れるというのだ。また発掘当時、日時計の近くの土中に木炭や白粘土が埋められていたともいう。

炭素は大地の電圧を高める作用をなし、白粘土は逆に絶縁体となるところから、遺跡は「古代人

の天文台跡」ではなく、ＵＦＯを誘導する磁気発生装置で、十和田湖に近いこの台地こそ宇宙人の基地だったというスケールの大きな説も出てくる。

　ぼくはＳＦ界の現況にはうとい方で、その方面の知識はほとんどもってはいない。しかしＳＦマニアの友人にこの話をすると、彼は待ってましたといわんばかりに口角あわを飛ばして、「あのあたりは北海道の北見地方と並んで、いまでもＵＦＯの出現が最も多いところだ。大湯の環状列石《ストーン・サークル》こそは、〝宇宙考古学《アストロアーケオロジー》〟のメッカのひとつなんだよ。スイス生まれの世界的な宇宙考古学者デニケンなどは、〝日本は宇宙考古学の宝庫〟とさえいっている。大湯には世界のＳＦファンたちもよくいくんだよ」と教えてくれた。

　〝宇宙考古学〟などというものまであるのは、この友人から聞くまでは知らなかった。

　これらのＳＦ説は、さらに津軽半島の亀ヶ岡遺跡から出土した例の奇妙な遮光器土偶（巨大な目が風防メガネに擬せられ、服装も宇宙飛行士の服装だといわれる）、大湯の遺跡から出土した土器類にみられる渦巻文様、秋田県鷹巣町の陣馬岱で発見された香炉形土器などを取り込んで、わが東北地方の原野に壮大な古代の〝宇宙考古学〟のロマンをひろげるのである。

　彼らは、亀ヶ岡出土の遮光器土偶こそはアンドロメダ星雲から、はるばる地球を訪れた宇宙人の像であることを、疑わないのである。

　これらの数々の謎や説に対しては、当然その根拠や反論がある。

　まず最も大きな謎だとされる「一万年前の火山灰のなかに何故四千年前の遺跡が埋もれていたか」についてだが、これは大洪水説によってその謎が明かされる。

作家の佐藤有文氏は「古代東北と超古代文明の謎」というエッセーのなかで、四千年前に金星の大接近があり、地球上の各地に大変異が起こり、当時の地球は大火災と大地震、大洪水に襲われたことが明確になりつつあるというベリコフスキーの古代文明論を援用して、四千年前の時代、東北地方に大洪水が発生したことを次のようにあとづけている。

「筆者の推定によれば、大湯付近を流れている米代川上流に見られる火山灰地層は、明らかに大洪水によって火山灰が下流へと流された形跡があり、ストーン・サークル遺跡もまた、大量の火山灰を含んだ大洪水で完全に水没し、この付近一帯に火山灰が堆積してしまったのではないか」

佐藤氏は五所川原市の旧家に伝わる古書『東日流《ツガル》外三郡誌』の記録と自身の踏査によって大洪水説を裏づけているのだが、地質学者によればその当時十和田火山は活発な活動の時期にあったという。

佐藤氏の洪水説が事実とすれば最大の謎は解明され、住人たちが他所へ移住したこともうなずける。しかし、このあとにつづくさまざまな科学的、SF的な説については、よく分らないことばかりである。

UFOの誘導装置ではないかとされる磁気のある立石も、遺跡が特別史跡に指定されて周囲を金網で囲まれているために、残念ながらたしかめてみることはできないし、友人のいう「UFOの出現が最も多い」という話も、ぼくには眉つばのように思えるのである。

というのは、遺跡のある大湯から北東約六十キロのところに自衛隊の三沢航空基地があり、現に遺跡を訪ねた日も、ジェット機が蒼穹の空に白いジェット雲を引いて飛行していた。気流のためか爆音はまったく聴こえなかったから、それらをUFOと見誤ることはよくあるのではないだろうか。

古代への夢

こうした、さまざまな謎にいろどられた遺跡も、考古学的には「シベリアを含む沿海州文化の影響を受けた縄文時代人の墓跡」ということになるらしい。

そういえば組み石の下に屈葬できるほどの穴を伴うものも発見され、墳墓説を説くひともいる。しかし日時計や方角標石との関連を想起すると、この説もまた謎の迷路に入ってしまうようである。

ストーン・サークルが何を目的としてつくられたかは、いまもって依然として謎のままである。だがこのような遺跡をつくり出すほどの高度な文化をもった古代人たちの社会が、四千年のむかしに十和田の高原にあったことだけは事実である。彼らの文化がいかに優れていたかは、出土した土器類を見ても充分にうなずける。

〝大湯式土器〟と名づけられたその特殊な土器類は、沈線の間に縄目をつけた上に、ヘラのようなもので抽象的な渦巻文様を彫り、一部をスリ消すという高度な製法が用いられているのだ。そして煮沸用に使用されたと思われる深鉢土器、片口土器、コップ型土器など、この時代の食生活の進歩を物語る食器が多い。

前記佐藤氏は、「その高度な精密な縄文土器は東北地方に限られており、西日本から出土する縄文土器は、むしろ製造技術的にも見劣りのすることが歴然としているのである。つまり、縄文時代の文化は東から西へと伝播したとみなすべきなのだ」とさえいっている。

縄文時代に東北、特に北奥を中心とした〝文化国家〟をつくった東北の縄文文化人は狩猟、採集生活者であった。しかし稲と金属をもった農耕文化が西方から東進し、九州、畿内に弥生文化人たちの文化が定着する。

そして生活様式の根本的に違う弥生文化人たちは四世紀になって畿内に統一国家である大和国家を確立し、やがて権力拡大のために〝東夷征服〟にのり出すのである。

支配者の目には、関東から東北へ拡がる国土は無限の宝庫と映ったのであろう。

侵略の口実は、「東夷は性質が暴強で凌犯（闘争）を好み、盗略を行い、山に邪神、郊に姦鬼があって住民を苦しめている」と勝手に決めつけ、侮蔑に満ちたものであった。この『日本書紀』の景行天皇四十年にみられる皇子日本武尊へのことばはさらに、

「かの東の夷の中に、蝦夷《えみし》は尤《いた》く強《こわ》し、男と女と交り居、父《かぞ》と子別《わきため》無し、冬は穴に宿《ね》、夏は樔《す》に住む、毛を衣《き》、血を飲みて、昆弟《あにおと》相疑い……恩《めぐみ》を承けては忘れ、怨《あた》を見てはかならず報《むく》ゆ……」

と、まことに口汚いものである。

また坂上田村麻呂の時代には十万の兵を東北の蝦夷征討に送っていることが『日本後紀』の弘仁二年（八一二）五月十九日の条に見える。このような大軍を送っても容易に討つことができなかった〝文化国家〟が東北の地にあったのだ。

こうして、謎に満ちた高度の文化を育てていた東北の縄文人たちは侵略され、次第に駆逐されていったのである。東北は道の奥、文化果てるところ、文化の不毛な地では決してなかった。

視点をかえれば、文化の中心地でさえあったのだ。

「暴強で、凌犯を好み、盗略」を行なったのはどちらだったのか。それはその後の歴史が如実に示しているところである。後世に伝えられる〝歴史〟というものは、いつも勝者側によって書かれるということをここでも改めて知らされる思いがする。

大湯の遺跡を訪ねて、整然と配置された組み石や陳列室に陳列されている出土品の数々を見ていると、謎を秘めた高い文化を育み、できあがった土器を愛で、ひっそりと暮らしていた東北原人たちの姿がほうふつとしてくる。

そして遺跡が語りかける数々の謎に、古代への限りない夢がふくらむのである。

伝説のなかを泳ぐ魚たち

幻の魚、滝太郎

わが国に伝わる魚の伝説に関心をもちはじめてから、もうかなりの年月がたつ。江戸時代の奇譚集や紀行、各地の伝説集などをみていると、面白い話がたくさん出てくる。隅田川で獲れる家康の好物だった白魚の頭には、みな葵《あおい》の御紋がついていたとか、出雲沖のイカは大晦日の夜に波打ちぎわまでやってきて、出雲の大社に参詣する。参詣をすませて沖へ帰るイカの背中には、その印として、みな黒点がつくという。同じような話は東京練馬の石神井城跡の池にもある。この池の魚の鱗には鳥居の形があり、洪水で池の魚が田畑へ流れ出ても、「石神井の使者」といって、村びとたちはこれを捕らなかったという。

また蚊の集団が海中に入って海糠《あみ》になったという話もあるが、これなどは、落語のたねになりそうだし、大きなサザエのふたを開けたら、なかから美しい女が出てきたとか、大鱈《たら》が美男に化けて夜ごと小町娘と恋を語らっていたなどという話には、ただならぬ妖艶さが感じられて、思わずにいられないが、さらに譚《はなし》のなかに引きこまれてしまう。

また魚そのものの正体からして皆目見当のつかないものもある。福井県の郷土叢書の一冊である『拾椎《しゅうつい》雑話』という江戸時代の書物のなかに、享保の頃、ある男が加州元吉の浜（現石川県石川郡美川町）に体長三間、横幅一間半もある大魚があがっているのを見つけたという話が載っている。この魚は色は真黒で目も口もウロコもなく、背中にただひとつ穴があるだけだった。魚を切ったところ魚身は白かったが、食するになんの味もなかったという。

この一見わけのわからないグロテスクな魚にくらべれば、同じ書物に紹介されている越後の山奥にいる〝雪いかだ〟という次のような魚の話の方が、名前といい、内容といい、伝説として極上のものである。

「越後新保の大河に、鯛の形にて五尺ばかり、其の色真白なる魚有り候。これを烹《に》れば、とけて消え、炙《あぶ》れば水となる。其の辺の老人申すは、深山谷水の雪の凝るより出したる魚にて、其の名を雪いかだと申すよし」

旅に出るときは、かならずその土地のひとに魚の伝説があるかどうかをたずねることにしている。五島の宇久島や和歌山の太地などには捕鯨にまつわる有名な悲話が伝えられている。また北海道へいけば、アイヌの神話のなかにアメマスや創世神話にまつわる怪魚の話などを聞くことができるが、もう何年も前、東北・酒田のある旅館に泊ったときは、主人から〝滝太郎〟というイキな名前のついた魚の話を聞いて、堪能したものである。

〝滝太郎〟は、山形県と新潟県の県境にそびえる以東岳（一七七一メートル）の山腹にある大鳥池にだけすむ魚で、体長は一・五尺から二尺ほどの中型魚だという。釣り好きの旅館の主人の話では、戦前、池の途中にある村民集会所だかに、たった一尾大鳥池で獲れたという滝太郎の剝製があって、それを見た釣天狗たちが〝挑戦〟を企てたが、それから現在に至るまで滝太郎を釣りあげたというニュースは一度も耳に入っていないというのだ。

釣天狗たちはみな秘策をつくした餌をもって山に登り、大鳥池に釣糸をたらすが、深山の池に浮かべたウキはぴくりともしないという。

ぼくは半畳を入れて、

「あけてびっくり玉手箱で、池に魚はいないんじゃないですか」

というと、主人は、

「それがいるんだね。あきらめて帰ろうとすると、大きいのがぴょんと水の上にはねるんだよ。わたしも今年こそはと仲間といっしょに夏になると出かけるんだが、あいつを釣ったら死んでもいいな」

と、いうのであった。「死んでもいい」とは大げさだと思ったが、釣キチというのはこんなものなのかも知れない。

滝太郎の話はかなりの釣キチたちにも知られており、東京あたりからも竿をかついで出かけてくるものたちがいるという話であった。

ところで、この〝幻の滝太郎〟の正体だが、旅館の主人が若いときに見たという剝製の鼻曲りの特徴から、いわゆる〝ノーリターン・フィッシュ〟の一種で、海へもどらずに山の上の淡水湖にすみついたサケ科のイトーではないかと思った。イトーだとすると、以東《いとう》岳という山の名前とが一致して、またなにやら複雑なことになるのだが、ぼくが滝太郎をノーリターン・フィッシュと推定したのは、鹿児島の開聞岳のふもとにある池田湖でも同じような話を聞いたことがあったからである。

もっとも、池田湖の方は胴まわり三十センチ以上もある大ウナギで、こんなおばけウナギ（南洋産の大ウナギ）がどうして池田湖だけにすみついているのか、むかしからナゾとされていたものであった。

しかし調査の結果、やはり海へ帰らずに、湖底深くにすみついたものだということがわかったという。

ちなみに、この大ウナギはむかしから不老長寿の妙薬とされ、湖畔の料理店でかば焼にして旅行者に供されていたが、一尾で百数十人分のかば焼ができたという。しかし現在は天然記念物に指定されて捕獲が禁じられている。湖畔の研究センターの水槽の底にへばりついている大ウナギを見たが、それはもうおばけウナギである。まるで丸太がごろんと転がっているようで、食欲な

鹿児島・池田湖に棲息する大ウナギ。

ど少しもわいてこなかった。

伝説のなかを泳ぐ魚

ところで、四面海にとり囲まれているわが国だが、魚の伝説は海水魚よりも淡水魚の方が多いようである。

そして、それらの淡水魚たちの伝説の多くは宗教的な因果話と結びついて、殺生を戒めたり、仏教の功徳を伝えたりするものが圧倒的に多いようである。

その代表的なものとして、宇井縫蔵の『紀州魚譜』に、次のような伝説が載っている。

高野山奥の院の前を流れる玉川にすむ魚は、みな背中に焼串の跡がついている。

これは、むかし、土地のものが川の魚を獲って串刺しにして焼こうとしているところへ弘法大師が通りかかり、その魚を私にくれないかといった。男はいくらかの代金をとって焼きかけの魚を手渡すと、大師は半分焦げている魚を串から抜いて、つぎつぎと前の川へ投げ込んだ。男はもったいないことをすると思いながら川をのぞくと、不思議なことに、いま投げ込んだ魚はみな生き返って泳ぎ出した。このことがあってから、玉川にすむ魚はいまだに背中に焼串の跡がついているという。

魚の片側だけに薪の燃えさしの跡がついているという田沢湖特産の〝木根尻鱒《きのすり》〟の話を思い出すが、伝説とはうまくつくられるものである。

この弘法大師の伝説の魚は渓流にすむアブラハヤで、水中を泳いでいるのを見ると、背鰭にある淡黄色の斑点が、たしかに焼串の跡のようにみえるものだ。

また、福島県の山奥にある柳津には、空海上人が虚空蔵菩薩を刻んだとき、その木っ端が風に舞って眼下の只見の渓流に入り、たちまち魚となって水中を泳ぎ出したという伝説が伝えられている。魚の群れるこの魚淵は、その後殺生禁断となっていたが、あるとき会津若松城主蒲生秀行が禁を破って川に毒を流し、多くの魚を獲ったため、山崩れが起こって多くの人々が犠牲になり、秀行も仏罰でその翌年に死んだという。

こうした伝説は全国各地に散らばっているが、もうひとつ、古い神社・仏閣の境内などにある池や沼にすむ片目魚の伝説も、また各地におびただしく散在している。こちらは仏教の功徳ばかりではなく、怨念、自然説話、武勇縁起などもう少し多彩な彩りをみせているが、片目魚の伝説については、柳田国男の「一目小僧その他」に詳しいので、それにゆずりたい。

クジラをイワシの如くのむ魚

さて、こうして魚の伝説をスクラップしているうちに、あるとき伝説に現われる魚のうちで、いちばん大きな魚はなんだろうと思い、調べてみたことがあった。

クジラを魚のうちに入れれば、もちろん鯨だろうと思ったが、さにあらず、そのクジラをイワシのようにのむ大魚がいたのである。

三保喜佐衛門の『唐太話』（天保十三年＝一八四二）に載っている「チカイタチベ」という魚がそれで、記述は次のようになっている。

「チカイタチベ（又、ヲキナともいふ）とて鯨をのむ大魚あるよし、其魚の牙とて唐太人のもち居たるを見せし事あり。其長さ一尺五、六寸斗り、横の太さ六、七寸もあるもの也。或人は一角《ウニカフル》と相似たるものにして、其効能これに倍して医師なとも折々用ふること有といへり」

角が一本はえているというから、イルカの仲間の一角《イッカク》だろうが、「鯨をのむ」大魚とは、聞いたことがない。だが、この大魚〝チカイタチベ〟のことは串原正峰『夷諺俗話』（寛政四年＝一七九二）にもみえていて、そこには、「牙の長さ四尺程ありて、其牙を岩へかけて、登るなり。とゞのことくなるもの丶よし。とゞは夷言イタシベといふ。ヲキナともいふ」とあり、〝チカイタチベ〟も〝ヲキナ〟も大魚ではなく、一転して海獣になってしまうのである。

しかし、こういう旅の聞き書集というか、見聞録の面白さは、聞いた話を整理しないところにある。同じ『夷諺俗話』の別のところには、ちゃんと「ヲキナといふ大魚の事」という小見出しまでたてて、スケールも大きく、紹介されているのだ。

「リイシリ、サル、の間、平日海水うづ巻。是はヲキナといふ大魚、蝦夷人は是をアドイコロカムイといふ。アトイは海、コロは持、カムイは神にて、海持神といふ事のよし。大きさ凡二、三里斗の大魚なるよし。天気快晴の時はかならず浮むといふ。背黒くして小山のことくなりと。これをアドシカスマカムイともいふ。是は海を囲ひて住む神なりといふ事なり」

〝幻の大魚〟は、ようやくその片鱗をのぞかせたことになる。大きさおよそ二、三里（一里はおよ

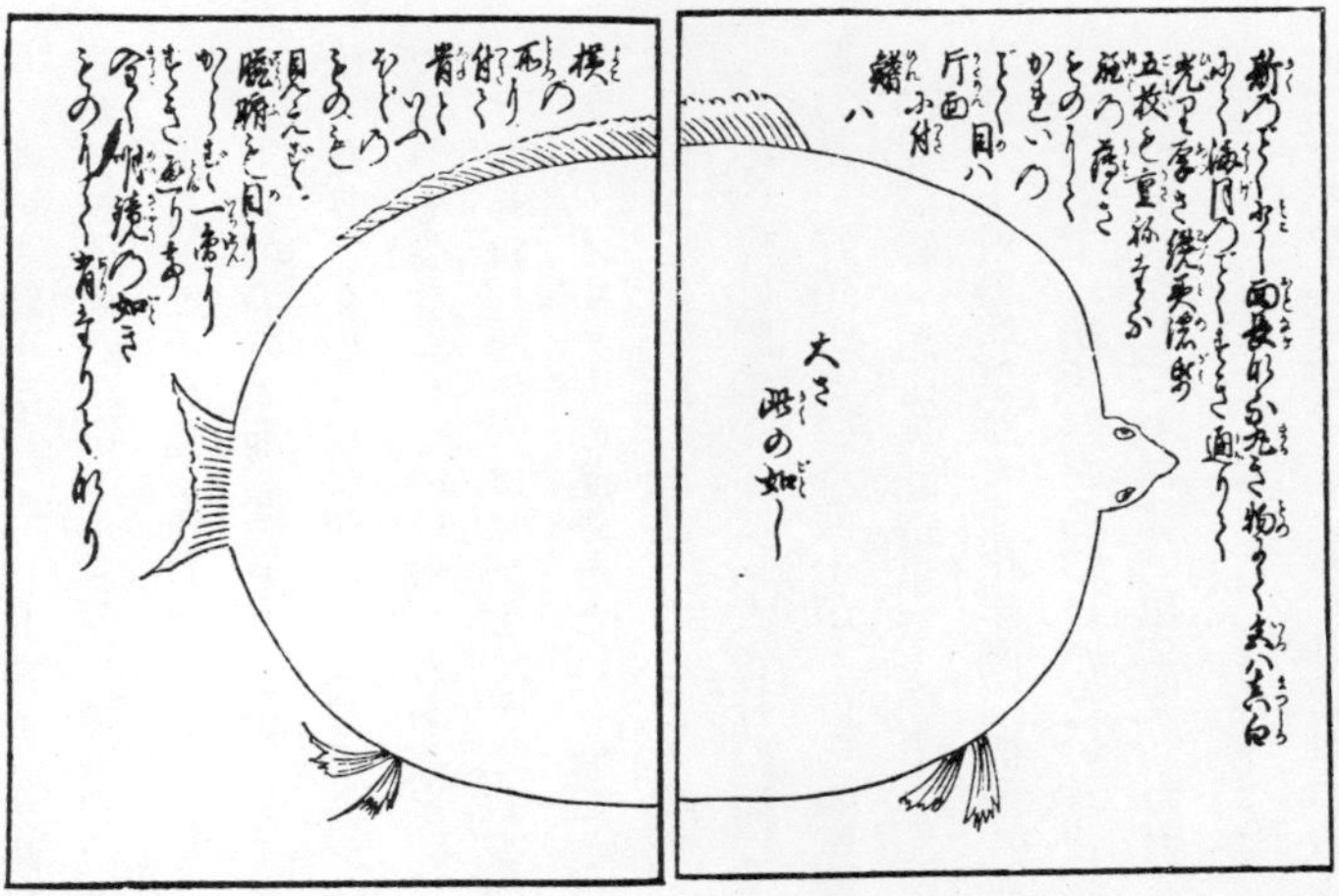

『想山著聞奇集』に掲げられた珍魚「鏡魚」。

そ四千メートル）ばかりといえばわが国はおろか、これはおそらく世界でも例をみない巨魚ということになるであろうか。いつであったか、海洋探検の歴史を書いた本に、アレキサンダー大王がガラスの球体の潜水球をつくって、海底調査をしたという話が出ていた。その時怪魚が現われてガラス球のわきを通っていったが、その怪魚は頭が見えて、尾が見えるまで三日もかかったという。すると、この怪魚の方が大きいということになるのだろうか。

それはともかく〝ヲキナ（⿰魚翁）〟の話は、このほか〝寛政の奇人〟林子平の『三国通覧図説』（天明六年＝一七八六）に詳しい記述がある。

『三国通覧図説』の〝蝦夷の巻〟の記述がいわばこれらの〝原典〟にあたっているようで、伝説としてみるとき、やはり子平の紹介がいちばん文学的であるようだ。その全文を記してみよう。

「東海ニオキナト云大魚アリ甚長大ニシテ能鯨ヲ呑ト云伝レトモ其全躰ヲ見タル人ナシ只希ニ浮ヒ出ル

トキ背ト鰭トヲ見ノミ也其背ノ大ナルコト嶋山ノ如シト云リ此魚ノ来ルトキハ海底雷ノ如ク鳴響テ鯨魚東西江迯走ルトキハ漁舟モ、オキナノ来ルコトヲ知テ速カニ上陸スルト云リ都テ東海ノ漁舟ハ度々出逢トナリ」

——北の海の大海原のどこかを、オキナはいまも二、三里ばかりという、とほうもない巨体をゆったりとくねらしながら、エサのクジラを追って泳いでいるのであろうか。オキナがいては、クジラも少なくなるのは致し方あるまい。

ともあれ、海へのロマンをかきたててくれるスケールの大きな伝説である。

大魚〝オキナ〟の話のあとに、何ごとか付け加えるのはあまり気もすすまないが、もうひとつ、前頁に図を掲げた〝珍魚〟のことを紹介しておきたい。

この珍魚は図のなかに「大さ丑《うし》の如し」とあるように、大型魚である。江戸末期、尾張藩士であった三好想山という武士が、自らの見聞にかかる奇談・珍談をあつめて刊行したという挿絵入りの見聞録『想山著聞奇集』（嘉永二年＝一八四九）に載っているもので、尾張の国知多郡横須賀代官の下役鳥居某が、文化年間、同所在勤のときに漁人が捕えたという魚で、形がまったく鏡のようなので〝鏡魚〟と名づけたという代物である。

魚名事典などによれば、和名で〝カガミ〟のつく魚には、「マトオダイ」「イトヒキアジ」などがあるが、「大さ丑の如し」とあるところからすれば、大魚でなければならない。マンボウにも四メートル、八百キロ以上になるものがあるというので、ぼくはマンボウではないかと推測したが、細かな点でかなりの相違があるようである。なお、マンボウを方言で〝カガミウオ〟と呼ぶ地方はないようであるし、英語ではその形態から〝ムーン・フィッシュ〟などと呼ばれ、なかなか味のある洒落た名前がつけられている。

図版では不鮮明なので、最後に絵解きに記されている文字をそえて、読者諸氏からの御教示を仰ぎたいものである。

「斯のごとく少し面長なる丸き物にて、色は真白にて海月《くらげ》のごとくすき通りて光り、厚さ纔《わず》か美濃紙五枚を重ねたる程の薄きものにて、かれいの如く目は片目に付き、鰭は横の所に付きて骨といふ程のものも見えず、臓腑も目にかからず、一円にすき通りて全く明鏡の如きものにて有りたりとなり」

――『日本魚名大辞典』（三省堂）によれば、標準和名を定められた日本産魚の数は三千十七種。学名などがあっても標準和名をもらえない、いわゆる「名なし魚」は百四十一種もあるという。日本を取り囲む海には、これまでお目にかかったことのない珍・奇・怪魚のたぐいがまだまだ多く棲息しているに違いない。

浦島太郎の後日譚

玉手箱を開けたあと

戦前の文部省唱歌ですっかりおなじみになった浦島太郎のふるさとは、丹後半島の尖端にある小さな漁村筒川村ということになっている。

浦島伝説の最古の体系的な文献といわれる『丹後国風土記逸文』によれば、丹後国与謝郡日置里筒川村（現京都府伊根町本庄浜）に勢力をもっていた漁撈一族日下部首《くさかべのおびと》等の先祖の一人で「姿容秀美、風流《みやび》無類」という村きっての美男漁師水江《みずのえ》の浦嶼子《うらのしまこ》が伝説の主人公である。

あるとき、嶼子はいつものように小舟に乗って釣りに出かける。ところがどうしたことか、三日三晩たっても魚は一尾も釣れない。釣り竿にかかったのは五色の亀一尾だけだった。奇異なこともあるものよと、嶼子は亀を舟のなかに置いたまま眠ったところ、いつの間にかその亀はたとえようもなく美しい婦人《おとめ》になり、自分は天上神仙境のものであるといい、

「君、棹《さお》を廻らして蓬山《とこよ》に赴《ゆ》かさね」

と、嶼子に目を閉じさせて、神仙境の蓬莱山にある宮殿に誘うのである。

このほか、「雄略紀二十二年（四七八）秋七月」と、この不思議な出来事のあった年代をはっきり明記している『日本書紀』や『万葉集』などにもこの浦嶼子の伝説は記述されているが、この水江の浦嶼子がわれわれに親しまれる〝浦島太郎〟に変身するのは、「昔、丹後国に、浦嶋といふもの侍しに、その子に浦嶋太郎と申して、年の齢二十四五の男有りけり」ではじまる『御伽草子』の「浦嶋太郎」からである。

浦嶼子から浦島太郎へと変身する過程で、ストーリィにもかなりの粉飾変化が見られる。「助けたカメにつれられて」といった価値観で、伝説が粉飾されるようになるのは明治になってからのようである。『御伽草子』では、海底にある竜宮城などがはじめて登場してくる。しかしやはりふるさとは丹後の国となっている。そして最後は、「其後浦嶋太郎は、丹後国に浦嶋の明神と顕れ、衆生済度し給へり」と、土地の豊穣、長寿、恋の神となって物語はめでたく結ばれている。常世国である竜宮が海底に想定されるのは『万葉集』あたりからである。

浦島太郎の話は、昔話の分類では動物の報恩譚に属するが、しかし類話も多い。秋田県の角館の昔話では、海から遠い地のりを反映しているのか、太郎は漁師ではなく炭焼きになっており、福井県では継子となっている。また青森県八戸の昔話では太郎が背にのって竜宮に出かけたのは亀ではなく、カレイであったという。そういえば、塩釜神社の宝物館にいった時、天井からいくつも巨大なカレイの剝製が下がっていた。なかには畳二畳分くらいのものもあった。剝製はカレイではなく、深海魚のオヒョウだと教えられたが、東北など北の海には多い魚だという。あの魚の背中なら人間一人くらいは乗れるだろうと思う。北の海にはウミガメはいない。昔話・伝説の後日譚などが各地に伝播され、それぞれの地域・風土性によって変容するのは面白い。[*1]

さらに沖縄本島の南風原《はえばる》に伝わる伝説では、漁師は正直者の農夫で、彼はある時浜辺で美しい髢《かもじ》を拾う。その髢の落とし主が年のころ十五、六という見目うるわしい乙姫で、農夫は乙姫につれられて竜宮へ案内される。この話では乗りものは登場しない。乙姫が農夫の手を引いて海へ入っていくと、海は突如真二つに割れて、竜宮までの白いさんご土の道が出来るのである。帰りに手渡されるのも玉手箱ではなく紙包という素朴なもので、そのなかには髢が入っていて、農夫が開くと、髢は香気を放って煙りのように立ちのぼり、農夫はたちまち白髪の老爺となってしまうのである。

ここでは、玉手箱を開けたのちの伝説、つまり浦島太郎の後日譚を追ってみようと思うのだが、話がそれてしまったようである。早速修正して、まずふるさととされる丹後の国から彼の後姿を追ってみよう。

浦嶼子（浦島太郎）を明神さまとして祀った神社は、伊根町本庄の宇治にある宇良神社である。神社の創祀年代は淳和天皇の天長二年（八二五）である。この神社には太郎が竜宮から持ち帰ったといわれる乙姫の玉手箱をはじめ、太郎の小袖うちかけ、重要文化財に指定されている絵巻「宇良嶋明神絵巻」など、いずれも室町期のものが宝物として所蔵されている。そのほか、付近には浦島屋敷跡、太郎が舟出した浜、竜宮から帰ってきた浜など伝説にちなんだ場所が点在している。しかし伝説に最もリアリティを感じさせられるのは、なんといっても神社に蔵されている大きなウミガメの甲羅である。

このあたりの海は、台湾の東方を北上し、九州西南方の洋上でふたつに分かれる黒潮が対馬海流となって通るところである。天の橋立の水族館にも大きなウミガメが飼われているが、黒潮にのって南方からやってくるウミガメと浦島伝説の結びつきはこんなところからも想像され、伝説の源流を遠く中国や南方の島々の伝説のなかに求める研究も多い。

国じゅうが公害問題で沸騰していたとき、このあたりの海岸に大きなウミガメの死体がいくつも打ちあげられて、話題になったことがあった。当時その一尾を見る機会があったが、体長百三十五センチ、体重約百キロのオサガメの腹内に、幅一・三メートルもあるビニールの大布や物干竿のビニールカバー、判読はできなかったが日本の製品名が印刷されている即席ラーメンの袋など、ビニールばかりがバケツ一杯分も出てきたのには驚いた。カメを解剖した中学の先生の話では、カメたちは、はるばると日本近海までやってきて、岩や海底でひらひらしているビニール類を餌だと思って呑み込み、窒息死したものであるという。カメは呑んだものを吐き出すことができないというのだ。〝竜宮からの使者〟も、この島国には近づきにくくなってしまっているようである。

父の菩提を弔う

さて、『御伽草子』の結末にみられるとおりその後の浦島太郎は、ふるさとの神となって神社に祀られることになったが、実は彼の父親は土地の漁師ではなく、武蔵国霞ケ浦（現横浜市神奈川区浦島ケ丘）生まれの国司であったという、次のような伝説が東神奈川の寺に伝えられている。

浦島太郎の父は、三浦の住人で名を浦島太夫といった。息子の太郎(良)は、太夫が丹後の国に公務で長期滞在中に生まれたもので、太郎は成長するにしたがって、美しい若者になった。

ちょうど、二十歳のころのことである。太郎が海に舟を浮かべて釣りをしていると、一尾の亀が鉤にかかった。哀れに思って放してやると亀はたちまち美しい乙姫の姿になり「お礼をしたい」と太郎を招き、ふたりは手をたずさえて海底にある竜宮へと向かった。

このあとは、一般に流布されているストーリィと同様である。乙姫の厚いもてなしを受け、「月日のたつのも夢のうち」で、いつしか三年の歳月が流れる。そして太郎はふと、ふるさとを思い出す。父母恋しさと望郷の念にかられた太郎は矢もタテもたまらず乙姫にいとまを告げる。そのとき、乙姫から贈られたのが例の玉手箱であった。――いや、玉手箱だけではなかった。もうひとつ、「渡海風波の難を凌ぎ、長生ならしめよ」との乙姫の願いをこめて、一体の菩薩像をも贈られたのであった。

ふるさとの浜にもどった太郎には、すでに両親も家もない。聞けば父母は三百年も前に死んだという。

浦島太郎が乙姫から贈られたと伝えられる亀に乗った観世音菩薩像。

太郎は、「三年と思ったのが三百年とは！」と長嘆息し、乙姫から贈られた玉手箱を開く。するとなかから紫煙がたちのぼり、太郎はたちまち白髪の翁となってしまう。とほうにくれた太郎は、父の墓が武蔵国霞ケ浦にあることを教えられると、菩薩像を背負って丹後から武蔵国へ赴き、やっと探しあてた父の墓のかたわらに庵を結び、菩薩像を安置して父の菩提を弔ったという。

この伝説は、あきらかに浦島伝説の後日譚としてかなりのちにつくられたものであろうが、太郎が住んでいた庵が大きくなったのが『江戸名所図絵』巻之二、「天璇《せん》之部」にも載っている護国山観福寿寺である。

この寺は淳和天皇（在位八二三〜八三三）の勅願で、〝空海十哲〟の一人である檜尾《ひのお》僧都の開基だといわれる古刹である。『江戸名所図会』には、次のようなことが記されている。「同帝（淳和天皇）第四の妃は、浦島子が九世の孫なり。妃深く仏乗に帰し給ひ、帝に告げ奉りて、空海阿闍梨に計り、檜尾僧都実慧《じちえ》をして、これを司らしめ、梵宇営構ありて、真言の密場となり給う」。浦島太郎には嫡子がいたというのだ。いや弟だと名のるものも現われている[*2]。

亀の形をした浦島寺のお水屋。

閑話休題。観福寿寺の本尊はもちろん浦島太郎が乙姫から贈られた菩薩像。正しくは「聖観世音菩薩像」。高さ四十センチほどで、尊像が亀の台座の上にのっているのが面白い。寺の近くには浦島ヶ丘、浦島中学校、亀住町などの地名がある（たまたま寺の前を通りすぎていった園児を乗せた〝浦島幼稚園〟のミニ・バスが一瞬カメに思えた）。そのほか、太郎が「竜宮恋し」と涙を流したという涙石、太郎の足洗い川、井戸、浦島地蔵など、浦島伝説にちなんだものが多くある。

丹後から父のふるさとへ移った年老いた太郎の終《つい》の栖《すみか》となった観福寿寺は、残念ながら類火で焼失、明治五年（一八七二）無住となったので廃寺とし、焼失をまぬがれた本尊を本寺にあたる近くの慶運寺に移した。聖観世音菩薩像は現在、慶運寺の本尊として同寺に安置されている。なお、慶運寺には浦島太夫、太郎の供養塔、亀化大竜女の供養塔などもある。

慶運寺は一般的に「浦島寺」の名で知られている。住職の話では、伝説を聞きつけて訪れるひとの数も多いという。たずねられるのは、やはり「どうしてこんなところに浦島寺や浦島伝説があるのだろう」ということだが、寺の縁起を聞かせると、みな怪訝な顔をして帰っていくという。浦島太郎の父親の在所というのがなんとも意表を衝いていて、よくできた話であるからだろう。

木曾谷の伝説

ところで、年老いた身を引きずりながら、浦島太郎は丹後の国からどのような道を辿ってこの父の在所へやってきたのだろうか。丹後と神奈川ではあまりにも離れすぎている。もしそのコースがわかれば、浦島太郎の後日譚としての伝説にさらにいろどりを添えることができるし、そのコース上に伝説の片ぺんでも発見できれば、東神奈川に伝わる浦島伝説にいっそうの信憑性が加わって面白いものになるのではないか。そう考えて住職にたずねてみると、

「父親の太夫はこの先の浜から舟をこいでいったのでしょうが、息子の太郎に関してはなにもわかりませんな」

という返事であった。

手がかりはまったくなかったが、ぼくはなんとか丹後と東神奈川に伝わるふたつの伝説の接点になるような話はないだろうか調べてみた。丹後から東神奈川といえば、地図を見ればあきらかなように、京都に出て東海道を下るのが最も一般的な道筋と考えられる。しかしこの海沿いの街道とはまったく反対の、しかもどのようにしたらそこへ辿り着けるのかすぐには答えられないような山間の地に、丹後の国を出た太郎が一時期逗留していたという恰好の伝説があったのである。

木曾第一の峡谷美を誇る寝覚の床がその伝説の地である。木曾川の奔流が巨岩を深くえぐり取った奇岩、深淵の景勝地として知られる山間の地に、どうして浦島伝説が伝えられているのか奇異に思ったが、ここの浦島伝説は能楽の「三帰《みかいり》」の素材にもなっているように、長寿・神仙譚に発しているようである。

いつのころからか、この里にひとりの男が移ってきた。男は終日流れに糸をたれ、ひっそりと暮らしていた。

木曾の流れもこの寝覚の床あたりは岩間が迫って深くえぐられ、水は渦巻きかえって流れている。ところが男にとってはそこが釣り場で、男は雨が降っても晴れても、あきることなく大岩の上に座っ

て釣り糸をたれていた。色白の整った顔は、不気味な能面のように表情がなく、若くも老人にも見えた。

あるとき、この無口な男は、いつになく並んで糸をたれる里の老人に話しかけた。「わしは、丹後の国の浦島太郎というものだが……」と、男は亀に招かれて竜宮に遊んだ不思議な体験を老人に語った。ふるさとにはもう知るひともなく、住み憂《う》いまま旅に出たが、この地に愛着をおぼえて住みつくようになったというのであった。

里の老人は別れを惜しみ、その夜手づくりの酒をくみかわしたが、男は興にのって取り出した玉手箱を、かたい戒めを忘れて開いたところ、ただ一筋の紫煙がたちのぼった。その煙にふかれたかと思うと、男は瞬時に枯れ果て深い皺をきざんだ老翁と化した。おのが老醜を恥じてか、男はいつか寝覚の床から姿を消したという。

木曾の清流をはさんで連なる巨岩・奇岩には伝説に因んだものも多く、浦島太郎の腰掛岩をはじめ、煮炊きに使った釜石、午睡の夢をむさぼった平岩、玉手箱を開いたのち、白髪と化した己の姿を映した姿見の池などのほか、近くの臨川寺には太郎が愛用した硯とともに釣竿までが所蔵されている。

東神奈川に伝わる伝説に従えば、太郎は漁師ではなく役人の子息である。「色白の整った能面のような顔」や、遺品として遺した硯などに浦島太郎〝役人の子〟説の一端がうかがえなくもない。しかし、寝覚の床で太郎が玉手箱を開いたという件りが、どうにも気にいらないところである。玉手箱はやはり丹後の浜で開いてくれたことにしてもらえれば、丹後—寝覚の床—東神奈川と、点であった伝説は一本の線で結ばれ、浦島太郎の後日譚はめでたく成立することになるのだ。しかし玉手箱を開く件りは、浦島伝説のハイライトである。寝覚の床の伝説の作者も、この件りを省《はぶ》くことはできなかったのであろう。

＊1　千葉県市原市加茂には、次のような「浦島太郎の後日譚」が伝承されているという。
「むかし、浦島太郎は竜宮で乙姫様と夫婦になった。浦島は帰って老人になり、残った乙姫様は妊娠したが、竜宮では子どもが産めないので陸にあがった。陸で早速産屋を建てた。その時、基礎工事をしたのが土方、土台や石を運んだのが石屋、材木を挽いたのが木びき、家を建てたのが大工、屋根をふいたのが屋根屋で、屋根は鵜の羽を並べてふいたが、ふき終わらないうち子が生まれたので、ウガヤフキアエズの命を名のらせ、以後普請に従事した諸職を、五職人とよんで後世まで待遇するようになったという」（高橋在久『房総の年輪』創樹社）
また関敬吾『日本昔話大成』6（角川書店）に採録されている福井県坂井郡に伝わる浦島太郎の昔話は、鳥や動物たちの話が分るという聴耳型の話型などが組みこまれた長い昔話だが、玉手箱のなかからお金やエベ（いい着物）をいくらでも出す浦島太郎を、切支丹伴天連と勘違いする役人が登場するパロディとなっている。
＊2　「浦島太郎の弟」だと名乗る男が、『宇治拾遺物語』の巻十二の二十二話「陽成院ばけ物の事」に登場する。その現代語訳の全文を〝新編日本古典文学全集〟50『宇治拾遺物語』（小学館）から流用させていただく。
「今は昔、陽成院が御退位されてからの御所は、大宮よりは北、西洞院よりは西、油の小路よりは東にあたっていた。そこは物《もの》の怪《け》の住む所であった。大きな池に臨んだ釣殿《つりどの》に夜番の者が寝ていたところ、夜半時分に細々とした手でこの男の顔をそっとなでる者がいた。薄気味悪いと思って、太刀を抜いて片手でつかんでみると、薄い藍色《あいいろ》の上

着と袴《はかま》を着た翁《おきな》が、ことのほかにみすぼらしい姿で言った、『自分はここに昔住んでいた主である。浦島太郎の弟である。昔からこの所に住んで千二百余年になるのだ。願わくは聞き届けてくだされ。ここに社を造って祭ってくだされ。そうすれば、いかようにもお守り申そう』。男が、『わし一人の考えだけでは無理だ。このことを院へ申しあげて何とかしよう』と言うと、『憎らしい言いぐさだ』と言って、三度上にけり上げて、へとへとくたくたにして、落ちてくるところを口を開けて食ってしまった。初めは普通の人間ぐらいの男と見ている間に、おびただしく大きくなって、この男をただ一口で食ってしまったという」

猫の伝説ア・ラ・カルト

猫伝説の二つの流行

自宅で猫を飼っていたせいか、猫に関する伝承に興味を持っている。外国にはどのような伝説があるのかその方はほとんど分らないが、わが国で猫の伝説といえば、大半が〝鍋島の猫騒動〟〝有馬の猫騒動〟などに代表される怪猫、妖猫譚のたぐいである。

また、ことわざ俚諺のたぐいにも、「猫にかつお節」「猫に小判」にはじまって、「猫可愛がり」「猫かぶり」「猫なで声」「猫背」「猫づら」「猫綱」「猫の目」「猫糞《ねこばば》」など、猫にこじつけて、よくもつくったものだと半ばあきれるほど、猫に譬えた卑語が多い。

これでは猫もやりきれまい。しかしこうした猫に対する偏見は、いつごろから生まれてきたのだろう。

猫の伝説として最も古いとされているものは、『日本霊異記』上巻第三十話にある豊前の国に住む広国という男の奇談に出てくる。

文武天皇の慶雲二年（七〇五）九月十五日に死んだ広国は、その三日後に忽然と蘇生し、地獄で亡父や亡妻と出会った体験談を語り出す。そのなかに「我、正月一日狸《ねこ》に成りて汝が家に入りし時、供養せし宍《しし》（肉）、種《くさぐさ》の物に飽《あ》く。是《ここ》を以て三年の粮《かてり》を継ぐ」という父が、死後猫に変じて広国の家に飼われていた話が出てくる。この話は因果応報の理を説いたものだが、ものの本によれば、わが国の猫伝説の大きな流れは、平安朝末期にすでに二つの流れとなって、顕著な特色を見せているという。

そのひとつは、歳をとったメス猫などが化けて人を害するといういわゆる妖・怪猫譚で、もうひとつは、飼い猫がどこからともなく金品をもってきて、飼い主に福や富をもたらすという報恩譚である。しかしどのような理由からか、その後の猫伝説は、妖・怪猫譚が多くもてはやされてきたようである。もっとも妖・怪猫譚の多くは愛猫の復讐、仇討ちの話が多い。

たまたま古い新聞を繰っていると、次のような記事が出ていた。

「文化財の〝火つけ犯〟はネコだった――山口県萩市今魚店町の国定重要文化財『熊谷《くまや》家住宅母屋』がさる三日深夜、原因不明の火災を起こし焼失したが、原因は近くに住む塗装工員が野良ネコに燈油をかけて火をつけ、そのネコが母屋に逃げ込んだためとわかった。山口県警と萩署は七日午後六時、この塗装工員を重過失失火の疑いで緊急逮捕した。……」（「朝日新聞」昭和五十二年十一月八日朝刊）

――これは分類上では猫の妖・怪譚に入るのだろうが、猫にわるさをして逮捕されたというのだから、「猫をいじめるとたたりがある」という、迷信の現代版といえなくもない。まさに〝伝説は生きている〟だが、新聞の見出しはネコに気の毒である。

ここでは愛猫家のはしくれとして、報恩伝説の周辺を探ってみたい。

江戸は神田・久右衛門町の棟割長家に、ひとりの大工が住んでいた。大工は愛する妻に先立たれ独り暮らしに明け暮れしていたが、長家に一匹のオス猫を飼って、可愛がっていた。男は毎朝家を出るときには、猫にその日の食事をちゃんと手当していき、夕刻仕事が終ると、かならず猫に土産を買って帰ってきた。

ところがあるとき、男は眼病を患った。激痛に耐えかねて医者に診せにいくと、「これは難病で、とても治しがたい」というのだった。男は意気消沈して長家に戻ったが、眼の痛みは日毎に激しくなって、とうとう両眼とも見えなくなってしまった。そこで男は猫を呼び、食事を与えられなくなったことを懇々と言いきかせると、その日から猫は夜といわず昼といわず、床に伏している主人の両眼をなめつづけた。すると不思議なことに痛みもとれ、眼病は次第に快方にむかい、やがて一眼だけが見えるようになった。男は喜んで愛猫を見たが、猫は自分の姿を見られたからというのか、そのまま家を出て、どこかへいってしまったという。猫は自分の一眼をもって、主人の恩に報いたのであった。

この話は、もう何年か前に読んだ江戸時代の随筆集『真佐喜のかつら』に載っていたのだが、東京にもいい猫の話が残っているものだと思った。

しかし、東京生まれのものにとって、子どものころから聞かされる猫の報恩伝説といえば、世田谷・豪徳寺の〝招き猫〟の話であろう。

このあたりがまだ奥深い森林に囲まれた武蔵野の丘陵で、彦根藩祖井伊直孝の所領であったころ、その地に弘徳庵という荒れ果てた古寺があった。あるとき、直孝の一行が遠乗りに出た帰りに、たまたまこの荒れ寺の前にさしかかると、門前に一匹の小猫がいて、前足をあげながら一行を手招く仕種をした。

「猫が招くとは、不思議なものよ」

とばかりに直孝は寺を訪ね、和尚の秀道禅師から茶のもてなしを受けたが、そのうちに空が俄かに暗くなり、雷鳴、強風、豪雨というすさまじい天候になった。直孝は和尚が可愛がっている猫の招きによって俄雨にも会わず、活殺自在な和尚の高徳をも知り、深く帰依するようになった。そして荒れ寺の弘徳庵を井伊家の菩提寺と定め、寺を再建した。豪徳寺の名の由来は、直孝の死後その法名から二字をとってあてたものだという。

かんじんの福を招いた猫は、寺が再建されると間もなく死んだので、境内に塚をつくり〝招福猫児《まねぎねこ》〟の名を贈られて墓が建てられたが、その墓石をけずりとった石粉を店の前にまいておくと、客を招くという言い伝えがいつの間にか生まれ、墓石は少しずつ砕かれて、現在ではほとんど碑銘は分らない。門前の商店で売り出されている〝招き猫〟は、直孝を手招いたときの猫の格好をかたどったもので、東京ばかりではなく全国の商家、ことに水商売の人たちに縁起ものとして喜ばれているという。

東京にはもう一寺、招き猫で知られる猫寺がある。新青梅街道に沿ったお寺の門柱の上で、手招きをしている猫の石像のある自性院（新宿区西落合）である。

こちらは文明九年（一四七七）四月、江古田ヶ原沼袋（中野区）での戦いで、石神井城（練馬区）から進撃してきた豊島氏に破れた太田道灌が日暮れて道にまどっていると、足元に一匹の猫が現われて、道灌を茂みのなかにある自性院へ導いた。一夜疲れを癒した道灌は翌日戦列を整えてふたたび出撃、大勝利を得ることができた。勝利を猫のおかげと感激した道灌は、のちに猫の死を聞くと、一体の「招き猫地蔵尊」を自性院に安置したという。自性院にはまた、明和年間（一七六四～一七六九）に、「猫面地蔵像」が奉納されている。これは小石川に住む貞女の誉れ高かった金坂八郎治の妻のために、神楽坂の鮨屋弥平が供養として奉納したもの。二体の猫の地蔵像は、寺の秘仏として毎年二月の節分の日のみ開帳される。

このほか、東京には病床に伏した魚屋が、いつも魚肉を与えていた両替屋の猫から、恩返しに小判二枚をもらったという江戸日本橋両替町の話[*1]。可愛がっていた三毛猫が、厠で蛇に襲われるところを身代わりになって救ったという『江戸著聞集』にある遊女薄雲の話などが、よく知られている。遊女薄雲は、日本堤にあった西方寺に猫の骸を納め、愛猫が寝ているような形の自然石の猫塚まで建ててやったという（この話の前半は類型化され、いくつかの地で伝承されている）。

時代は下るが、愛猫家だった夏目漱石は死んだ猫の骸をみかん箱に入れて書斎裏の桜の樹の下に埋め、追善の供養をかかさなかったという。『永

右が太田道灌が奉納した「猫地蔵尊」。左は神楽坂の鮨屋弥平が奉納した「猫面地蔵尊」。（新宿区西落合自性院蔵）

右は『宮川舎漫筆』に採録されている「猫恩を報」の猫の墓。左は鼠小僧次郎吉の墓。（両国回向院）

日小品』には、猫の祥月命日になると「妻が屹度一切れの鮭と、鰹節を掛けた一杯の飯を墓の前に供へる。今でも忘れた事がない。ただ此の頃では、庭迄持って出ずに、大抵は茶の間の簞笥の上へ載せて置くやうである」、と記している。

ここで、猫の盛大な葬式の話を思い出したので、是非紹介しておきたい。

大正十四年（一九二五）十一月六日、七年六カ月の寿命で死んだ東京四谷の三味線屋ねこやの飼い猫〝駒ちゃん〟は、「絃月軒浄駒異生」なる戒名まで得ているが、いくらお店の看板猫でも、その葬式が桁外れである。葬儀は浄土宗の大本山で、家康が徳川家の菩提所と定めた芝の増上寺。僧侶七十人あまりが出席し、費用は当時のお金で四千円。境内に並んだ花輪は八十本以上で、花街の芸者衆たちが参列して大変な騒ぎであったという（大木卓『猫の民俗学』）。

猫の抗弁

ところで、猫が人語を話したという愉快な猫の話もある。

文化年間(一八〇四〜一八一六)に編まれた奇聞集『耳袋』に収められているもので、寛政七年(一七九五)の春、江戸牛込山伏町のある寺に飼われていた猫が、庭にきて遊んでいる鳩を捕えそこね、「残念」といったという。

和尚は、「汝畜類として物をいふ事奇怪至極也、全化け候て人をもたぶらかしなん」と驚き、猫を捕えて殺そうとするが、このあとの猫の抗弁、和尚との問答が面白い。

猫は、「猫の物をいふ事我等に不限、拾年余も生候へば都《すべ》て物は申ものにて、夫より拾四五年も過候へば神変を得候事也」と答える。和尚が「汝未だ十年の齢に非ず」というと、猫は「狐と交はりて生まれし猫は、其年功なくとも物をいふ」と、自らの怪しい素性を告白してしまう。和尚は「然らば今日物いひしを外に聞ける者なし、われ暫くも飼置たるうへは何か苦しからん、是迄の通可罷在」という。しかし、猫は和尚に対し三拝すると、そのまま寺を出ていったという。

猫好きの人たちは、よく猫は犬のように愛嬌をふりまいたり媚びたりしないところがいいという。たしかに猫にはそういうところがあるが、堂々と主人の和尚にむかって抗弁し、そのまま いずこともなく去っていったというこの人語を話す猫にも、いかにも猫らしいところが感じられる。

ところで、こうして飼い主のところからプイと出ていった猫たちは、どこへいくのだろうか。さらに伝説をつないでいくと、どうも人気《ひとけ》のない、近くの野原などに彼らのたまり場があるらしく、そういう場所を伝説では〝踊り場〟といっている。そしてこの猫の踊り場伝説もまた、千葉をはじめ各地に多いのである。

手拭いを一本失敬するところを見つかって家を出た猫や、法衣を着ていこうとしたところを見られて寺を出た猫たちは、踊り場に集まっておどりを楽しむ。[*2] 青森県の八戸に伝わる館鼻の踊り場では、「おさのさんこ／館鼻のどて黒ツこ／おきのきよこ／おとらこァ来ねァば／踊こりァすまなエ」と、仲間たちの名前を囃し唄に折り込んでおどりを踊るが、

うちのとなりの三毛猫が、
白粉つけて、紅つけて、
ちいさな橋を渡るとき、
ひとに見られて、ちょいとかくす

という群馬県に残るわらべ唄などは、まさに川むこうにある〝踊り場〟へむかう猫を、目敏くみつけた子どもたちのなんとも可愛らしい〝報告〟で、踊り場伝説の断片であろう。

また、山梨県に伝わる伝説では、長い間世話になった猫が飼い主の老夫婦に恩返しをするために、仲間たちの待つ野原に連れ出し、そこでなんと、老夫婦に「忠臣蔵」を通しで見せる。山間の僻地に生まれ育ち、貧しいながらも猫を可愛がりながら平穏無事な半生を送ってきた子のない老夫婦にとって、遠い江戸の町で評判をとっている「忠臣蔵」の観劇は、生涯の夢であったのだろう。猫は最後に家を出るとき、永年世話になった老夫婦のユメに応えたのであった。ある夜、家の飼猫が隣家の猫と頭に巾《きん》を被って踊るのを見て驚き、水に身をなげたという妻の話もある（『慊堂日暦』）。

猫神さん

さて、これまでは特定の飼い主に対する猫の報恩伝説を追ってきたが、捨てられた猫が温泉を発見してくれたという伝説が東北地方に残されている。

福島県の白河の近くにある〝猫啼温泉《ねこなき》〟がそれだが、あるとき東北地方の地図を見ていて面白い名の温泉があると思い、早速その由来を調べてみたのだった。

伝説によれば、むかし和泉式部がこの地を流れる北須川のほとりにやってきたときのこと、連れていた愛猫が病気になった。式部は先を急ぐことがあって、病気の猫をかたわらの木につないで都へ上っていった。残された猫は主人を慕って何日も哀れな声で泣きつづけていたが、そのうちに泣き声もやんだ。里の人たちが見にいくと、猫はこんこんと湧き出る湯につかっていたというのである。この温泉は痔疾に効能があり、猫がこのとき患っていたのは痔であったという。式部の諸病疾除伝説は各地に多く残されているから、この伝説もそのひとつであろう。しかし病気にかかった猫を捨てていくとは、いくら天下の才女であっても、愛猫家のはしくれとしては許せるものではない。

また、同じ福島県のいわき市四倉に〝猫なき山〟の伝説がある。猫を愛玩していたいわき判官の姫がいくさで館を焼かれた時、猫を抱えて逃れたが、馴れぬ山道で思うように逃げられない。供の女は、姫に猫を山へすてなさいというが姫は首をふって応じない。しかしそのうちにとてもいっしょには連れていかれないと覚ると、姫は山犬などに噛まれないようにと、泣きなき愛猫をすてる。猫はしばらく姫のあとを追っていったが、そのうち泣きながら石と化していったという。

愛猫家の姫は、こののちどこまでおちていったのか、伝説には語られてはいない。しかしイヌならぬネコが、引越などをしていった飼い主を求めて、二百キロ、三百キロもある遠い道を歩いて帰ってきたという実話は、外国ばかりでなくわが国にもよくある話である。いわき判官の姫の猫にももっと勇気と冒険心を発揮して、姫のもとまでいってもらいたかったと思うのだが、悲しみのあまり石と化したというのがなんとも心をうつ話である。

ところで、文政年間（一八一六〜一八二九）に松浦静山によって編まれた『甲子夜話《かつしやわ》』のなかに次の一文がある。

「奥州は養蚕第一の国にて鼠の蚕にかかる防とて猫を殊に選ぶことなり。上品の所にては猫の価金五両位にて馬の価は一両位なり」

鼠を捕る猫が馬の五倍の値段で売買されていたというのである。いくら上等の猫だとしても話が大きすぎると思うが、各地の養蚕家の間では鼠の被害を防ぐために猫を飼い、猫の絵が描かれている護符や呪符を蚕室に貼ったりする風習が、昭和の初めころまで残っていた。[*3] 猫にご馳走をする〝ネコゼン〟（和歌山）、〝猫の正月〟（十月十四日）に輪飾をして餅をやる（千葉県君津）、ネズミと闘って死んだ猫たちを祀る〝猫塚〟（静岡県御前崎）なども、猫に対する土地の人たちの謝恩のあらわれだろう。

こうなると、わが猫君たちは特定の飼い主たちに対する報恩のわく内などばかりにとどまってはいなくなる。いよいよわれわれに幸せをもたらしてくれる、使者としての貌を見せはじめてくる。その典型的な例が日本の南端、石垣島の川平、桴海村に伝わる節《しつ》の祭りの行事にもあらわれている。

「陰暦八、九月ノ中ニテ己亥ニ相当スル日ニ行フ。猫ノ仮面ニ芭蕉葉（重量約六十斤）ヲ編ミ上着トナス。雌、雄二匹、各戸ヲ訪ヒ明年ノ幸福ヲ祈ルナリ。此ノ前日、触使者《フレ》タル猫来タリ、明日、真猫《ホンマヤア》御入来ナルト告ゲ、種々ナル問答ヲ交換シテ使者去ル。当日村氏一同盛装シテ真猫ヲ歓迎ノタメ集マルト云フ」（『岩崎卓爾一巻全集』所収）

岩崎卓爾がこの〝マユンガナシ〟の行事を採集したのは明治末から大正のはじめにかけてである。そのころまでこの民俗行事は石垣島の仲筋、野底、伊原間、平久保などの各地でも行なわれていたが、現在は川平のみに残されている。なお〝マヤ〟は猫の方言、〝ガナシ〟はその敬称である。

猫が富や福をもたらす使者としての貌を見せた以上、神として崇められている伝説、伝承はないものだろうか。ところが偶然のことから、われわれに幸せをさずけてくれる〝猫神さま〟にめぐり会うことができたのである。

昭和五十二年（一九七七）の春、取材のために高知へ出かけ、その帰路ぶらぶらと室戸岬をまわって徳島へ出たのであった。そこでその名もズバリの〝猫神さん〟の話を聞いたのである。

猫神さんを祀る神社は、市内のはずれにある八万町の小高い山の中腹にあった。あいにくの雨模様で、長い石段を登って境内に入っても、参詣者はひとりもいなかったが、小さな社の壁板には猫の絵馬や画用紙に書かれた猫の絵が沢山貼られていた。絵には「高校入学」「中間テスト」などの文字が大きく書かれ、招き猫を写した絵馬にはさまざまの「心願成就」の願文が書かれていた。受験シーズンなどには一日の祈願者が二千名を越えるという。

神社の下にある売店には老婆がひとりいて、猫神さんのお供物として小皿に盛られたイリコを売っ

〝猫神さん〟への合格祈願者の絵と絵馬。（徳島王子神社）

ていた。しかし、この王子神社の祭神は猫ではなく、天照大神の第二皇子天津日子根命《あまつひこねのみこと》という。それがどうして猫神さんと呼ばれるようになったのか、かんじんなところは分らなかった。ともあれ阿波の国はタヌキ伝説のメッカである。そのタヌキ王国で猫族のだれだかがただ一匹、人間たちに幸せをもたらすため孤軍奮闘していることに、感激せずにはおれなかった。

後日、徳島県にもう一社、それも同じ阿南市の加茂町に猫を祀る神社があることを知った。

こちらは土地の人たちから、「猫神様のお松権現」と慕われている。金銭上の問題で藩公に直訴し、捕えられた庄屋の女房お松は、貞享三年（一六八六）三月、打ち首となった。お松が可愛がっていた猫も後を追うように殉じた。すると間もなく庄屋が金を借りた富豪や、富豪からワイロをもらっていた奉行の家に変事がつづいた。お松が可愛がっていた猫が祟って、仇を討ったのだという。

お松権現の御神体も猫ではなく、本箱に納められているお松の木札である。本殿前には手招きや微睡《まどろ》む姿態をした五匹の猫の石像が並んでいる。このお松権現も、王子神社と同じように心願成就の神様として知られ、祈願する人は境内に置かれている焼き物の招き猫を一体借りて持ち帰り、願いが成就すると、もう一体新しい猫の焼き物を持って神社に返しにいくことになっている。毎年の受験シーズンは、こちらの猫神様も大繁昌だという話である。

＊1　この話は江戸時代の『宮川舎漫筆《きゅうせんしゃまんぴつ》』に、「猫恩を報《むく》う」として採録されている。日本橋の両替屋時田喜三郎の家に出入りしている魚屋は、同家に飼われている猫を可愛がり、いつも魚肉を与えていた。ある時魚屋が長患いすると、猫は店から小判二枚を盗んで病臥している魚屋のところへくわえていった。やがて病いが本復した魚屋が喜三郎の家を訪ねると、猫は家人に殺された後だった。魚屋はその死骸をもらい受けて、両国の回向院《えこういん》に葬ってやった。法名は徳善畜男。文化十三年（一八一六）三月十一日のことであるという。猫の小さな墓（猫塚）は同寺院にある鼠小僧次郎吉の大きな墓と並んで建っているのが、面白い。墓石は風化がひどく、墓石の上にのっていたという猫が寛ぐ石像も、台石に刻まれた木下伊之助という名もほとんど判読できない（写真参照）。

この猫塚の由来に関して、次の話もある。八丁堀の玉子屋新道に住む魚屋の定吉は、本職はばくち打ち。居酒屋でもらった黒猫「熊」に、サイの目を鳴き声で知らせることを教え、いつも勝つので「猫定」のあだ名がつく。猫嫌いの女房は、若い間男に亭主を殺させる。間男は懐から飛び出した熊に喰い殺され、女房ものど元を喰いちぎられる。熊はすぐに殺されるが、時の町奉行根岸肥前守は「畜生ながら主人の仇討をした天晴れな猫」と称え、大枚二十五両を出して建てたのが、回向院の猫塚だという。この話「猫定」は、噺家六代目円生のおはこの怪談噺。奉行根岸肥前守鎮衛は『耳袋』の著者である。

大田南畝の『一話一言』には、文化四年（一八〇七）五月初めに江戸で猫疫が発生したことが記されている。その年「犬畜転生門猫畜転生門」という犬猫の墓がある回向院には、猫六百匹余が葬られたとある。明治時代、夏季には一日三十匹くらいの猫の埋葬があったという。回向院はいまも多くの犬猫が葬られている。

＊2　猫たちに踊りを教えているのは、狐である。その現場を目撃したものの話が、西田直養《なおかい》の『筱舎《ささのや》漫筆』に紹介されている。天保七年（一八三六）七月十四日の夜のこと、ある男が厠《かわや》にたって、ふと窓から外に目をやると、むこうに広がる畑に猫がいて、後からやってきた狐を迎える。「狐まづ手をあげ、乳のあたりとおぼしき所にふれ、すこし背をのし、小足にてあゆみ出す。猫はまたその定にして、あとよりあゆむ。六七間もあるはたけをま直にゆく。帰りには常のあしにてふらり〳〵ともとの所へゆく。かくすること五、六十度にもおよびぬ」。猫と狐は男のしわぶきに驚いてとび去るが、これは「狐におしへられてあるくことの稽古なるべし。このわざ数度におよびて、種々の伝授をばうくるなるべし」とある。

猫は狐とは仲が良いらしく、佐々木喜善の『聴耳草紙』には、寺で飼われている猫が、月夜の庭先で狐を相手に踊っているのを、住持と碁友達が障子の細目から見たという遠野の話が採録されている。また和尚の留守に寺の飼猫と狐が酒盛をしていたという岩手県二戸の話も面白い（この狐は和尚にしかられると猫くぐりの穴から顔を出して、「ばか和尚」と悪たれをついたという）。さらに三年の約束で飼った猫がどこかへ行くので跡をつけていくと、ある洞穴のなかで狐と踊っていたという北伊豆の話。農家の飼猫が黄昏に水屋から手拭いを盗み出し、裏庭で待っていた狐に与えてともに踊るのを見たという青森県大畑の話など、仲の良い猫と狐の交遊譚は各地に意外に多い。前出『耳袋』の人語を話した猫は、自ら狐とのあいのこであることを告白しているが、狐と猫の仲がこれほど深ければジュニアの誕生も当然と思われる。また狐と猫の宗教的な習合もみられる。江戸日本橋の玄冶《げんや》店《だな》（現中央区日本橋堀留二丁目）の三光稲荷、浪花の西長堀（大阪市西区）にある稲荷様などは、江戸時代ともに「猫稲荷」と呼ばれ、失せ猫の帰還を祈願する祠として町民たちに親しまれ、知られていた。飼猫が無事にもどれば、お礼にかつお節や魚などではなく、油あげを一枚供えることになっていた。

＊3　その一つに上野国（群馬県）新田郡の養蚕地に生まれた〝新田猫〟といわれる、殿様が描いた鼠害除けの猫絵がある。以下、板橋春夫氏の論考「新田猫と養蚕――岩松新田四代が画いた猫絵をめぐって」（「民具マンスリー」第二十一巻七号、昭和六十三年九月刊）によって、紹介したい。

代々新田郡の下田嶋に居を構える、岩松新田の殿様の知行は百二十石で、財政難から所望する養蚕農家などに、殿様が鼠害除けのまじない猫絵を描いていたものが、次第に近郊などに伝わっていった。

岩松新田の歴代の殿様のうち、次のように猫絵を得意にしたものが、幕末期に四人つづけて出現した。

十八代温純　天文三年（一七三八）～寛政十年（一七九八）

十九代徳純　安永六年（一七七七）～文政八年（一八二五）

二十代道純　寛政九年（一七九七）～安政元年（一八五四）

二十一代俊純　文政十二年（一八二九）～明治二十七年（一八九四）

四人の〝猫絵描き殿様〟のうち、最後の俊純は明治になってから男爵位を受け、〝バロン・キャット〟の愛称で、イギリスなどでは動物愛護家として知られたという。俊純は横浜港から海外に輸出された絹織物、紙など蚕種の製品を鼠害から避けるために、猫絵をいっしょに添えたが、この絵を「まじないの絵」とは思わず、イギリス人たちは日本の動物愛護家が描いたものと思ったようである。

この俊純が描く猫絵は、先代たちの描く猫に比べると、少し怖く、「八方睨みの猫」として知られていたという。四代も、よく絵の才能に恵まれた継嗣たちがつづいたと思うが、現在までに発見されている猫絵の分析から、それぞれの殿様の描く猫には特徴があって、坂橋氏によれば「温純の猫は縞猫で横向き、尻尾を首に上げて」いる。徳純のものは、ほとんどが「横を向いたちょっとユーモラスな図柄」であり、「前足が見えるだけで、後足は見えない。

目が大きいのが特色」。道純の猫絵は「墨のタッチが淡く、絵は大変ユーモラスなもの」で、「これでは鼠が怖がらないのではないかと思われる」。最後の〝ハロン・キャット〟こと俊純の猫絵は、「どちらかといえば道純の猫を少し怖くしたような感じである。眼光は比較的するどい」と評している。四人の共通点は、彩色しているものは、みな首に赤い首輪をしていることであるという。

坂橋氏は二番目の十九代徳純が、文化十年（一八一三）秋、信州の善光寺へむけて旅に出た折りの「道中日記」の一部を掲げている。それを見ると、「翌朝猫之三幅相認ル、為礼とまわた代金三百疋貫」とか、「画之礼品物其外金子は八両斗リ申請」とあるように、猫絵を描いては、金子その他の謝礼を受けている様が認められている。九月十五日から十月九日までの旅で、行く先ざきの村の役人や農民たちに徳純が描いた墨絵の猫絵は、分っているだけで九十六点もあるという。四人の殿様が描いた猫絵は、坂橋氏によれば現在「どんなに少なく見積っても、一千点を下ることはない」という。

ともあれ、こうした殿様が描いた猫絵——「新田猫」は、鼠害除けに大きな効果があったのだろうか。弘化年間から安政年間（一八四四〜一八五九）に著された青葱堂冬圃の『真佐喜のかつら』に、次のようにある。

「上野国新田郡岩松氏の絵がきたる猫の絵を張をけば鼠出ずともてはやしぬ、されど世うつりはて験も失けるにや、或年四谷湯屋横町押田氏江彼岸松氏しばしの間逗留せし折、予いまだ若年にて一夜俳席へ招れ、かの猫の絵を乞ふにまかせ書てあたへられぬ、家にもどり飯粒にて壁へ張しが、翌朝みれば鼠かのめし粒を喰んとにや、猫の絵も悉引さきぬ、又同じ頃江府市中をいやしけなる男、鼠除猫の絵と呼歩行し男あり、望ものへハ纔《わずか》の料にて書きあたへぬ、此ものの書きたるは岩松氏にはまさりしよし」。

てんぐのきのこの不思議

木登りきのこの怪

きのこといえば、一時流行した〝紅茶きのこ〟や、ガンの特効薬といわれる〝さるの腰かけ〟、深夜妖しい光を発する〝夜光だけ《シイノトモシビダケ》〟などを思い出す。また床下にしつこく付着し、やっと建てたマイホームを腐らせてしまうという、家を喰う〝ナミダダケ〟なるキノコが、北海道の札幌の住宅地に発生したという新聞記事を読んだこともある。わが国は土壌が湿潤なせいかその種類も多く、全国には三千種にものぼるきのこがあるという。東京上野にある谷中墓地は、東京の〝きのこの楽園〟で、霊園内だけで三百種。そのうち名前が分るのは九十種たらずで、あとはわからんだけであるという。

きのこにまつわる伝承といえば、口にすると笑いがとまらなくなるという笑いきのこ、シャックリが止まらなくなるきのこ、さらに食べると踊りだしたくなるきのこの話など、子どもの頃よく聞かされたものである。植物の伝承のうちでも、きのこというと、不思議なものが多いようである。長崎県壱岐島には、お宮の床下に足を引っぱりこんで人間を食べてしまうという〝人喰いナバ（きのこ）〟の話が伝えられている。これはアメリカでの実話だが、きのこの下からよく人間の死骸が見つかるという。埋葬した幼児の棺にきのこが発生しているので調べたところ、きのこは埋められた死体が腐って生じたアンモニアによって発生したと考えられ、「Corpse Finder（死体探知茸《だけ》）」と名づけられた。このきのこは、日本にはないという。

　話がなんだか猟奇的になってしまったので、口直しに江戸時代に書かれた八丈島の文献で知った〝てんぐのきのこ〟という、おかしなきのこの話を紹介しよう。

　しめじに似たそのきのこを口にすると、たちまち毒にあたって、酒に酔ったような気分になる。そして家の屋根、木の梢など、ただ一筋に高いところへ登りた

〝てんぐきのこ〟を食べて木に登った男（小寺応斎『伊豆日記』の挿絵）。その絵ときは、「八丈島にしめじといへるものに似たるくさひら有。それをくへば、狂人の如くなりて、高きにのほり、家のやね、木のこすゑ、有たけは昇りてゐる。一夜をあかせば、正気つき、はじめておそろしく、をりる事ならず、よくのほるもの昇せ、つなをつけてくりおろすとそ。島人はしりてくはねとも、流人くひて、かゝる事、をりをりあるといふ」となっている。

がり、毒が消えるまで、下に降りる気持ちにならないというのである。

島のひとたちはこのきのこのことをよく知っているからよいものの、なにも知らない流人たちは、国許にあるしめじと思い、このきのこを食べては毒にあたり、よく木のてっぺんに登って、梢のたわむばかりの小枝にとりすがって、一夜をすごしているのを見るという。

翌朝正気にかえった流人が、恐怖にかられて高みから大声で救いを求めると、島のひとたちがそれを聞きつけて、木登りの名人が、腰綱をつけて救出してやるのだというのである。

あるとき、島の宗福寺という寺にいた流人のひとりがこのきのこの毒にあたり、狂気になっているところを坊さんが見つけた。そのままにしておけば必ず高いところへ登るからと、男を部屋のなかに閉じこめ、外から戸を堅く閉じておいた。さて、一夜明けて正気にかえっただろうと戸を開けてみると、部屋のなかに男はいない。壁を破って外に出た様子もないので、寺のものたちを集めて不思議がっていると、とつぜん梁《うつばり》の上から、「おれはここにおるが、どうしてここへ登ったのかわからない。早く降ろしてくれろ」という声が聞こえた。

寺のものたちがどうしてそんなところへ登ったのかとたずねると、流人は「いまもいったように、どうしてここへ登ったのか露ほども知らぬが、そういえばいろりの自在にすがったのを夢のように覚えておる」といったという。

寺のものたちは、自在のこの細い綱に、よくよじ登ることができたと改めてきのこの毒の不思議さに驚き、早速はしごをかけて男を下に降ろしてやったというのである。

この話は、寛政八年（一七九六）に伊豆諸島を巡島した代官三河口太忠に随行した文人小寺応斎の

『伊豆日記』に出ているもので、応斎はこの話にユーモラスな絵まで添えている（九八頁の挿絵参照）。

伝説の迷路

類書を調べてみると、この不思議なきのこの話は、同じころ八丈島に渡島した飛驒の大原正矩の『八丈志』にも出ていた。ところが、『八丈志』の方は「長サ二尺モ有ランニ、フシノゴトキモノアリ」というほどの大きなきのこになっている。

こちらは『伊豆日記』と違って、記述は伝聞ではなく、著者自身が友人に誘われて「端山ニ茸狩セシ」ときに「色ハ子《ネ》スミニシテ白ク小モンノ如キモノアリ」というおばけきのこを見つけて持ち帰り、村の古老にきのこの毒にまつわる〝不思議な話〟を聞かされるという記述になっている（珍しい〝実話〟で内容も面白いので、句読点・濁点をおぎないながら末尾にその全文を紹介しておきたい[*1]）。

しめじと二尺のきのことでは、その大きさがあまりにも違いすぎる。

これはいよいよ〝伝説の迷路〟に踏みこんだなと思った。そこで当時の八丈島の産物を記した『伊豆海島風土記』（佐藤行信）を見ると、きのこは椿の古木に生える「ツハイタケ」「ハツタケ」「シイタケ」「キクラゲ」の四種が図解されているのみで、〝てんぐのきのこ〟というのはない。

そこで次に『八丈実記』（近藤富蔵）の「土産」の部の「菌類」の項を調べると、ここには「椎茸」「木耳」「シャミミ」「ハキナガ」「馬勃《ヤブタマ》」「紅菰《ベニタケ》」「松茸」の七種が紹介され、伝聞として「笑いきのこ」の話が添えられている。しかし〝てんぐのきのこ〟に関する記載はない。そのほか八丈の庶民生活を活写したといわれる『八多化の寝覚草』（鶴窓帰山）も多くの産物の紹介があるので調べてみたが、ここにも〝てんぐのきのこ〟の記載はなかった。また寛政十二年（一八〇〇）に刊行された飛驒高山の三島勘左衛門の著わした『伊豆七島風土細覧』は、「三ッ村に茄子の大木有、梯を立懸て茄子をもぎ取るといふ」など、八丈島の産物に関する面白い記述があるが、勘左衛門は八丈には渡っておらず、新島以外の記述はすべて船頭、水主らからの伝聞である。

ところで、こうして文献を調べているうちに、面白いことに気がついた。〝てんぐのきのこ〟の記載のあるのは、寛政八年（一七九六）の見聞を記した『伊豆日記』と享和二年（一八〇二）から文化八年（一八一一）の約十年間の見聞を記した『八丈志』である。『伊豆海島風土記』は天明六年（一七八六）の刊行であるから、前二著より十年ばかり刊行が早い。また『八多化の寝覚草』は幕末。八丈島関係文献の最高の位置を占める『八丈実記』は明治にはいってからのもので、これらの文献を年代順に並べると、〝てんぐのきのこ〟の話は寛政から享和・文化年間（一七八九〜一八一七）に、島人たちの間に膾炙されていたもので、幕末ころにはすっかり忘れ去られてしまった話に違いない。富蔵は『八丈実記』の「菌類」の項に、めずらしい笑いきのこの話をわざわざ書き添えているくらいだから、もし伝承を聞いていれば〝てんぐのきのこ〟についても、なんらかの記載を添えたに違いないと思った。

しかし、文献の渉猟はこのあたりまでである。この先は現地にいって古老をたずね、口承伝説として、この話が残っているかどうかを調べてみたいと思った。

「しめじ」であれ「二尺大」のきのこであれ、幸いそれがとれた場所のひとつが「端山」という山であり、毒にあたった流人のひとりは、宗福寺という寺に住居していたことがわかっているし、『伊豆日記』の三河太忠も同寺に逗留しているのだから、ナゾはすぐ解けると思った。

その上、なによりも伝承が寺に伝わっているというのが心強かった。

ささやかな旅の経験から得た知識によれば、どこの地方でも、その地方に伝わる伝承や古いことについては、お寺さんが一番よく知っているものである。そこで八丈島に出かけて、宗福寺をたずねた。

源亮有氏は大変親切な住職で、檀家まわりの時間が迫って奥さんにせっつかれながらも、あれこれ島に伝わる昔話を話してくれた。しかし肝腎の〝てんぐのきのこ〟の話は、一度も聞いたことがないというのだった。寺を出てから島の古老に何人かたずねたが、やはりこたえは和尚さんと同じだった。あとの手がかりは「端山」だが、正矩が居住していた中之郷に出かけても、「端山」の地名を知るひとはいなかった。

結局、山の名も、昔話の本体と同じようにいつの間にか忘れ去られてしまい、〝てんぐのきのこ〟は植物学上どのようなきのこなのかもわからなかった。

大原騒動との関連

ところで、この話の取材中にひとつ、心にかかることが生じていた。『八丈志』の著者である大原正矩のことである。

飛驒の国の大原といえば、あの百姓一揆で有名な〝大原騒動〟を思い出すが、正矩と大原騒動とはなにか関係があるのだろうか。十年近くも島に居住していたというなら流人に違いないと思ったが、正矩は大原騒動に関係のある悪郡代の一族ではあったが、流人ではなかった。

大原騒動は、郡代であった彼の祖父大原彦四郎、父亀五郎二代の圧政によって明和から寛政年間（一七六四〜一八〇〇）の二度にわたって起きている。

明和・安永のときは、検地増石。十七年のへだたりを置いて起きた寛政年間のものは、郡代の長年にわたる悪政が生んだ、農民たちのうっせき爆発であった。

祖父彦四郎は元禄検地の飛驒の石高四万四千石余を五万一千石余に増大させた功によって、代官から郡代となったが、江戸から高山へ戻ってきたその日に夫人が自殺し、彦四郎もほどなく失明し、精神錯乱に陥って狂死した。

その職をついだ亀五郎は、農民たちの悪政・不正に対する執拗な直訴などによって悪業が暴露され、寛政二年（一七九〇）四月、生涯遠島の罪状で八丈島へ流され、二十二年後の文化八年（一八一一）七月、島で病没している。

父の亀五郎が流罪になった年、正矩は二歳であった。父の不正が露見しなければ、やがて正矩もその嫡子として、飛驒農民に対する圧政を引きついでいたかも知れない。しかし、ひとの子として父を慕う気持ちは正矩とて同じであった。彼は十四歳になった享和二年（一八〇二）、幕府に願い出て八丈島に渡り、当時中之郷書記をつとめていた父とともに、十年近い歳月を過ごした。

願い出て渡島しただけに、彼の孝養は島人を感心させずにはおかなかったといわれている。

父の病没後、飛驒の国許へ戻った正矩は、八丈島の冠婚葬祭、民俗、動植物、気象、潮流など、在島中に見聞した記録を写生画入りでまとめ、八丈島研究には欠かすことのできない貴重な文献『八丈志』一巻を著わしたのであった。

ところで、飛驒のひとの伊豆諸島関係の著述というと、前記『伊豆七島風土細覧』を著した三島勘左衛門が有名である。

勘左衛門の父上木甚兵衛は、明和・安永のときの一揆に加担した科で、安永三年（一七七四）三月、新島に流されたひとりであった。流されたとき父甚兵衛は六十一歳であったが、齢八十に達して中風症で苦しんでいるということを伝え聞くと、勘左衛門は養子として入っていた三島家の家督を譲り、新島に渡って父の孝養につとめたのである。勘左衛門は甚兵衛の身のまわりの世話をする一方、農家の手伝いや商家に雇われたりして生活費を稼ぎ、ときには自ら行商までして島内を歩いた。

父甚兵衛は八年後の寛政十年（一七九八）、「蜘蛛の巣にかゝいて二度の落葉かな」の辞世の句を残して、島で世を去った。勘左衛門は遺骸を葬って喪に服し、二年後の寛政十二年（一八〇〇）国許へ戻った。在島中の見聞を記したのが、『伊豆七島風土細覧』（一名、『豆州風土記』）である。

勘左衛門は筆のたつひとであったらしく、このほかにも『新島追悼編』『白川奇談』、新島に渡るため許可を願って江戸に滞在していた折に著わしたという、安永の騒動を素材にした『天明水滸伝』などを遺している。新島の本村にある甚兵衛の墓所には、父の墓石に合掌している勘左衛門の座像があるが、勘左衛門の孝養は島のひとたちの鑑として、いまも伝えられている。なお、甚兵衛と勘左衛門の新島での生活については、江馬修氏の『流人』に詳しい。

正矩と勘左衛門とは大原騒動を介すると、まったく逆の立場にあったひとたちであった。

しかし、ともに幕府に願い出て父の配所に渡り、島のひとたちに孝養の誉れを謳われ、国許に戻ってその島の記録を著わした例は、ほかにあまりないようである。

飛騨という山里に生まれ育ったふたりに、海に取り囲まれた孤島の風物が極めて新鮮な驚きであったことが、二著を読むと感じられるのである。

＊1　「余、或年秋ノ半、霖雨《ながあめ》晴ワタル日、シタシキ友ニイザナハレテ端山ニ茸狩セシコト有シニ、其日ハ殊サラオホク取得タリケル。秋ノ日短クテ、ヤヤ西ニ傾キケレバ、イザヤ家路ニカヘラントシテ、アル松ノ根ヲミヤリケル。ソノ長サ二尺モアランニ、フシノ如キモノアリ。色ハ子《ネ》ズミニテ白ク、小モンノ如キモノアリ。イカニ珍ラシキ菌《きのこ》ナリ。イザ持帰リ古老ニソノ名ヲタヅ子《ネ》バヤト云フホドニ、ムカヒナル山ヲクダル翁アリ。ヨビトメテ菌ノ名ヲ問フニ、此翁モマタ、連レナル何某ノ家ノアタリ近キモノナリセバ、カタヘナル木ノ根ニ腰ウチカケ、カノ菌ヲミヤリテ、是ハ天狗茸トカ云フモノニテ、コトサラ毒多キ菌ナリ。我コノ菌ニツキテモノ語リ有リ、シバシ爰《ここ》ニヤスラヒ給ヘ。日モマダ高ケレバトテ、スリ火ウチナドトリイダシ、烟草ノミナドシテノチ、物語ヲキケバ、近キ頃ノ事、何某トテ夫婦マヅシククラセシモノアリ。夫ナルモノアル日、此茸ヲ四、五トリ得テ、能キモノコソアレトヨロコビケルニ、人ノ云ケルハ、コノ菌ハ殊サラ毒ツヨク、我モ人モ手ニダニフレシコトナシ。必シモ食シ給フコトナカレ。カヘスガヘスモ捨給ヘト云フニ、何某思ヘラク、此菌モシ味サヘヨキモノナラバ、イカデスツベキト思ヘドモ、サナガラ人ノ意モソムキガタクヤ思ヒケン。モノサヘイハデ、カヘリケリ。其夜ウシ満ニナランコロ、何某ノ家殊ニサワガシク、夫婦イサカヒ、イデキケン。サルニテモ、フシン晴ズトテ、爰《ここ》ノ人カシコノ人トアツマリテ、事ノユエヨシヲタヅヌルニ、夫婦ハサラニモノヲモイハデ、目ノイロコトニスルドク、何ヤラン手ニテ胸ナデオロス

体ナリ。人々フシン晴ヤラズ、只マモリ居ルバカリナリ。ヤガテ、妻ナルモノ柱ニタヨリ、ノボラントス。何某、妻ヲ引テオロシ、オノレマタノボラントス。ツマナルモノハ、夫ノ足ニマトヒツキ、ナホ引オロサントス。ナレドモ、タダ音ノミニテ物イフコトハサラニナク、タダ上気セシアリサマナリ。トカクスルウチ、カナタコナタヨリ人々アツマリケル。ソノ中ニ、昼ホドカノ茸ヲ抜キタルヲミタルモノアリテ、人々ニコトノヨシヲ語ルニ、ハジメテオドロキ、薬ナド用ユルニ、ホドナク毒気モサリシニヤ、又モ胸ナデオロシ、シカジカ彼《か》ノコト語ルニ人々モカノ菌ノ毒アルコト、マノアタリニミタレバ、オヂオソレザルハナシナド物語ルウチ、日ノ黄昏ニオドロキテ、ウチ連ダチ家路ノカタヘイソギケル」（『八丈志』）

埋蔵金あれこれ

埋蔵金列島

埋蔵金伝説というと、兵庫県多田銀山に隠されている秀吉の四億五千万両や、赤城山に隠された小栗上野介の軍用金三百六十五万両、北アルプスの山中に埋められているといわれる佐々成政の百万両の話などが、その額の大きさからも有名である。また三十年にわたってヨハネの黙示録を研究解読した結果、ソロモン王の隠匿財宝約一兆円が徳島県剣山の山中に隠されていることを突きとめ、発掘をつづけている老人がいるという奇想天外な話も聞いたことがある。埋蔵金伝説研究の第一人者である畠山清行氏によれば、「人類が手に入れた金銀の約四分の一は沈没船に積まれたまま海底に眠っているか、隠匿、もしくは蓄蔵のため地中に埋められたまま、埋蔵金となっているというのが、経済史家の定説である」という（『日本伝奇伝説大事典』角川書店。ちなみに、あるスペインの資料によれば、財宝を積んで沈んだ船は世界で二八〇〇隻にものぼるという）。

こうした伝説の埋蔵金はどのように計算されるのか分らないが、埋蔵されているという財宝の額ば

金山奉行大久保長安の座像。

かり大きく、発掘しても肝腎のものが出てきたためしがないといわれる。しかし実際はそうではなく、たびたび出ており、一般に知らせないのは借金や脅迫などの被害が予測されるからだという、うがったこともいわれて、そこがまた、埋蔵金伝説のミソにもなっているようである。真偽はともかく、埋蔵金伝説に深い関心を寄せている人たちによると、現在「このあたりに……」という可能性のある有力な埋蔵金の隠蔽場所は、全国に百五十カ所以上もあるというから、日本は埋蔵金列島の観さえあるといえるだろう。

伊豆半島の東海岸にある河津浜で、同地の縄地に伝わる金山奉行大久保長安の埋蔵金伝説を聞いたのは、もう三十年近くも前のことであった。

甲州の猿楽師金春七郎喜然の子として生まれた長安は、幕臣大久保忠隣の推挙で家康に仕え、大久保姓を与えられてから、多才な才能を発揮して異例の出世をした男であった。彼は東海、中山両道の伝馬制を敷いたり、税の徴収や各地の検地などで名をあげたが、慶長六年（一六〇一）には石見《いわみ》銀山の奉行となり、やがて佐渡と伊豆の金山奉行をも兼ね、幕府の金山総奉行となって武州八王子に三万石を領するまでになった。

生活ぶりも奢侈をきわめ、彼の周囲からいろいろなうわさが出はじめるのも、このころからである。

彼は支配地に乗り込むとき、「美女二十人、猿楽師三十人、つき従うもの二百五十人、伝馬人足は数を知らず」といった豪華さで、大大名気取りであったという。当時の金山は一定のノルマの金銀を採掘すれば、それ以上の金銀は奉行の処分にまかされていたというから、大大名をしのぐ長安の奢侈ぶりと、それにまつわる財宝隠匿伝説も、このあたりに端を発しているようである。長安は遺言のなかで、「死体は金の棺に入れて甲州へ運び、国中の僧侶を集めて葬儀をとりおこなえ」と、いったという。

ところで、長安にまつわる埋蔵金伝説といえば、例の箱根仙石原の「富士のよく見える黒い花の咲くつつじの木の根元」に子孫のために埋めたという判金七千枚の話が有名で、伊豆にもそのような伝説があるのは初耳であった。

慶長十一年（一六〇六）、伊豆の金山奉行をも兼ねるようになった長安は、縄地の銀坑近くに豪華な屋敷を構えたが、銀山全盛時にその銀の一部を着服し、武州八王子の自邸まで運ぼうとした。しかしその量があまりにも多いので、やむなく縄地の屋敷内に埋蔵し、その埋蔵場所を、

朝日さし夕日輝くゆずり葉の
下にこがね千ばい朱千ばい

というナゾの一首に托したという。

土地の人の話によれば、長安の屋敷跡は寺阪の地福院近くの高台で、現在は小学校が建っている。

これまでナゾの歌を手がかりに何人ものものが発掘を試みたがことごとく失敗し、だれも財宝を手にしたものはいないという。このあたりには礫坂、罪（妻）が坂など、かわった地名が残っている。銀山最盛時、縄地は八千戸の戸数を数えてにぎわったという。

長安をめぐる謎

ところで、伊豆では天正年間から金銀が産出し、縄地のほかに青野、瓜生野、大仁《おおひと》、修善寺、土《と》肥《い》などの鉱山が知られている。しかし金銀の産出が激増したのはいずれも長安が奉行となって経営にあたってからで、伊豆の銀山では、「土百匁に銀百匁」といわれるほどの空前の活気を呈した。家康はこの伊豆の銀山がことのほか自慢であったようで、世子に敬意を表するため駿府に赴いた宣教師にまで伊豆の銀坑を訪れることを勧めたという話が、パジェスの『日本切支丹宗門史』の慶長十二年（一六〇七）の章に記されている。

長安の鉱山経営の技術は、従来の竪穴掘りを横穴掘りに改めたものであった。竪穴掘りは湧き水にあうと排水が思うようにならず、廃坑にせざるを得ないが、横穴掘りは坑道を掘って排水する便がはかれるので、金銀の産出も飛躍的にのびるようになった。長安はそれまで日本では考えられなかった筒形の木製吸上げポンプを用いて湧き水を排水し、製錬に水銀を用いる製錬法を用いた。長安はこれらの方法をヨーロッパ人から教えられたといわれ、このことがまた、家康への謀反、幕府顚覆計画に尾を曳いていくのである。

長安は金銀の飛躍的な産出を行なって、家康のあつい信任を受けていた。ところが慶長十八年（一六一三）四月、中風の悪化で六十五歳で死去すると、日を待たずして不正、陰謀が暴露された。彼の遺言に従って、遺体は甲州に運ばれ、盛大な葬式が営まれる段取りになっていたが、突如家康はこれを禁じ、七十万両を越える彼の私財、金銀製の諸道具一切を没収し、七名の子に切腹を命じた。一説には、長安の屍体は棺から出されて安倍川の川原に晒されたともいわれている。また家康の処置があまりにも迅速であったため、長安は不正、陰謀が露顕して切腹を申し渡されて死んだという説もあったほどである。

不正の件はともかく、陰謀というのは八王子の自邸をくまなく捜査したところ、長安の寝室の床下から埋蔵地点を示した絵地図が発見され、この絵地図が箱根仙石原の例の「富士のよく見える……」という歌の埋蔵金伝説につながっていく。しかし埋蔵金は、実は子孫のためのものではなく、幕府顛覆のために用意された軍資金の一部であったというのだが、ほかの説ではもっと生ぐさく、床下に埋められていた石の箱のなかの漆の箱から出てきたのは一通の㊙の計画書で、それには日本にキリシタンをひろめ、外国の軍隊を導き入れ、伊達政宗の娘いろは姫を娶った家康の第六子松平忠輝を日本の国王にして、自分は関白となるということが記されていたというのである。

この謀反説は元禄三年（一六九〇）に日本に来たドイツの医師で博物学者のケンペルの『日本誌』のなかにも記されている。ケンペルによれば、慶長十六年（一六一一）オランダの軍艦が喜望峰付近で敵対していた一隻のポルトガル船を拿捕したところ、船中から日本在住のポルトガルのカピタン・モロからポルトガル皇帝にあてた一通の秘密文書が発見された。その密書には、「日本ヲ攻メ亡サント申ス密通ノ状有リ、其上ニ日本ノ諸大名且ハ御旗本ノ諸士一味連判ノ誓状アリ」とあった。日本の九州のキリシタンがポルトガルの協力を仰いで幕府を顚覆させるという計画があるから、軍隊や船を送ってほしいという要請も認められており、その首謀者に佐渡奉行大久保長安の名があったという。金山経営に用いられた彼の新技術がこんなところでキリシタンと結びつけられ、さらに幕府顚覆計画にまでに発展していったのである。

長安死後の処罰に対する直接の原因は不詳である。能吏であったから、あるいは不正のひとつやふたつはあったかも知れない。陰謀説の方は、豪奢をきわめた成り上り者にはつきものの創作伝説であろう。しかし、一介の猿楽師として生まれ、成り上っていった長安の心の内は、どのようなものであっただろう。長安のことを描いた『山師』という作品のなかで、松本清張氏は晩年の長安の心境を次のように分析している。

「一介の猿楽師でいた頃のように、自分より上層の者が無数にあった時は、その圧迫感は無かった。空気の圧力を頭上に感じていないのと似ていた。自分の幸も不幸も左右することの出来る地位の差が限りなく世に存在するとなると、観念は希薄となって、心は安定していた。しかし頭上の人間が数少なくなればなるほど、上から圧迫される不安な意識は濃くなるのである。

長安が、常から漠と抱いた不安は家康というただ一人の人間に生涯の浮沈を握られているという意識が潜んでいたからであった。たった一人にという不安である」

話を、長安の埋蔵金伝説の方へ戻そう。

箱根仙石原の伝説の方は、大正時代（一九一二～一九二五）に東京のある写真技師が秘かにひとを集めて掘ったところ、刀剣、武具の類が出たことがあった。しかし伊豆縄地の方は、話を聞いてこれは眉つばものだと、すぐに思った。

朝日夕日伝説

それは、例のナゾの歌である。

「朝日照る（射す）、夕日輝く……」というのは、埋蔵伝説にはつきものの歌で、いわば埋蔵金伝説の枕に振られる歌である。

例えば、〝小松寺の七不思議〟のひとつに数えられている千葉県館山市郊外の小松寺に伝わる埋宝伝説も、「漆千盃朱千盃銭ガ十億万貫、朝日サス夕日輝ヤクモロノ樹ノ下ニ有……」となっているし、北アルプスの山中に眠る佐々成政の百万両もまた、「朝日さし、夕日かがやく大樹の下……」である。信濃に伝わる熊坂長範の陰し金の場所は、「朝日さす夕日輝く三足半」である。さらに香川県如意山の山頂に埋められているという長者の財宝も、「朝日さし、夕日かがやく樹のもとに」である。そのほか下の句が「くすの樹のもと」をはじめ「三葉のうつぎの根」、「白南天の花咲くところ」、さらに「牛に三駄馬に三駄」などがある。

また、徳島県の祖谷《いや》に伝わる〝みたからの歌〟は、まくらの歌の上にさらにまくらがつき、「九里きて、九里行き、九里もどる。朝日輝き夕日が照らす。ない椿の根に隠す」というもので、意味もますますナゾめいている。「行かば五里、帰れば七里……」というところもある。

こうした〝朝日夕日伝説〟は、全国各地に伝わる長者伝説のなかにも数多くみられる。土地によって異なっているのは、木の種類と財宝の種類、量くらいのものである。神奈川県南足柄町地蔵堂に伝わる〝夕日長者〟の伝説も、同様の歌に托された黄金千両うるし万杯が、屋敷跡の付近にある「大木の根元」に埋められているという。

地方によっては、こうした歌がわらべ歌になって歌われているところもある。次にあげるのは、富山県婦負《ねい》郡呉羽町の北代に伝わるものである。

うるし千ばい　朱千ばい
黄金の鶏が　ひとつがい
朝日さす　夕日かがやく　木の下に
みつは　ウツギの　下にある

このわらべ歌は、土地のスズメの森に住む〝スズメ長者〟が、財宝を隠した場所を歌に托したというもので、次のような宝あらそいの面白い伝説が伝承されている。

スズメの森の長者と別所七山の長者は、日ごろからともに自分の富を競いあっていた。ところがあるとき、ナゾかけをして、先にそのありかを当てたものが相手の全財産をもらい受けるという話になった。

スズメ長者の方は、前記の朝日夕日の歌に托して、自分の屋敷の庭に黄金の鶏一番《つがい》を隠した

が、七山長者の方は、

一月また一月
両月ともみな半遍
なにほどの
むりやうのつみか
あるとても
みのほどまゐれ
たすけたまふそ

という、すこぶる難解な歌を示した。

スズメ長者の方はすっかり頭をかかえてしまったが、七山長者の方はすらすらとスズメ長者のナゾを解き、翌朝朝日が立山の峰から昇るのを待った。そして、黄金色の光がスズメ長者の屋敷の庭にあるウツギの木を射るのを見届けると、その茂みをかき分けて大きな穴をみつけた。穴のなかにはスズメ長者が隠した黄金の鶏一番があったという。

スズメ長者は、こうして一夜にして巨大の富を失ってしまったが、さて、七山長者の方のナゾかけは、どのように解くのだろうか。

この歌は各行冒頭のかな文字を横に並べると、「なむあみだ」となり、ただ一心に念仏を唱えさえすれば、死後は現在の財宝などでは得られない極楽浄土へ行くことができるという、浄土真宗の教えを歌い込んだものだった。

　こうしてみてくると、朝日夕日伝説はすべてが後世人のつくった単なる伝説のように思えるのだが、最後に本当に出てきた話を紹介しておこう。

　場所は宮崎県西臼杵郡の熊本県との県境に近い五ヶ瀬町坂本部落の専光寺境内で、むかしの城跡の中心地。「城跡をくまなく調べよ。朝日が一番早くさし、一番遅くまで夕日がかげらぬところに七個の壺が埋めてある」という。四百年前から語りつがれている伝説を手がかりに掘ったところ、一壺あたり時価百万円分の古銭のつまった壺が五個出てきたという。昭和三十五年（一九六〇）の話である。

――こういうこともあるから、人心が迷うのである。

樹のなかのひみつ

木のなかから出現した十字架

切り倒した竹のなかから小さな娘が出てきたというのは、日本最古の物語といわれる『竹取物語』である。森のなかでこびとの翁に教えられて、切り倒した老木から金のガチョウが出てきたというのは、グリム童話の「金のガチョウ」の話である。

木のなかから、どんなものが出てくるのか。今回はそうした木の奇話の周囲を彷徨してみたい。

わが国のキリシタン伝説に興味を抱いて、ルイス・フロイスの『日本史』を少しずつ読んでいた時、天正十七年（一五八九）十二月のキリスト降誕日に、九州島原半島の小浜で、キリシタンの息子がたきぎにしようと庭の隅にあるタラの木を切り倒したところ、なかから十字架が出現したという話にぶつかった。

このタラの木はイヌダラで、幹まわりが一抱えほどもある枯れかけた老木である。根元から切り倒し、輪切りにした幹をさらに斧で二つに割ったところ、真二つに割れた木のなかから木の十字架が現われたのだ。[*1]

木の幹は白いが、十字架の部分は赤黒い色をしていた。木を切った息子のミゲルは驚いて斧で割ったもう一方の木を見たが、その木片の方にはいがたのようにへこんだ十字架の型がついていたという。

キリシタンの父子はびっくりして、この十字架を教会へ持っていった。木のなかから十字架が出現したという出来事は、奇瑞としてたちまち世間にひろがった。やがて長崎などの近隣ばかりではなく、山口や遠く京の都からも船を仕立てて、はるばる訪れる熱烈な信徒たちもいた。そして十字架を拝観したのちミゲルの家へやってきて、切り倒した木の木片の残りや、切り倒した木の根株まで土のなかから掘り出して、少しずつ持ち帰っていった。長い間重い病いにかかって苦しんでいた夫を持つ妻は、大事に持ち帰った木片を水に入れたり、粉末にして飲ませたところ、夫の病いは回復の兆を見せて、ほどなく全快したという。

不思議な十字架が発見されたのが御子の生誕の日であり、茨のあるタラの木はゴルゴダの丘に引きたてられていく御子の頭にかぶせられた茨の冠（聖冠）に擬せられる。さらに九州地方で行なわれていた「元旦に門の上にタラの木を置いて悪魔の禍を防ぐ」という、正月の習俗とも重なる。

こうした樹木のなかから十字架が現われたという話は、その後も長崎周辺で五件ほど宣教師たちのヨーロッパへの通信などに報告されている。出現樹木はほとんど、柿の木である。

そういえば、わが国には柿の木から文字が現われたという話が多く伝えられている。

鎌倉時代の『今物語』には、比叡山横川に住んでいた小法師が坊の前にあった柿の木を切ってたきぎにしようとすると、木のなかに「南無阿彌陀佛」という六文字の経文が記されていたという。また『沙石集』には、遠州の井《い》というところにいた蓮養という山寺法師が庭に柿の木を植えて年来愛《め》でていたが、法師が他界したので、「楊枝《ようじ》にしよう」と柿の木を切り倒して割ったところ、幹のなかから二寸四分（約六センチ）ほどの黒々とした文字で、「蓮養房」という所有者の法師の名が現われた。木をいくつに割っても、同じ文字が幹のなかにつづいていた。その木から作った楊枝が、今も地頭のところに残っているという。

さらに文化十一年（一八一四）の春に、伊予国（愛媛県）大洲の宇和川村の畑のなかにある柿の木を、作物のさまたげになるので切り倒し、斧で二つに割ると、「大王左月」という、「明」の字の日の偏の欠けた濃藍色の四文字が現われたという（『梅園日記』）。

柿の木ばかりではない。「木中有文字」の話は、古い中国の書物に多くあるといわれるが、江戸時代の随筆類などにもみられる。常陸国（茨城県）の太田社を造営する時、建材の杉の木を切ったところ、なかから「鹿島大明神」という文字が現われたという話が、『和訓栞』にみえている。江戸亀戸天満宮の境内にある榎の木からは、「天下太平」という虫蝕文字が現われたという（『甲子夜話』）。

また文政十二年（一八二九）の夏には、江戸上野の谷中にある多宝院の樫の木のなかから仏の画像が現われて、大騒ぎになったという話が『世事百談』に載っている。編著者の山崎美成はつづけて、「こは（木中文字や画像などは）みな木の渋の染みで、おのづから文字、画図をなすなり」と出現理由を記しているが、樹質、虫害などによるものもあるだろう。

薬師如来や十一面観音像も……

しかし木のなかから出現したものは、さらにさまざまで、薬師如来の彫像が出てきたという話がある。東京中野にある新井薬師（松高院梅照寺）は北條家の侍だった梅原将監というものが仏門に入って名を行春と改め、新井村に庵を結んで修行しはじめたのが寺の興りだという。

ある日、行春があたりが闇につつまれるまで熱心に修行をしていると、庭の古い梅の木が光り輝き出した。こうしたことが何日もつづいたので、不思議に思って村のものたちと庭の梅の木を調べてみると、木のなかから高さ一寸八分（約五・五センチ）の薬師如来像が出てきた。行春はこの如来像を本尊にして、のちにその地に松高山梅照院を開いたという。

また千葉県茂原市郊外にある古刹笠森寺に伝わる縁起では、明治四十年（一九〇七年）のこと、境内の樹齢千年を越す楠の大樹を切ろうとして鋸を引いたところ、「ジャリ」と刃がかんだので調べてみると、幹のなかから小さな十一面観音像が出てきた。像の額には鋸を引いた時の傷跡が三筋、痛々しくついていたという。

その他、雄勝郡足田村《たらだ》（秋田県）の樵夫がある日、山に入って仕事をしていると、木に打ち込んだ斧の刃に、なにか硬いものが当って火が出た。樵夫があやしんで木の幹を剔ってみると、角《かど》に少し斧の瑕がついてしまったが、端渓の硯に似た上質の硯が出てきた。その後しばらくして、院内（秋田県）のある男の宅地にあった榎の木を切り倒したところ、なかから硯用の石板が出てきたという（『黒甜瑣語』)。

さらに、木のなかから生き物も出現する。

その昔、織田家の家士に一刀流の剣術遣いで、剛強なものがいた。その男の丹波の屋敷の庭には、三抱えほどもある樅の大樹があって、住居内が暗いので切り倒したところ、切り口から三匹の猫の子が出てきた。気味が悪いのですぐに川へ流してしまったという。[*2] これは中国の話だが『捜神記』巻一八には、木から牛が出てきた話や、「黒くて尾のない犬の怪獣が出てきた。彭候という木の精で、煮て食べることができる」という話などが記されている。

楠の大樹から十一面観音像が出てきた千葉県茂原の笠森寺。

かぐや姫の話は冒頭に記したが、熊本県人吉に伝わる「竹の子童子」は、その男性版である。ある時桶屋の小僧が竹を割ったところ、なかから五寸ばかりの男の子が出てきた。男の子は齢は一二三四歳で、悪い筍に捉えられて天に帰ることができなかったという。しかし、木のなかからほんとうの人間が出てきたという話もある。最後に『黒甜瑣語』にみえるその奇話を紹介しておこう。

「元禄中飛驒山中にて大なるうつぼ木風に吹

かれて折れし中に、一人の老翁あり、齢八旬ばかり白髪長《たけ》とひとしく、鬚は膝に及べり。熟眊《じゆくもう》して引おどろかせども覚めず、ふしぎの事なれば里へ扶《たす》け来り打群れて怪しみけり。一人の云ふやう、かやうの人には太鼓にて打おどろかせば、目さますものと聞きしとて、大に太鼓を打ちければ、やう〳〵目さましけり。依りていづくの者ぞと聞けば、我は此里の某なり、いつ何月此山中に入りしが、雨に逢ひてうつぼ木に笠やどりしはべると、其年月を考ふれば三百余年におよべり。元禄までも其人生きてかの里に居りしとぞ」

いつであったか、NHKTVの海外取材番組を観ていて、衝撃を受けた場面に遭遇した。インドネシアのスラヴェシ島山地に住むトラジャ族には、かわった葬制習俗がいまに伝えられているという。その奇習は歯が生える前に死んだ子は、白い樹液の出る森の大木を刳《えぐ》ってそのなかに埋葬する。薄命だった嬰児は森の大木の乳によって、その樹木とともに永遠の生を生きつづけるというのである。

木からさまざまなものが出現してわれわれを驚かすが、反対に土に帰るのではなく、自然木のなかに人間が帰るという木のなかへの埋葬――、「木のなかの墓地」という発想は、それまでぼくの脳裏をかすめもしなかった。

＊1　ルイス・フロイスの『九州侯遣欧使節行記』（岡本良知訳、東洋堂、昭和十七年）に、スペインでのまったく同じような話が紹介されている。一五八四年少年使節の一行がスペインのトレドの大司教座聖堂を訪問した時、小礼拝堂の「最も豪華な装飾器類《オルナメントス》の蔵められたる大いなる函」のなかに納められた十字架を見たという。その十

字架は、あるユダヤ人がたきぎを作ろうとして木を割ったところ、なかからキリストの昇天直前の様《さま》を表わしたような額とともに出現したものであるという。

一九八一年六月、ぼくは遣欧少年使節の中学生向きの読み物『ローマへいった少年使節』（女子パウロ会刊）を書くことになって、その足跡をたどるためポルトガル、スペイン、イタリアを巡った。その時にフロイスの少年使節記にあった前記の話を思い出し、スペインのトレドの大司教座聖堂を訪ねた。ヨーロッパの古い教会なら、こうした聖遺物は展示され、大切にされていると思った。そして聖画や聖遺物がいろいろ展示されている聖堂内の部屋を探しまわったが、残念なことにそのようなものは見つからなかった。教会にも尋ねたが分らなかった。

＊2　樅の木から出てきた三匹の子ネコを川へ流したという『其昔談』の話は、後日譚として次のような石礫の怪事につながっている。

「——夫よりして、礫を打つこと毎夜なりしが、次第に長じて、後は昼夜を分たず、大石を、椽の上、庇の軒端に投げて、家内などは片時も居り得ず、あるじは剛強者ゆえ、こらえて日を送りしが、是も遂には住居成難く、外へ退きしと也、今は明（空）屋敷と成たるとぞ、是は明和年中の事なり」。こうした謎の石礫が飛んでくる怪事は、江戸時代の一つの奇談として知られている。怪事の原因、犯人はまったく不明のまま話が終っているのがこの奇談の特徴である。

海に沈んだ島々

海底の高麗焼

昭和五十二年（一九七七）の夏だったか、島根県益田市の沖合五百メートルの海底に沈んだと伝えられる鴨島の海底遺跡調査のニュースが連日のように報じられて、話題になったことがあった。

万寿三年（一〇二六）の地震と津波でたった一夜のうちに海底に没したと伝えられる鴨島は、万葉の歌人柿本人麿の終焉の地と伝えられている島で、『水底の歌』で人麿の鴨島流刑死説を樹てた梅原猛氏らが辞世の歌といわれる、

「鴨山の岩根し枕《ま》けるわれをかも　知らにと妹《いも》が待ちつつあらむ」

という歌を手がかりに、遺跡調査団を組織して海底調査を行なったのである。

この時の調査では海底に井戸らしい遺跡や石柱、石板などがあることが発見された。明治三十四年（一九〇一）には地元の漁師が、やはり海底から鏡や調度品の双盤を発見している。また鴨島沈没の際には、大津波で益田市の津田の浜に人麿の木像が流れついたという（この木像は現在同市にある柿

本神社のご神体となっている)。これらのことから鴨島は単なる伝説だけの海没島ではなく、海底地震によって実際に陥没した島であることが裏づけられたようである。

人麿刑死説はともかく、ひとつの島が一夜のうちに突如として海底に没するという話は、われわれにロマンの夢をかきたてさせるが、新聞報道を読んでその時思い出したのは、五島列島の最北端の島宇久島や最南端の島福江島で聞いた〝高麗島伝説〟であった。そこでこの稿では、わが国の各地に伝わる〝海没島伝説〟を追ってみたい。

まず宇久島に伝わる〝高麗島伝説〟の概略は次のようなものである。

むかし、宇久島の西方およそ四十キロの洋上に高麗島という孤島があり、ひとも住んでいた。仏教信者の多い島(宇久島は仏教と神道だけでキリシタンは入っていない)だったが、そのなかに特に熱心な信者がいた。そのひとは占術にたけ、仏像の顔を見ていろいろと占うことができた。このひとが「仏の口が赤くなっていたら必ず船が沈む」と占えば、不思議とそれが的中する。しかし漁師のなかにはこの占いをてんから相手にせず、漁に出ていって事故に遭うものがあったという。

ある時のこと、仏の顔を見ると、仏の口がいつになく異常に赤いので、

「これは大変だ。こんなに赤いのは初めてだ。ひょっとすると島が沈むかも知れない。みんな、船でどこかへ逃げろ」

と、警告した。

それを聞き入れて、家財道具を船に積み込んで逃げるもの、はだか一貫で逃げまどうもの、ちいさな島は大変な騒ぎになった。なかには、「馬鹿げたことをいうな。島がそんなに簡単に沈んでたま

るものか」と、頑として動じないものもいた。

ところが、実に不思議なことに、まさかと思っていた大地が、石が沈むように、少しずつ沈みはじめたのだ。残っていた人びとはびっくりして船場に走ったが、船はもう遠く島を離れていた。先を争うように高い丘へかけ上がるもの、子どもを呼ぶもの、老人を背負って山に登るもの……。しかしそれよりも早く島は沈んでいく。そして、とうとう島は海面から姿を消し、残ったものたちは全員溺死してしまったという。

この島があったところは、現在〝高麗曽根〟という暗礁のみが語り草に残っている。干潮になると水深が七、八メートルくらいになるこの海域は宇久島の漁師たちの好漁場となっていて、アワビが沢山採れるところだという。そして時々海底から焼きものが見つかる。その焼きものは〝高麗焼〟と称されて、好事家たちに貴ばれているというのである。

伝説の〝同じ貌〟

この高麗島の伝説は、少しずつ内容が変化をして、五島列島全域に伝承されている。

例えば福江島の三井楽の柏港に伝わる話では、宇久島のように信心深い占術師は登場しない。ここでは高麗島にある地蔵の顔が赤くなる時、島が滅亡するという言い伝えに疑心を持った島の男が、ある時いたずらをして地蔵の顔を赤く塗ったところ、島はみるみるうちに沈み出し、島びとたちはかろうじて島を脱出したという話になっている。柏港では「干潮の時高麗曽根へ行くと、海底に墓石や石垣が見える」と伝えられている。「仏像や地蔵の顔が赤くなると島が沈む」という伝説は、ストーリィに違いはあるが、ほかの地方にもかなり残されている。

鹿児島の甑《こしき》島に伝わる〝万里が島〟の伝説では、「島にある金剛力士の石像の顔が赤くなる時は島が滅ぶ時だ」と言い伝えられ、ある男がいたずらをして石像の顔に朱を塗ったところ、たちまち山嶽鳴動して島は海に沈み、島びとはことごとく溺れ死んだという。また、別府に伝わる〝瓜生島〟の伝説では、「島の氏神である恵美須様の顔が赤くなると島がいっぺんに沈む」と言い伝えられていた。しかしこちらの伝説ではもうひとつ、「不漁の時は恵美須様に酒を供えて顔に紅を塗る。すると恵美須様は浮かれ出して鰯を呼んでくれる」という言い伝えもある。どちらが正しいのか。不漁つづきのある夜、恵美須神社の境内で、人目を忍んで逢う瀬を楽しんでいた島の若い男女が、まったく正反対のこの言い伝えを試すために、恵美須様に酒を供えて顔に紅を塗ったところ、たちまち島は鳴動し、海底に没していったという。

この瓜生島の海没は、鴨島と同じように年代が分っていて、慶長元年（一五九六）閏七月（八月六日）の大分地震によるものだという。

〝海没島伝説〟は、さらに徳島にもある。ここでは〝お亀島伝説〟といわれ、島の氏神である蛭子《えびす》の宮にある高麗狛《こまいぬ》の目が赤くなったり、ご神体の顔が赤くなったりすると、島全体が海に沈んでしまうといわれていた。ある朝、島一番の早起きで独りものの老婆が、こまいぬの目がまっ赤に染っているのをみつけて、島は大騒ぎになる。そのうちに、にわかに空が暗くなり、大風が吹いてきて、島は言い伝え通り一瞬のうちに海に沈んでしまったという。

伝説の舞台となったお亀島というのは、小松島の沖合四キロの東の海上にあった。このお亀島は、「お亀千軒」といって裕福な漁師たちが住んでいた。こまいぬの目を赤く塗ったのは盗賊の一団であった。盗賊たちは島の伝説を耳にし、島びとたちが怖れて島を立ちのいたすきに、ごっそり財宝をせしめようとたくらんだのだったが、伝説は真実で、島に残った盗賊の一団はことごとく溺死してしまったという。土地の人たちの間には海没したお亀島の上を船で通る時、「天気が良ければ島にあった神社の赤い鳥居が海底に見える」と年寄りから聞いたという人たちが多いが、本当に見たという人には会うことはできなかった。

柳田国男の「高麗島の伝説」には、仙台の近くの多賀村に、むかし「桜木千軒赤松千軒」といわれたふたつの繁昌した町があったことが記されている。このふたつの町も陥没して海底に沈んでしまったという伝説の町だが、ここでは「末の松山を浪が越した折に、麓の茶屋の正直な姥だけが、赤くなった石の知らせに驚いて独り遁《のが》れた」という話になっている。柳田国男はこの伝説について、「余り趣向に過ぎる故に私にはまだ古くからのものとは思えない」といっているが、この伝説と徳島のお亀島の伝説とは、かなりの類似点が見られ、ストーリィにも面白さが加えられている。

しかしこのふたつの伝説ばかりではなく、各地の伝説に共通な「像面を赤く塗る」[*1]という行為は、なにを意味するのだろうか。氏神や偶像の顔が赤くなるということは、神仏の怒りの象徴に通ずる。この点から見れば、これらの伝説は信仰心のない愚かなものたちの行為を戒める宗教的な説話ということになってしまうが、これではあまりにも味がなさすぎるだろう。

しかし、面白いことに、長崎県地域に潜伏していたキリシタンのうち〝外海・五島・長崎系〟といわれるかくれキリシタンたちの間にのみ伝えられていた『天地始之事』という〝創世記〟のなかに、これらの伝説が見事に組み込まれているのである。

『天地始之事』は、江戸幕府のキリシタン弾圧という異常な外的・内的条件のなかで、「聖書物語の原形に、多くの異質的要素が混成され、土俗信仰的変容を来した」（片岡弥吉「天地始之事」解題。三一書房『日本庶民生活史料集成18』所収）といわれるユニークなものである。そのなかに次の件りがみえる。

「ダンダン、人多《オオ》クナルニシタガイテ、ミナ盗《ヌス》ミナライ、欲《ヨク》ヲハナレズ、悪《アク》ニ傾《カタブ》キ、シダイニ、悪《アク》事《ジ》ツノルユエ、デウスコレヲアワレミタマイテ『ハッハ丸ジトユウ、帝王《テイオウ》ニ、御告《ゴツウ》ゲゾアリケル。コノ寺ノ、獅子駒《シシコマ》ノ目赤色《メアカイロ》ニナルトキワ、立《タ》ツ波《ナミ》ニテ、世《ヨ》ワ滅亡《メップウ》トゴツウゲヲコオムリ、帝王《テイオウ》ワ、日毎《ヒゴト》ニ寺ニマイル。手習《テナラ》イ子《コ》ドモアツマリミテ、イカガニテ獅子駒《シシコマ》ワオガマルルヤトイエバ、脇方《ワキカタ》子《コ》ドモキイテ、獅子《シシ》ノ目赤色《メアカイロ》ニナルトキワ、コノセカイワ波《ナミ》ニテ、滅亡《メップウ》スル、脇《ワキ》ノコドモキイテ、ワロオテユウヨオワ、サテオカシキコト、塗レバスグニアカクナルガ、滅亡《メップウ》ワオモイモヨラヌト塗《ヌ》リニケル。ハッハ丸ジ、イツモノトオリ参詣《サンケイ》シ、獅子《シシ》ノメアカキヲミテ、アットオドロキ、カネテ用意《ヨオイ》ノ刳船《クリフネ》ニ、六《ロク》人子《コ》ドモヲノセ、兄《アニ》一人ワ足弱《アシヨワ（キ）》クユエ、ザンネンナガラ、残《ノコ》シオク。カカルトコロニ、マモナク、大波天地《オオナミテンチ》ヲオドロカシ、カタトキノアイダニ、タダ一面《イチメン》ノ大海《ナ(ウ)ミ》ニゾナリニケリ。右ノシシコマ、ウミノウエヲハシリ、ノリオクレタル兄背《アニセナ》ニオオテゾタスケケル。――」

引用が長くなったが、こうして「ハッハ丸ジ」たちは助かり、〝有王島《アリオオシマ》〟にたどりつく。

「波《ナミ》ニオボレテ、死シタル数万《スウマン》ノ人ビト」は「ナベンブウトユウトコロ、前界《ゼンカイ》ノ地獄《ジゴク》、コノトコロニオチケル。コノトキヨリ、ニンゲンノ死《シ》ニハジメナリ」と『天地始之事』の物語には語られている。

こまいぬの目が赤くなるという件りは、徳島のお亀島の伝説と同じである。書き落したが、鴨島の人麿像の漂着と同様、高麗島、万里が島の石像もまた、この『天地始之事』の獅子駒と同じように、沈んだ島から他の島へ渡っている。これらの伝説がどのような伝播経路でつながっているのかは分らないが、地域の異なるところにある海没島の伝説がみな同じような〝伝説の貌〟を見せているのは面白い。

〝失われた大陸〟

ところで、こうした伝説は伴わないが、海水面の上昇や沈降によって、いままで陸地であったところが海面下に沈んだとされるところは、わが国には数多くある。例えば瀬戸内海をはじめ沖縄の離島などでも、むかしからよく漁師たちの底引網などにナウマン象の臼歯や象牙がかかったという話を耳にするが、瀬戸内海の岡山、山口各県の沿岸、長崎の野母崎、五島中通島の沖合などからは、これまでにも石器や土器などが数多く発見され、わが国の有数の海底縄文遺跡として考古学的にはよく知られているところである。

さらにスケールを大きくとれば、科学者たちによっていくつかの〝失われた大陸〟の存在までが立証されつつあるようである。

そのひとつは、昭和四十五年（一九七〇）の七月に開かれたＵＭＰ（国際地球内部開発計画）で話題になったもので、数千万年前に紀伊半島の南の沖合に、荒涼とした砂漠の大陸があったという。もうひとつの〝幻の大陸〟は、昭和四十年頃から京都大学理学部の地質グループが調査をはじめたもので、中・南部太平洋とインド洋にあったとされる「ムー大陸」「レムリア大陸」につぐ第三の〝失われた大陸〟が、数千万年前まで四国の南沖にあったのではないかという説である。この第三の〝失われた大陸説〟は、米海軍の音響測深器などの調査によって、その一部がほぼ確認されたといわれているから、単に〝幻〟だけのものとはいえないようである。また、新聞（昭五十二年十二月十一日「朝日新聞」朝刊）の伝えるところでは、青森県八戸沖約百キロの日本海溝は、数千年前広大な陸地であったことが日・米・仏など六カ国の海洋学者の調査で判明したという。

アメリカのある海洋学者の説によれば、世界の海洋は二万年ほど前には海面が現在より百メートルほど低かったことが判明しているという。海面が現在の高さに安定したのは約五千年ほど前からで、従ってそれ以前に沿岸にあった人類の文明遺跡の大半は海に呑み込まれてしまった可能性が充分あるというのである。この説に従えば海に囲まれたわが国の周囲には、まだまだ海底に沈んだ島や集落、遺跡などがたくさんあるといえるようである。最近ではわが国の最西端、沖縄与那国島の海底遺跡の発見が話題になっている。

話が伝説的でなくなってしまったので、最後に『新著聞集』にみえる〝奇譚〟をひとつ、紹介しておこう。和泉国日根郡（大阪府泉佐野市泉南町）というところに、周囲三、四町ほどある小山があった。その山の上には松や栗などの木がたくさん生えており、また平らなところには麦畑などもあった。

ところが、ふしぎもふしぎ。元禄はじめのある年の正月十七日に、その小山は木立も畑もそのまま、少しも損じることなく、なんと三百メートルもわきへそっくり動いていたという。

「森が動く」とは「マクベス」のなかの有名な場面だが、島や陸地は一夜のうちに沈降したり隆起したりするだけでなく、こうして移動さえするのである。

＊1　こうした伝説（民間説話）の祖型は、中国の古い説話集にあるようである。伊藤清司氏の『昔話　伝説の系譜』（第一書房、一九九一年）に、次のように述べられている。「石像などの眼の色が赤くなったら洪水が起る報せだとする『高麗島』型説話は、中国ではすでに『捜神記』など、六朝時代（三～六世紀）の説話集にも収載されている。さらに遡って『呂氏春秋』や『淮南子』など紀元以前の古文献にも、『高麗島』型説話の祖型と覚しい記述が認められる」。
また、類話として、『今昔物語』の「嫗、毎日見卒堵婆付血話」（巻十、第三六）、『宇治拾遺物語』の同じ話「唐卒都婆二血付ル事」（巻二、一二話）がある。この話は唐の国の話で、石像ではなく、「卒塔婆に赤い血がつくと山が崩れて海になる」という話である。代々家に伝わる言伝えを信じる老婆は、毎日杖をつきながら麓の村から高い山に登って、山頂にある古い卒塔婆を見まわっている。ある時そのわけを老婆から聞いた若者たちはあざけ笑い、いたずら気分で卒塔婆に血をぬったところ、大山鳴動、虚空はにわかに暗くなり、山は崩れてたちまち大海と化してしまった。言伝えを信じていた老婆は家族と逸速く近所の高所へ逃れたが、あとのものたちは村、家とともにすべて水没してしまったという。

岩波書店〝新古典文学全集〟の『今昔物語』巻十、三六の註解に以下のようにある。『捜神記』などでは、始皇帝の時代に城門に血がついたら城が沈んで湖になるという童謡（わざうた）がはやり、それを老婆から聞いた門番が城門の石亀の眼などに動物の血をつけ、湖になる」。

〝キリシタン第一号〟の周辺を探る

歴史〝第一号〟の栄誉

——ひとりの男がいる。歴史が彼を必要とするとき、忽然と現われ、その役目がすむと去って行く。これは司馬遼太郎氏のことばだが、フランシスコ・デ・ザビエルに日本布教への直接的な願望を与え、彼を日本へ案内してわが国のキリシタン伝来に大きな役割を果したパウロ・デ・サンタ・フェこと、〝鹿児島生まれのヤジロウ〟などは、まさに司馬氏のことばがぴったりの人物であろう。

このヤジロウについては弥次郎をはじめ、安次郎、半次郎、半四郎、勘四郎(里見勘四郎)、了西、与三郎その他、アンジロー、アンゼロ、アンヘロ、アンゲル、アンセイなどというように、いろいろな名で呼ばれ、姓名は一定していない。しかし、わが国のキリシタン研究史の上では、彼の名は西洋の文献にのみローマ字で伝えられているところから、「ヤジロウ」とするのが定説となった観があるという(海老沢有道「ヤジロウ考」)。

ナゾなのは、姓名ばかりではない。

彼が歴史の上に姿を現わすのは、天文十五年（一五四六）十二月、ひとを殺《あや》めてふるさとの鹿児島を脱出してから、来日したザビエルが薩摩の国王島津貴久に追われて、最初の布教地である鹿児島をあとにした天文十九年（一五五〇）九月にいたる五年余のみで、その前歴、晩年についての動静は、ほとんど知られていない。わずかに鹿児島の商人であったことが知られているが、これにも「奈良大工与次郎の嫡子与三郎」あるいは医師であったとする異説もあるようである。

歴史の上に現われたヤジロウは、日本人として最初のキリスト信者、『ドチリナ・キリシタン』『聖マテオ福音書』などの最初の邦訳者、わが国におけるローマ字の創始者など、キリシタン史に輝かしい足跡を残している。しかしザビエルの鹿児島退去後間もなく、彼は仏教徒たちの弾圧に抗いきれず、海賊船に乗って中国へ渡り、そこで海賊たちの手にかかって殺されたとも、病没したとも伝えられている。[*1] 彼が死ぬまで信仰を棄てなかったとすれば、異教徒（仏教徒）たちに追われての死であるから、記録に残っている限り日本人として殉教者の第一号ということになるし、もし棄教して海賊になったとすれば、これは「ころび伴天連」の第一号ということになるだろう。

こうした数々の〝第一号〟の栄誉をになったヤジロウだが、彼がマラッカ郊外の丘の上にある聖母の教会で東洋の使徒ザビエルと邂逅するまでのプロセスが、またはなはだドラマチックである。彼の書簡、ザビエルの書簡その他を手がかりに、ヤジロウのたどった数奇な運命と「ヤジロウの墓」にまつわる伝説を追ってみたい。

ひとつの出会い

天正十七年（一五四八）十一月二十九日、ヤジロウはローマのイエズス会総長イグナチオ・ロヨラに宛てて、キリスト教への回心の記を認《したた》めた書簡を送っている。「ゴアの聖パウロ学院にて／パウロ・デ・サンタ・フェ（聖なる信仰のパウロ）、日本人」という霊名の署名があるが、本名は記されていない。

「私は日本の国でまだ異教徒であったとき、ある理由で人を殺し、我が国の僧院に逃げ込んだ。たまたまその地へ貿易のために来たポルトガル人の船があって、それに前から知っていたアルヴァロ・ヴァスという人が乗っていた。私の問題を聞くと、彼はその国へ行くことを望むかと私にたずね、私は望むと答えた。ところが、彼はまだ仕事を終えず、なお暫く滞在する予定であったので、同じ海岸の他の港にいたドン・フェルナンドという貴族に宛てた紹介状をくれた。そしてそこへ行く途中、捕えられないように私は夜中出発して彼をたずねて行ったが、偶然に他の船長ジョルジュ・アルヴァレスというポルトガル人に会い、ドン・フェルナンドだとばかり思って紹介状を渡した。ジョルジュ・アルヴァレスは私を迎え、大いに歓待してくれた。そして自分の親友であったメストレ・フランシスコ（ザビエル）神父に私を紹介するつもりであったので、神父の生活とその行ないについていろいろと話してくれた結果、私もぜひ彼に会いたいと望むようになった。マラッカへ渡航する途中、ジョルジュ・アルヴァレスは私にキリシタンのことについて教え、私も洗礼を受けたい気持になった」

日本脱出の模様、洗礼を受けるにいたった理由を、ヤジロウはこのように記している。彼が当時三十半ばで妻子があり、ポルトガル商人とも知り合いのある商人であったことがグラッセの『日本西教史』、ロドリーゲスの『日本教会史』などに記されている。そして、これはこの書簡には記されてはいないが、人を殺めて逃走するとき彼は一人ではなく、のちにゴアで一緒に洗礼を受けて、それぞれジョアン、アントニオという霊名を授けられた弟と従僕を従えていたのである。

知人のヴァス船長の船は鹿児島の田ノ浦港に停泊しており、紹介状を書いてくれたフェルナンドの船はそこから五十キロほど離れた山川港に停泊していたので、三人は夜道をひた走ったわけだが、実はこのとき彼らは捕吏に追われていたのである。

彼らが誤って乗り込んだアルヴァレス船長の船には、商人でそれ以前にも鹿児島にきたことのあるメンデス・ピントが乗っていた。ピントはその『巡航記』（平凡社東洋文庫『東洋遍歴記』）のなかで、「十四騎の追手があとを追い、さらにそのあとから九騎の追手が現われた」と、この時のことを書いている。ピントの紀行は潤色が多いとされているが、話半分としても、ヤジロウたちは追われて絶体絶命の状態に追いこまれていたのだ。

ヤジロウたちは、出帆間ぎわの沖の本船から降ろされたピントの乗った小舟に救われるが、ピントによれば、ヤジロウは「捕われたら殺される。助けてくれ」といい、追手たちは「その男は人殺しだ。こちらに渡さねばお前らも皆殺しだ」と、地団駄を踏んで叫んでいたという。

こうして、ヤジロウはアルヴァレス船長の船に救われ、船中でキリシタン信仰をすすめられて、ザビエルに会うべくマラッカへむかうのだ。しかしマラッカに到着すると、あいにくザビエルはモルッカ諸島伝道へ赴いており、同地にいた司祭に洗礼を願い出た。ところがその司祭はヤジロウがすでに結婚していて、洗礼後には帰国してまた異教徒である妻子と同棲することを聞かされると、それを理由に洗礼を拒絶した。

ヤジロウはしかたなく、便船を待って鹿児島へ帰る決心をする。そして中国の港を経由してようやくなつかしいふるさとの島影が見える地点まできたが、そのとき突然烈しい暴風雨が吹き出し、四日四晩吹きまくられているうちに、船は大陸まで吹き戻され、経由した港に避難した。ところが、その港には鹿児島からマラッカへ戻るヴァス船長の船が繋留されていて、彼は船長のすすめで再びマラッカへ戻る決心をするのだ。そして一五四七年十二月、鹿児島を出奔してから一年後に、マラッカで再会したアルヴァレス船長に伴われて、聖母の教会でやっとザビエルと出会うのである。日本人信者の〝第一号〟が西洋のキリスト教にはじめて出会うには、こうした紆余曲折があったのである。

ザビエルの日本での布教

ところで、多忙なザビエルはヤジロウと出会った一週間後には、もうマラッカを発ってインドの布教地へむかっている。ザビエルは、インドのゴアにある聖パウロ学院でさらに勉強を積んだ上で洗礼を受けるようヤジロウを諭すと、ゴアでの再会を約して別の船でインドへむかうのだが、マラッカでの一週間の間に、ザビエルは早くもヤジロウを通して、はじめて知った日本への布教を決意している。

ヤジロウと出会った一カ月ほどのちの一五四八年一月二十日、コチンからローマのイエズス会宛てに出された書簡に、ザビエルの日本に関する最初の報告が見える。そのなかでザビエルは、「日本はキリスト教を受け入れる見込みがある。何故なら日本人は学ぶことの非常に好きな国民であり、全部の日本人がもしアンヘロ（ヤジロウ）と同じように学ぶことの好きな国民だとすれば、日本人は新しく発見された諸国の中で、最も高級な国民であると私は考える」と記し、ヤジロウにむかって、「もし、私が日本へいったら日本人は果して信者になるであろうか？」と問うたと記されている。

ヤジロウの答えは、「日本人は理性に導かれる国民だから、すぐには信者になることはないだろうが、まず始めに多くの質問をし、そして師の生活と教えが一致しているかどうかを検討し、非難する点がないということが分かれば、信仰するようになるだろう。恐らくその試験期間が半年ほどつづくだろう」と答えている。

ザビエルは、ヤジロウのこうした返答や、教会で聴かせた聖教講義を日本語に書きとめている熱心な姿を見て、理性人としての日本人の典型を見たのだろう。そこで彼に勉強を積ませ、教義や信仰個条をほん訳させ、それらをたずさえて翌一五四九年四月、いよいよ日本伝道のためにゴアを発つのである。ヤジロウに対するザビエルの信頼は、彼の書簡の至るところに散見できる。

ヤジロウの語学の才能には、驚嘆すべきもの

桜島を望む薩摩の町で宣教するザビエル。

があったようである。ゴアの学院でザビエルとともに日本を訪れることになるトレルス神父から、マテオ福音書の講義を受けたとき、彼は二回目で一章から末章までをことごとく暗誦してしまったという。

こうして、わが国におけるキリシタン第一号となったヤジロウは、天文十八年（一五四九）八月十五日、聖母被昇天の祝日に、ザビエル一行を案内してふるさとへ帰ってくる。鹿児島の人たちは、ヤジロウの三年前の過去を忘れたかのように、誰ひとりとして彼をとがめだてするものはいなかったという。ザビエル一行はヤジロウの家にひとまず落ちつき、いよいよ日本での布教を開始するのである。

当時の薩摩の国主島津貴久は、一行の話を耳にし、ヤジロウ、ザビエルを招いて鹿児島での布教許可を与える。ヤジロウや知人の商人たちから日本の国情を聞いていたザビエルは、都にのぼり天皇に謁見し、許可を願い出て全国布教を考えていたので、貴久に船の貸与を申し出たが、貴久はいまは風向きが悪いとか、北方に戦争があるとかの口実を使って、ザビエルを自領にとどめておこうとした。貴久はザビエルを自領にとどめておくことで、南蛮との貿易の利をひとりじめしようと考えていたのだ。

しかし翌年ポルトガル船が平戸に入ったという報せを受けると、貴久はザビエルを半ば追放するようにして自領から追い出し、仏教徒たちの反キリスト教熱をも利用して、以後「切支丹を信奉する者は斬罪」という厳しい布告を出している。ザビエルは、後事をヤジロウに托して平戸へ旅立つのだが、その後五カ月して、仏教徒たちは今度はヤジロウを鹿児島から追い出してしまうのだ。

国外逃亡したヤジロウ

しかし分らないのはヤジロウの態度である。

彼はロヨラに宛てた前記の書簡のなかで、「一生離れずにザビエルに従いたい」と記し、「日本にイエズス会の学院が出来ることを望んで」鹿児島に帰ってきたのであった。それが帰国後わずか一年数カ月しか経たないうちに、再度妻子を捨てて海外へ出奔してしまうのである。ザビエルが鹿児島を去って五カ月後といえば、師は平戸、山口を経て都にのぼり、天皇との謁見を断わられて、平戸へ戻る途上であった。常識的に考えれば、国外へ出るより師のあとを追う方が当然と思えるのである。ピントによれば、四年前二十騎を越える捕吏が彼を追って山川港まできているのだから、ヤジロウのとがも尋常でないように思える。国主が憎しみをこめて切支丹を追放したのちも、彼の罪がそのまま許されていたかどうか。このあたりに、ヤジロウのあわただしい国外再逃亡の要因がひそんでいるように思えるのだが。

中国へ渡ったあとのヤジロウは、どうなったのだろう。茂野幽考氏の『南日本切支丹史』のなかに、「ヤジローの行衛」という一文がある。そのなかに、「上海の南方百里位の寧波《ニンポウ》中山公園の一隅」に、「那須弥次郎」というものの墓がある旨の記述があり、茂野氏は、これは「ヤジローは寧波で死亡した」というピントの旅行記の記事を裏づけるものだといっておられる。

しかし同文のなかで紹介されている『薩藩旧伝集』の伝聞の方が、興味がある。

貴久の嫡子義久の時代に、鮫島円成坊なる男が薩州山川に棲んでいたという。彼は座敷をただちに野原や松山にかえたり、虚空より花を降らせたりする「ハヘル」という術を使う山伏で、「鬼利支丹伴天連なんと云ふ宗旨の弟子」であったという。妖術はともかく、この鮫島円成坊なる山伏が、もしヤジロウであったとすると、彼はわが国潜伏キリシタンの第一号ということにもなるだろう。

＊1　仏教徒たちの激しい迫害に会い、再び日本脱出をはかったヤジロウは鹿児島から漁師の船で中国をめざしたが、強風のため甑島に漂着したという次のような伝説が、下甑島に伝わっている。下甑島の長浜に打ちあげられたヤジロウは、網元である宮早右衛門に助けられ、キリシタンとしての祈りの生活を送っていたが、やがてキリシタン追放の御触書が島にも届いたので、右衛門はヤジロウをより安全な山中に匿した。ヤジロウはそこでキリシタン宗をクロ宗と改めて布教をつづけ、その地で没し、墓もつくられた。下甑島片野浦地区に伝承された密教のクロ宗は、ヤジロウが宗祖であるという。

八重山のキリシタン事件

琉球ではじめてのキリシタン、石垣永将

鹿児島のヤジロウはわが国のキリシタン史上最初の信徒となった人物だが、沖縄では「八重山キリシタン事件」の当事者として焚刑に処せられた、石垣島宮良の頭職《かしらしょく》本宮良《ムトウメーラ》の主《シュー》石垣永将親雲上《ペーチン》が琉球史上はじめての信徒であるという。

永将親雲上は、現在沖縄県の八重山支庁、八重山博物館などがある海岸近くの元登野城村に豪壮な屋敷を構え、本居の屋上高く「航海標識旗《ウラヌシュバタ》」を掲げ、南蛮貿易に力を入れて巨利を得ていた。当時の石垣島を含む八重山の島々は、三人の頭職が蔵元に出仕し、合議制による三頭政治を行なっていた。永将は八重山第一の富と権力を持っていたが、慈悲の心も厚く、島民たちの信望も高かった。永将は若い頃中国に渡り、中国語、南蛮語などを修得して帰島したという。

ルソン（フィリッピン）のマニラを出帆した一隻の南蛮船が、石垣島の西部にある富崎の海岸に現われて、薪水、食糧などを求めてきたのは、一六二四年（尚豊王四年、寛永元年）の夏のことである。

この船には、禁教下の日本に潜伏して布教しようとしていたドミニコ会のルエダ神父が乗っていた。ルエダ神父は十七年間日本で布教をつづけ、一六一三年禁教後は日本人に変装して活動していたが、一六二〇年マニラに脱出し、ふたたび日本での布教を決意したのだ。しかし日本への潜入が困難なため、まだそれほど取締りが厳しくないとみて、琉球の南の島に上陸を企てたのである。

石垣永将の家紋。

頭職の永将は、南蛮船に牛十頭などを贈った。南蛮船は一カ月近く富崎に碇泊していた。この間永将はルエダ神父と親しくなり、自分の屋敷に招いてもてなした。やがて船は神父を残して、沖へ去っていった。永将はルエダ神父と心を通わせているうちに、禁じられた宗教だと知りながら、キリスト教に深い関心を抱き、ひそかに洗礼を受け、沖縄史上最初のキリシタンとなった。永将が洗礼を受けたのは、富崎にある永将家の門中墓の境内であったという（ルエダ神父は島の古刹桃林寺の僧と宗論をたたかわしたこともあったというから、八重山における禁教令はまださほど厳しいものではなかったのかも知れない）。

永将最期の伝説

永将は八重山の政治、経済に大きな力を持っていた。島民たちの衆望も集めていた。永将に対して、同じ頭職の石垣親雲上は、ライバルであった。永将の失脚を狙っていた石垣親雲上にとって、永将の洗礼はまたとない機会の到来であった。一説には宗論に破れた桃林寺の僧からの訴えがあったという。石垣親雲上は首里にのぼり、永将が南蛮人にとり入って「鬼利死旦《キリシタン》」になったと王府に告訴したのだった。

首里王府では、ただちに審問官を石垣島に派遣して取調べた結果、事実が明らかになった。本人もキリシタンになったことを認めたので、永将を首里へ連行し、沖縄本島の首里から西方海上五十八キロにある渡名喜島への流罪に処した。永将の一族はすべて波照間島、与那国島などへ流された。没収された永将の広大な屋敷は、のちに蔵元になったという。

一方、永将とともに首里まで連行されていったルエダ神父は、沖縄本島の首里から北方六十キロにある絶海の孤島粟国島に流されたが、その後流刑地変更の理由でふたたび船に乗せられ、海上で殺害された。遺体はそのまま海中に投棄されたという。

寛永十一年（一六三四）、永将は流刑地の渡名喜島からふるさとの石垣島に移送された。そして新川村の海岸で火あぶりの刑に処せられた。こうして沖縄における最初のキリシタンは、最初の殉教者となったのだ。

役人たちは永将を苦しめて殺すために、燃えにくく煙の多いたきぎを使って

石垣永将の墓。

永将を燻《いぶ》したが、その時変事が起こったのだ。黒煙が立ちのぼるなか、永将は中国で習得した魔術を使い、右手に傘をひろげ、左手に煙草盆を持ちながら、驚き騒ぐ役人たちを尻目に、上空に消えた。そして小舟に身をかくしながら与那国島へ渡ったという。

いや、永将は宣教師から伝授されたキリシタンの奥義——、妖術を使って黒煙のなかから姿を消し、西表島の森林を越えて与那国島まで飛んでいき、同島で一生を終えたともいう。

永将の最期を伝える伝説は、ほかにもある。

永将は島民の衆望を集めていた。島民たちは火あぶりの刑の際、役人に命じられて沢山のたきぎを積みあげさせられたが、その時示し合わせて永将が脱出できるよう、下の方に逃げ道をつくった。永将は役人たちが黒煙に惑わされている間に脱出し、海岸づたいに逃げてしばらく富崎の岩穴にかくれていたが、やがて小舟で石垣島を離れ、与那国島にたどり着いたという。

さらに、役人が燃えにくい煙の出るたきぎを使ったのは、実は永将を救うためであったという話もある。役人たちは南蛮の妖術を使って姿を消したことにして、ひそかに永将を与那国島に逃がしたのだという。こうした伝説からみると、処刑が行なわれたのは白昼ではなく、日没時だったのだろうか。

永将の最期には、多くの伝説が伝えられている。これらの伝説は、何を物語るのだろう。

「英雄は死なず」という言葉がある。英雄の最期には、民衆の願望になる不死説、生脱説などがつきものだが、永将は英雄ではない。だが島民たちの信望が厚かったという永将の最期をめぐる多くの伝説には、不死を願望する島民たちのロマン、ひそかな夢が托されていたのではないだろうか。ちなみに、永将の家の家紋は四つ巴に十字を配したものである。

絵島事件と御蔵島独立運動

島名物のオオミズナギドリ

伊豆の御蔵島《みくら》に渡ったのは、昭和四十九年（一九七四）の春のことであった。あいにく通船がなく、三宅島の阿古から晴漁丸という小さな漁船に乗せてもらったのだが、島間二十キロという三宅島との間の海は、相当に荒れが激しく、何度も波を被って、着ているものは水浸しであった。

御蔵島は遠くから眺めると、ちょうどお椀を伏せたような形をしている。島の中央にそびえる八五〇・五メートルの御山《おやま》は、伊豆七島中八丈富士についで二番目に高い山であるが、御蔵島は海から突き出た〝御蔵山〟といった方が分りやすい。島のまわりの水深は一千メートルを越え、海底から計った二千メートル近い山の上の部分八百五十メートルだけが黒潮の洗う海上にそびえる御蔵島というわけである。このため島の周囲は険しく、帰路漁船に頼んで周囲十六キロの島を一巡りしてもらったところでは、どこも黒潮に削り取られた海蝕崖の断崖絶壁で、五十～四百八十メートルという切りたった垂直の絶壁の上から、幾筋もの白い滝が海に落ち込んでいた。その景観はとても他のところでは見られない。〝ディスカバー・ジャパン〟の観光業者たちも、この圧倒的なすばらしさはまだご存知あるまいと思ったら．船酔いの気分も多少は良くなった。

島のなかはどこも険しい坂道ばかりである。平地というものはほとんどない。当時は北岸の大根ヶ浜の石ばかりの荒磯に、わずかに船を寄せつける突堤があるのみであった。その突堤から崖の道を登り切った山の中腹に部落があるのだが、部落入口の崖の上から眼下を見下ろすと、イルカが数頭遊泳していた。石でも投げつければ当りそうな距離である。江戸時代の『伊豆海島風土記』には、御蔵は「山崖峩々《がが》と聳《そびえ》て樵路嶮《けわ》しく、海陸の通ひ安からず、猶且船の出入危し」とあるが、まさにその通りの人も船も寄せつけない島であった。

断崖の途中から海へ流れ落ちる御蔵島の壮大な滝。

〝絵島生島事件〟に連座して、御蔵に流された大奥医師奥山交竹院が島の〝独立運動〟に尽力し、島の神として神社に祀《まつ》られているという話を聞いたのは、島で世話になったひとり暮らしの老婆の家で、島名物のオオミズナギドリの佃煮に舌鼓をうっているときであった。

絵島事件については、「絵島は信州高遠に、役者新五郎は三宅島へ島流し」といった程度の知識しかなかったので、この話に俄かに興味を持った。そこで交竹院の墓や彼が祀られている神社へも出かけ、帰ってきてから島の歴史などを調べながら、老婆に聞いた〝伝説〟を歴史的な事項でうらばりしてみようと思ったのである。

一艘の廻船もなく……

御蔵島に人が住んだのは相当に古く、船着場の崖上にある〝ゾウ遺跡〟からは昭和三十一年(一九五六)に、六千年前の縄文の茅山式土器と石器が出ている。しかし島に島民が住みつくようになったのは十二世紀末で、島の名家で近江源氏の裔《すえ》といわれる栗本家には、建久三年(一一九二)に、初めて四郎兵衛義正が移り住んだという古文書があるという。

元禄年間にはすでに六十名、いわゆる〝独立運動〟で御蔵島が三宅島の支配を離れることになった享保十四年(一七二九)には三十軒百四名(男五十五名、女四十九名、流人五名、内付人一名)になっていた。ちなみに昭和二十四年(一九四九)春には、世帯数九十六、男八十一名、女九十名、合計百七十一名であった。

島には戦前まで〝二十八軒衆〟というものがあり、島民は扶持米制度で暮らすという一種の共同生活制度があった。この制度がいつ頃確立されたのかは詳かではないが、耕地もほとんどなく、島の周囲は断崖で海へ出て漁をすることもできないため、長子相続制を踏襲して明治の中頃までは次三男などの分家も許されなかった。そして島唯一の産物である黄楊《つげ》を春秋二回江戸へ売り、その売上金で米をはじめ生活必需品をまとめて購《あがな》い、軒数で分配していたのである。

島では神主が村政の最高位であった。代々加藤家（栗本家）がこれを務め、その下の名主と二名の年寄が村政を司っていた。幕府の諸事は一旦三宅に伝えられ、それから枝島である御蔵へ伝えられていたのである。

ところが貞享三年（一六八六）、御蔵への伝達は不便であるから御蔵への諸用向きは三宅で代行したい旨、三宅島の役人より幕府に申出があった。御蔵では断固反対をしたがこれは受け入れられず、御蔵神主の印形は三宅の役人に預けられ、以後御蔵の村政は三宅で代行することに定められたのであった。

このときから、三宅島の役人のすさまじい汚職がはじまるのである。

記録に見えるだけでも宝永五年（一七〇三）には、御蔵の印形を使って御蔵の黄楊を担保にし、江戸町人より九十両を借りている。こうしたことはそれから四十年もつづき、享保の頃には島の半分の黄楊が無くなっていたという。「御蔵島よりの貢絹十反此代一両」という時代だから、当時の九十両は相当な金額であったろう。

村政を三宅の役人に握られた御蔵島では、享保十年（一七二五）に幕府に願い出て、一艘の廻船を持つまで持船もなかったのだから、こうした事態をただ見ているだけで、訴え出ることもできなかった。三宅島では「百人越えれば油断をするな」と御蔵の人口増加をおそれ、それ以上の扶持米は送らなかったようである。

絵島事件の人々

絵島事件が起こったのは、三宅島が御蔵島の村政を代行しはじめてから二十八年後の正徳四年（一七一四）正月十二日のことであった。

事件の概略は、江戸城大奥の年寄女中絵島（四百石）が月光院の代参として芝増上寺に参詣した帰途、奥女中宮地らと木挽《こびき》町の山村座に入り、役者生島新五郎と遊興したことが発覚したというものだが、三月に行なわれた幕府当局の処分は、当時の大奥の風紀を粛正する意もあってか、特に厳しかったようである。

島の北側の高所から江戸をみつめる交竹院と彦四郎の墓。

『有章公記』三月朔日の条には、

「五日、絵島を流罪せられ、其兄小普請白井平右衛門勝昌（五百石）は死刑、弟豊島平八郎は追放、留守居平田伊右衛門父子、奥医師奥山交竹院（九百石）、小普請方金井六左衛門共に流罪、勘定西与一右衛門は改易、徒士杉山平四郎は追放、水戸家臣奥山喜内は、水戸家に引渡され、其の他連座して罪せらるる者数十人、木挽町芝居の座元長太夫、及び其の俳優新五郎は死罪、竹之丞一座の平四郎は追放、其の事により て、親戚にあずけらるる女房六十七名。十二日、絵島を内藤駿河守清牧にあずけられ、信州高遠に禁固せしむ」

と、記されている。新五郎死罪の記述はむろん誤りであるが、この事件に連座した関係者は千五百名にも及んだという。

このうち奥山交竹院、平田伊右衛門、山村座主長太夫らは事件発覚まで自らすすんで自邸を遊興の場に提供していたとされ、絵島・新五郎の密会は二年ほど前からつづいていたという。

事件の片棒をかついだ交竹院は当時四十二歳というから、男の厄年である。交竹院は小児科の名医で、七代将軍家継が生まれて間もない頃、その病気を直したというので、大奥でもかなりの人望があり、表医師から奥医師に移った評判の医師であった。弟の奥山喜内は水戸藩御徒士頭で、兄の世話で娘を絵島の養女にしていた。喜内の罪科はそれだけのものだが、水戸藩に引き渡されたのち、死罪となっている。交竹院は絵島を大奥から連れ出し、小普請方の金井六左衛門を通じて、席のとりなしを浅草に住む御用商人の材木屋栂屋善六にまかせ、芝居見物の場で新五郎と会わせたのが、ふたりの逢引きのはじまりである。事件が発覚したとき、新五郎は四十四歳、絵島は二十七歳であった。

大量の処分者を出したこの事件を、大奥での勢力をのばしてきた第四夫人月光院と正室天英院との確執、次期将軍の座をめぐる疑獄事件にまで発展させて考える説もあるが、なによりも太平を謳歌する世相や、当時の大奥の退廃ぶりが大きな要因であろう。俗に〝八百八町〟といわれた江戸の町数も前年の正徳三年（一七一三）には九三三に増えているし、芝居小屋はどこも繁昌していた。それゆえ、幕府は事件後ただちに山村座を廃絶にし、他の芝居小屋に対して「桟敷より内証道をこしらえて楽屋又は座元の居宅、並びに茶屋などに座敷をしつらえて遊興をしてはならぬ」、「役者は舞台で演じるほかは茶屋などへ呼ばれても断ること」、「桟敷は以前の通り二階のほかは無用のこと」などといった禁令を出したのであろう。なお斎藤月岑の『武江年表』によれば、歌舞伎役者の声色《こわいろ》がはじまったのは山村座廃絶のときからであるという。

さて、科を受けて流されたものたちは、その後どのような生活を送ったのだろうか。

まず信州高遠に流されて内藤駿河守に預けられた絵島は、

一、かろき女中一人つけ置き申すべき事。

二、食事は一汁一菜に仕り、朝夕両度の外は無用の事、付湯茶は格別、その外酒菓子何にてもたべさせ申すまじき事。

三、衣類、木綿着布かたびら、その外皆無用に候事。

という囲屋敷のなかの生活を強いられていたが、その後幕府へ嘆願書も出され、晩年はいくらか自由な生活も送っていたようである。しかし寛保元年(一七四一)四月、感冒がもとで六十一歳の生涯を配所で閉じている。

一方、栂屋善六とともに三宅島に流された新五郎は、二十九年に及ぶ流人生活ののち、享保十八年(一七三三)二月、やはり配所で没している。三宅島での生活ぶりは、

初鰹からし酢もなき涙かな

の一句が伝えられているのみで、その他のことは詳かではない。なお、新五郎は絵島が死んだ翌年

に許されて江戸に戻り日本橋小網町で没したという説もある。しかし『三宅島歴史年表』の享保十八年の項に、「二月二十六日絵島一件流人生島新五郎死（伊ヶ谷大林寺に葬る、道栄信士。又伊ヶ谷笹本氏の過去帳に教誉道栄信士）」とある旨記載されているので、配所での死が正しいようである。二字の戒名は浄土宗では最低の戒名であるという。

さて、御蔵島に流された交竹院の島での生活ぶりもほとんど詳かではないのだが、晩年は島民たちの相談相手となって、なかなかの政治的手腕をふるっていたことが推定される。

というのは、交竹院が流されてから十一年目の享保十年（一七二五）に、幕府に三人乗六端帆の「廻船一艘持度儀願出」が出て許されており、四年後の享保十四年七月に島の独立が認められている。このことから持船願出と島の独立という二つの事項は関連性を持ち、交竹院は島の最高権威者である神主加藤（栗本）蔵人らと親島三宅にもれないように策を講じ、大奥医師で同僚でもある桂川甫筑に窮状を訴え、甫筑から幕閣に通じて御蔵はついに三宅島の支配を脱して、持船による江戸との間の直接交易が許されるのである。

「巳《み》の年に巳蔵《みくら》の願ひ巳《み》な叶ひ巳《み》よや巳《み》船を巳《み》なも悦ぶ」

島の喜びは、加藤蔵人が詠んだ巳年にちなんだこの歌にうたいこまれている（以後島ではヘビを決して害さないことになっているという）。しかし交竹院はこれから日も経たない八月二十二日、島で歿している。享年五十七歳であった。

島の三宝神社は蔵人、交竹院、甫筑の三人の恩顧にこたえるために建てられたものだが、「江戸の見える場所に埋めてくれ」という遺言によって、交竹院の墓は島の北岸の高台に建てられている。しかしその方向は江戸ではなく、紀州に向いていると島のひとたちはいう。また同所に交竹院と並んで墓のある彦四郎は利島の男で、持船が許されてからはじめて御蔵に操船術を伝えたため、うらまれて三宅のものに殺されたという。

交竹院と甫筑との間に、どのようなやりとりがあったのかは残念ながら不明である。だが、初代甫筑（邦教）から教えて七代目甫周（国興）の二女今泉みねが口述した『名ごりの夢』（昭和十二年＝一九三七）のなかに、いつの頃からか、桂川家には毎年一度御蔵島から薪や島の産物である椎茸などが届けられてくるようになったという話が記されており、「御蔵島役人」と記された「乍些少例年の通薪三百把梶粉二袋呈進仕候御受納可被下候」の手紙が、当家に残っているという。島のひとたちの〝独立〟の喜びは、子々孫々に至るまで、こうして時代を超えてもつづけられていたのである。ぼくはそのことに、たいへん感動を覚えた。

北辺の〝蟹の鋏の島〟——北海道・礼文島にて

奇病の猖獗

北海道の最北端にある礼文島は、昭和二十三年（一九四八）五月の金環食観測で一躍その名を知られるようになったといわれる。当時中学校に入学したばかりのぼくもまた、はじめて耳にする日食などという不可思議な天体異変とともに、そのさいはての小島の存在を知ったのだが、どこで聞きこんだのか〝黒い太陽〟の終末伝説に少しばかり怯えながら、毎日太陽を見上げ、日一日、刻一刻と近づいてくる日食に、心おだやかならぬものを感じていたのを思い出す。

地図帳の礼文島は、蟹の鋏の形をしている。青い海の上に落ちている小さな蟹の鋏——、その島の形には夢があった。

その蟹の鋏の島に渡ったのは昭和四十五年（一九七〇）十月下旬のこと、ある子供向けの雑誌から、さい果ての島に住む保母さんにインタビューする仕事を頼まれて出かけたのであった。

伝え聞くところによると、昭和四十八年の夏、礼文島を訪れた観光客は二十万人にのぼったという。

それより三年前の夏には、どのくらいの観光客があの蟹の鋏の島を訪ねたのかは分らないが、ぼくが島に渡ったのは旅行シーズンもとっくに終った晩秋で、稚内から船泊にむかう連絡船のキャビンには、石炭ストーヴが焚かれていた。乗客は島へ帰る数人の漁師と、北海道一周旅行をつづけているという元気のいい大阪の三人組の女子大生だけであった。

実は、礼文島にいってほしいといわれた時、思い出したのは風土病といわれるエキノコックス(包虫症)のことであった。エキノコックスの感染を防ぐために、礼文島ではすべての動物を殺してしまったので、いまでもイヌやネコは一頭もいないというようなことを、自然科学の雑誌の編集者をやっている友人に聞いたことがあり、動物を抹殺した島という興味から、礼文島のエキノコックスについて少しばかり調べてみたことがあったのである。それらの書物には夥しい野犬狩りのあったことは書かれていたが、しかし友人の話のようなドラマチックなことは書かれてはいなかった。本当にイヌやネコが一頭もいないかどうかは島に渡ってみれば分ることなのだが、礼文島における二十年に及ぶエキノコックスの猖獗と駆逐の戦いは、かなり衝撃的なものであった。

その顚末を要約してみると、話は大正十三年(一九二四)、島がキツネの毛皮生産に乗り出し、中部千島から、紅ギツネ十二番《つがい》をつれてきて放飼したことにはじまる。

キツネの毛皮は高く売れるし、島に放飼すれば、わずかしかない畑を荒す野ネズミの駆逐もできる。禁猟の十年があけたら、毛皮の収益は村税にあてるという村長の一石二鳥の計画に、島民が喜んだのは当然のことであった。

警戒心の強いキツネも、人間が害を加えないことを知って、民家の床下にもぐり込んで子を産んだり、親子づれで集落のなかを散歩するようになった。屋外の干魚を食い荒したり、時には屋内に侵入して、寝ている幼児の頭に噛みついたこともあったという。ともあれ島民の保護の下に、キツネの数は順調に殖えているかに見えた。

やがて禁猟の十年があけ、島ではいよいよ毛皮に手を出そうとして放飼しているキツネの数を調べたところ、その数が意外に少ないことに気づいたのである。

数年前にあれほどいたキツネは、どこへ姿を消してしまったのだろうか。島民たちは予想外に減少している頭数の原因を、島外者による密猟と、数年間のうちに急速に殖えはじめた野犬にむけた。密猟者の件はともかく、放飼していた畜犬などが、島民たちの知らぬ間にほとんど野犬となって増殖していたのである。

ところが昭和十二年（一九三七）のこと、北海道大学の病院に不思議な症状の患者が現われた。脳や肝臓に大きな包虫の袋ができる奇病——、エキノコックスの患者である。潜伏期間が四、五年もあるエキノコックスは日本にはないといわれていただけに、関係者たちは驚いた。しかも患者はひとりだけではない。年が経るにしたがって次第に殖え、二十名を越えた。そして症状のほかにもうひとつ、患者たちに共通しているものがあった。出身地がすべて礼文島であることであった。こうして礼文島に調査の眼がむけられたのである。

礼文島は天明六年（一七八六）に幕府の請負人が駐在したが、明治になって本州からの移住者が入るまでは、少数のアイヌのほか、定住しているものはいなかった。島の過去を調べても、それまでエキノコックスの発生した事実はない。潜伏期間などから推測すれば、当然千島からつれてきたキツネ

船泊の作業小屋でミズダコを加工する漁村のおかみさんたち。

が疑われるが、そのキツネはもうほとんど姿を見せなかった。終戦前後、礼文島は野犬の王国にかわっていたのである。

しかしキツネが姿を消しても、なお新しい患者が発生するところから考えると、同じ動物学の系統に属するイヌも疑ってみなければならないわけである。こうして昭和三十年（一九五五）までに二百頭にのぼるイヌ、及び数十頭のネコが検体として解剖され、それぞれ二頭ずつのイヌ、ネコからエキノコックスの成虫が発見されたのである。野犬は昭和二十九年夏、一五四頭を解剖したときの調査では、全島に数百頭いると推定されたが、成虫が発見されてからは見つけ次第捕かくして殺された。ネコも同様であった。かつて家で飼っていたイヌやネコが殺されるのは忍びないというので、山中の笹やぶのなかに匿し、家人には内緒で食物を与えていたという子供たちの話も伝えられている。

キツネの放飼にはじまった〝奇病〟の発生は、とんだところまで拡がってしまったわけだが、やっと感染経路も明確になったわけである。エキノコックスは千島やアラスカに多いエゾヤチネズミに多く寄生していて、このネズミを捕食していたキツネに感染し、礼文島に入ってからはキツネがエキノコックスの中間宿主となってさらに宿主を野犬に移し、その死体、糞などとともに体外に出た寄生虫が飲水に入って、人間の体内に寄生することが分ったのである（以上、主として『日本における寄生虫学の研究1』所収の山下次郎「包虫及び包虫症」、佐々学『日本の風土病』、亀谷了『寄生虫紳士録』、犬飼哲夫『わが動物記』などに依った）。

動物のいない島

——稚内を出た連絡船は、強い季節風にあおられ、鉛色の波浪に翻弄されながら、三時間半で北にむいた蟹の鋏の内側にある船泊港の岩壁に着いた。

船泊は利尻島寄りにある香深《かぶか》とともに島の出入口となっている港町だが、まったく殺風景で、連絡船が着いても、人影ひとつ見られなかった。一緒に船を降りた漁師に、香深行きのバスの時刻を尋ねると、バスがくるまでまだ三十分ばかりあるというので、岸壁のうしろに見える魚干場のある浜を歩いてみた。

浜にも人影はなかった。風が強く、魚干場の縄に吊されているイカが、ちぎれんばかりに風に吹かれていた。いないのはヒトばかりではない。イヌの姿も見当らない。

どこの地方へいっても、漁村にはかならずといってよいほど、イヌがぶらついているものである。漁村を歩けばこちらが望まなくとも二、三頭のイヌやネコたちとたちまち出会うものである。いつであったが、千葉県の勝浦へいったときは、浜から駅に着くまでの半キロたらずの道で、十四頭までイヌの数を数えたことがあった。いまでも勝浦はイヌの多い漁村という印象を持っているが、漁村にイヌはつきものというのが、これまでの旅で得たささやかな〝知識〟のひとつになっていた。しかし船泊の漁村にはイヌの姿はなかった。やはり礼文島にはイヌは一頭もいないのかも知れない。そう思うと、風に吹かれている漁村が、一層寒々と見えてくる。やがて船着場のむこうの岸壁にバスが入ってくるのが見えたので、ぼくはいそいで停留所へむかった。

「……どの家も寒風に耐えている。風景に色がない。家も山も海も空も鉛色に燻んでいる。あれが虎落笛《もがりぶえ》というのだろうか。魚干場の竹竿が、物悲しく鳴っている。縄に吊されて風に吹かれているイカと、大根の白さだけが眼に凍みる。てふてふが一匹韃靼海峡を渡って行った。」

バスのなかで手帳に書き込んだ文字だが、どういうわけか、このとき安西冬衛の「春」の詩を思い出している。

しかし、バスに揺られて船泊を出ると、風景は一変した。右手に見える久種湖は青い水を堪えて、美しい。なだらかな山なみを見せる周囲の丘陵地帯は、のどかなピクニックが楽しめそうなステップである。バスが走り出して、はじめて島に渡った喜びを感じることができた。

いまはどのようになったか分らないが、島のバスは島民たちの日用品の運搬サービスのようなこともやっていて、部落の入口にある停留所に着くと、運転手は運転席を立って、預かってきた荷物を停留所で待っているおかみさんに手渡す。

「ありがとさん」

と、おかみさんが荷物を受け取ると、

「これは、だれだれの所だよ。声をかけてやってくれや」

運転手の言葉に、おかみさんはうなずく。そして荷物を運んでほしいひとがいれば、またそれを受け取って走り出すのであった。

停留所名と送り先名のついた荷物は、風呂敷に包まれているもの、ダンボールの箱に入ったもの、いろいろである。買物カゴにネギが入っているだけのものもあった。こうしてバスは停留所ごとに乗客を乗せ、あるいは荷物を預かったり降ろしたりしながら、島の東側の海べりを香深の町へむかうのであった。

保母さんに会ったときも、最初は躊躇していたのだが、エキノコックスの話を島のひとに聞くのはなんとなく気が重かった。しかし取材が終ってから、船泊の漁村の話をすると、保母さんは大きくうなずいて、

「わたしも赴任した当初は、どうしてこの島にはイヌやネコがいないのだろうと不思議に思いました。子供たちはテレビや絵本でしかイヌやネコは知らないんですからね。でもエキノコックスはむかしの話です。いまは飲み水もちゃんと水道をつくって消毒しているので、全く心配はないですね。現在は飼っても別に害はないわけですけど、やはり島のひとたちはいやなのでしょうかね。動物はいないといっても、

いまは牛が四頭います。それより礼文島のカラスはすごいわるさをしますよ。これから冬になるので思いやられます」

と、保母さんはカラスの害に話を移した。

冬になって雪が降り積もると、島ではバスの運行が中止になるので、保育所に通ってくる子供たちは雪の道を歩いてくる。特に西海岸の元地部落の子供たちは、二時間もかかる山あいの急な峠道を、東海岸の香深にある保育所まで通ってくる。雪が積もっては、夏のように漁村に落ちている魚を啄むこともできない。そこでカラスたちは、保育所に通う子供たちを襲うことを覚えたというのである。

「木の上や電柱のてっぺんで待ち伏せをしていましてね。頭がいいんですよ、カラスは。元気な子は決して襲わないですからね。みんなより遅れて、あとからひとりついてくるような子に襲いかかるのです。それも登園するときより、帰るときです。給食のパンなんかかじっていたら、かならず狙われますね。だから、なにか食べながらボヤボヤ歩いていては駄目よ。みんなで固まって歩いて帰るのよというのですけど、毎冬ひとりかふたりは襲われます。うしろから頭をつつかれて三針もぬった子もいます」

最近東京の新聞にも、カラスに襲撃されて頭を傷つけられた少年の記事が載っていた。カラスの襲撃事件はわが国ではそれほどめずらしくないが、待ち伏せをしたり、襲う相手を見定めるというカラスの話は、はじめてであった。

仕事が終ってから、元地行きのバスがまだ一便あるというので、西海岸の元地部落へいってみることにした。

礼文名物の巨大な桃岩の下をくりぬいたトンネルをぬけ、幾重にも曲がりくねった急な坂道を下って海岸へ降りていくと、雲間からはじめて弱々しい陽がもれてきた。

その陽を浴びた波打際で、数人の男女が流れコンブを拾っている。富山県のひとびとによって拓かれたという元地の漁村は、それからしばらく北にむかって走った崖の下にあった。

元地の漁村にも人影はなかった。船泊の漁村と同じように、ここでも魚干場の竹竿はひゅうひゅう風に鳴っていた。バスの運転手に香深へ戻る時間を尋ねると、五分しかないという。五分では部落のなかを廻ることはできないし、部落の奥にある雄大な断崖絶壁の景観を見ることもできない。

仕方がないので波打際に降りてみた。元地の海岸は瑪瑙《めのう》が出るというので一時騒がれたことがある。ひとつくらい拾えないものかと、浜砂利の間を見て歩くと、親指の先くらいの瑪瑙が白く光っている。それを摘まんで歩いているうちに、バスの運転手が、発車の合図にクラクションを鳴らしてくれた。拾った瑪瑙のくずは五分間で、それでも片手いっぱい拾えた。それをバッグのなかへほうり込んで、バスに引き返した。乗客は来るときと同様、ひとりきりであった。

高山植物の宝庫

香深の町へ引き返し、保母さんが推薦してくれた旅館に入ったのは、もう夕ぐれどきであった。部屋の前には一日じゅう海霧《ガス》のなかに消えていた利尻富士が、雄麗な姿を見せていた。しかし、あの山が果して几良哈《オランカイ》（北朝鮮咸鏡道会寧）から眺望できたかどうか。林子平は『三国通覧図説』のなかで次のような面白いエピソードを紹介している。

「加藤清正、朝鮮ヲ陥レテ几良哈へ乱入シ其都城ヲ焼払テ後、高山ニ登テ東ヲ眺望スレバ日本ノ富士ヨク見ユルト清正モ軍士モ大ニ不思議ヲナシタルコトアリ貝原篤信コレヲ評シテ曰、其山ハ富士ニハ非ズ薩摩ノ開聞ナルベシト云リ又或説ニ伯耆ノ大山《セン》ナルベシト也、小子按ニ皆非也、其山ハ蝦夷国ノ西海中ニ在、リイシリ、ナルベシ、三国接攘ノ小図ヲ見テ方位ヲ知ベシ」

大山も開聞岳も富士山によく似ている。利尻山もなるほど富士によく似ている。清正たちは几良哈の高山に登って富士の姿態をしたどこの山を眺望したのかは分らないが、そこから利尻山や大山や開聞岳が眺望できたとは思えない。しかし富士の姿態には、やはり日本人の郷愁を誘うものがあるようだ。暮れかかる利尻富士を眺めているうちに、東京を発ってまだ二日目なのに、ネオンの巷が恋しくなってくる。翌日は香深に入る正午の船で、その利尻島へ渡る予定であった。

しかし、しばらく寛いでいるうちに激しい偏頭痛に襲われ、悪寒で歯が鳴ってきた。前夜の夜行はほとんど一睡もしなかったし、その日は一日じゅう歩きまわっていたので、疲れが出たのかも知れないと思った。風呂にも入らず、食事も早々に済ませると、持ってきた鎮静剤をのんで床に入った。眼を閉じると、すうっと暗黒の礼文の海の底へ吸い込まれていくような気がした。魑魅魍魎《ちみもうりょう》が頭のなかでうずを巻きはじめ、錐を刺されるような激しい頭痛がしてくる。こういうときは予定をすべてくりあげて、真直ぐ帰ることにしているので、翌日は始発のバスで船泊に引き返し、八時出航の船で島を離れることにした。

翌朝五時に旅館のおかみさんに起こされたときは、熱もなくケロリとしていた。利尻島へ渡ってみようかと一瞬思ったが、今回は諦めることにして、六時のバスに乗り込んだ。

その日も朝から太陽の拝めない淀んだ空模様であった。だが船泊の漁村は前日とはうって変わって、活気にあふれていた。頬かぶりのおかみさんたちが威勢のいい声を張りあげて、魚やタコを木箱につめていた。漁村はやはり朝がいい。帰るときになって、やっと逞しい島のひとたちの姿を見ることができた。

礼文島では、ほとんど島のひとの話を聞けなかった。あわただしく島を通りぬけてきたという感じがするが、しかし帰りの宗谷本線で同席した船泊のおばさんが、ひとつの旅のしめくくりをしてくれた。

二日がかりで旭川の病院に身内の病人を見舞いにいくというおばさんは、もう六十に手が届くというのに、「死ぬまでに一度東京の動物園へいっていろいろ動物を見たいと思っています」と子供のようなことをいった。

「だれだって動物は好きですよ。イヌもネコも飼っていたけど、あのときは仕方がない。可哀想だけど殺してしまいました。船泊の中学校の裏にあった赤十字病院の建物で、毎日解剖していましたよ。どういうわけか、礼文はむかしからあまり動物がいない島でね。でも最近、香深の町では牛を飼ったり、イヌも飼っている家があると聞きましたよ。それより、いまは、ヒトがへっていきます。中学を出ると島には上の学校がないから、稚内や旭川や札幌へいきます。若いものは、それっきり島へ帰ってきません」

そういって、おばさんはつけ加えた。

「なにもない島だけど、夏は花がたくさん咲いて、それは美しい島です。こんどは夏にいらっしゃい」

――神はよくしたものである。動物の少ない北の果ての島を、花の島として残した。そういえば礼文島はわが国でもめずらしい高山植物の宝庫である。夏には二百種に近い高山植物の花が島に咲き乱れるという。

その花の季節に、もう一度あの蟹の鋏の島に渡ってみたいと思った。

グズリ謁見記――宮古湾・日出島にて

死骨崎、首崎、脚岬

盛岡から宮古へ出て、陸中海岸を大船渡まではじめて下ったのは、昭和四十六年（一九七一）の五月のことであった。

この地方に興味を持つようになったのは、いくつかの理由がある。ひとつは柳田国男の『雪国の春』のコースであり、もうひとつは〝義経伝説〟のコースでもある。さらに海嘯というものに関心を持っていたので、できたら体験者を尋ねて津波襲来時の話を聞いてみたいと思っていたのである。

三千名にものぼる死者を出した昭和八年（一九三三）の大津波の時、ある入江では湾の外まで一斉に海水が引き、海の底がすっかり露呈して、この世の終りが来たと思えるような惨状を呈したという話を、子供の頃に聞いたことがあった。また、津波の来る前は、きまって異常な豊漁がつづくということも聞いたことがある。そういう話も漁師にあって是非聞いてみたいと思っていたのである。

この地方に興味を持った理由をもうひとつ挙げれば、やはり珍しい地名が多いことであろう。幾度かの津波襲来で潰滅的な被害を被っている田老《たろう》から、大船渡あたりまでの海岸沿いだけでも、女遊戸《おなっべ》、磯鶏《そけい》、赤前《あかまえ》、吉里吉里《きりきり》、鏡《かがみ》、越喜来《おつきらい》、花露辺《けろべ》、死骨崎《しこつざき》、首崎《こうべざき》、脚岬《しねざき》、合足《あつたり》といった難解な地名がつづく。

地図を展げて岩手県全域に眼を転ずれば、さらにさまざまな、空想を愉しませてくれる地名が眼にとび込んでくる。

猿走《さるはしり》、牛コロバシ峠、毛無山《けなしやま》、メンヅクメ山、蟇目《ひきめ》、大鰐谷森《おおわにやもり》、サクドガ森、虫壁《むしかべ》、祭《さい》ノ神《かみ》山、母子《ははこ》ノ木《き》、鯨峠、鯨山、猫ケ森、猫足《ねこあし》、六角牛山《ろっこうしやま》、附馬牛《つきもうし》、鹿喰《ししばみ》峠、七時雨山《ななしぐれやま》……。

こういう地名は童話的な空想を喚起させられて、なんとなく愉しい感じがする。だが、鬼丸、耳切山、尻喰峠《しりくいとうげ》、人首《ひとかべ》、毒ノ森、前記の死骨崎、首崎、脚岬となると、なにやら身辺に妖気が漂いはじめて、怪奇譚のムードになってくる。柳田国男は『郷土誌論』のなかで「農民の地名を附けるのは至って無造作なもので、決して茶人輩が庭園の小部分に付与する如きひねくれたものでは無く、言はば何時と無く、さう呼ぶと言ふ迄でありますから自然に近かつたのです」と書いているが、自然に近かったかどうかは不問として、こういう地名は誠にブキッシュというか、即物的な命名で印象に残る。

この地方の地名の由来にはアイヌ語のものも多いと聞いているが、それぞれの土地には正しい地名の由来譚が伝わっているに違いない。困難なことだが、そのひとつひとつを尋ね歩くのも愉しいことであろう。しかし、気の弱いものには少々刺激が強すぎるものもあるようである。

三陸町の半島に突き出た岬の名が、前記のように死骨崎、首崎、脚岬と三つも並んで、そのまま猟奇小説に出てきそうな変わった岬名なので、かねてからその由来を知りたいと思っていた。で、釜石で出会った漁師のひとりに尋ねると、なんでも坂上田村麻呂が東征したとき、蝦夷の酋長を斬り殺して屍を切り刻み、海に投棄したところ、骨、首、足が別々にそれぞれの岬に漂着したので、そう伝えられるようになったということであった。

四万の兵を引きつれて陸奥の蝦夷征伐に赴いた田村麻呂は、しかく簡単にこの地方の蝦夷を平定したようにいわれているが、このような話が残っているところをみると、事実は逆で大いにてこずったのではないか。土地の人たちは田村麻呂へのにくしみをこめて命名したのではないか。そんな気がしてくる。まったく残虐な由来譚で話を聞いているうちに顔が歪み、背筋が冷たくなるほどであった。

こういう怖しい由来譚に比べれば、吉里吉里のように、むかし浜の砂の上を歩くと「キリキリ」と砂が鳴ったからという、たわいもない自然発生的な由来の方が聞いていても愉しい。しかし、最も愉しいのは、やはり勝手な想像をめぐらせて、勝手な地名由来譚を夢想することであろう。そのうちに、すべて架空の〝全国地名由来辞典〟なるものでもつくったら面白いだろうと、それこそ夢想したこともあったほどである。

タブノキの怪

この陸中海岸からの旅のあと、今度は二週間ほどして沖縄本島と先島へ出かけている。そして七月にまた陸中宮古の日出島へ〝グズリ〟というめずらしい海鳥を見に出かけ、無人島で一夜を過ごしたのだが、陸中宮古と沖縄先島の宮古島との地名の類似はともかく、陸中船越《ふなこし》と石垣島の船越《フナクヤ》の類似が心に残った。

こういうことに出会うと、旅もいっそう愉しくなるものである。

石垣島の船越は、むかしは舟越と書いていたというが、現代ではどちらの字も使われているようである。石垣市から川平、野底《ヌスク》の裏石垣をまわり、伊原間のバス停で石垣市へ戻るバスを待っている間、タバコ屋の老婆に地名の由来を尋ねると、むかしはあそこを舟を担いで渡ったものだという。野底石崎をまわって、丘陵を降りて行くバスからもよく眺められたが、船越の地形のくびれは極端で、裏石垣寄りの伊原間湾と東側の大洋との間の平地は、百メートルもないように見えた。

帰路、写真に撮っておこうと思って、バスの車窓からカメラを構えたらファインダーからはみ出した部分はわずか二十メートルほどであった。舟といっても軽いくり舟のサバニである。宮古島の久松の港で真黒に日焼けした四人の漁師が軽々と海からサバニを担ぎあげていたのを見ているので、老婆の話は素直にうなずけた。

にわかに興味を覚えたのは、むろん陸中船越との関連性である。

だが陸中船越は同じように突き出た半島の首の部分にあっても、南側の船越湾と北側の山田湾の間は、とても舟を担いで越えられるようなところではない。距離にして二キロはあると思われる上に、地形も平坦なものではない。二度目に陸中へ行ったときも、何人かのひとに地名の由来を尋ねたが、結局はっきりしたことは分らなかった。地名学の書物では、船の形をした峠などにも船越の名がつけられているというから、あるいはこのあたりに由来が求められるのかも知れない。参考のために地図の索引を見てみると、船越という地名は全国に三十カ所以上もあるのである。自明のことだが、同じ地名があるからといって、まったく同じ由来によって命名されたとは限らないわけである。
しかし、このときに生じた東北地方と沖縄の先島、ことに八重山との関連性についての興味はその後もつづいている。「父」のことを八重山では「アヤ」「アーヤ」といい、「母」のことを「アッパ」というが、これは津軽の言葉と同じであり、秋田で聞いた「アッチャ」（父）は、やはり石垣島で聞いた「アッチャ」と同じであった。

また、これは植物に関することであるが、陸中船越で宿泊した国民宿舎につけられた舎名が「タブノキ荘」であった。タブノキといえば幹の太さが一メートルを越すほどの常緑樹（クスノキ科）で、亜熱帯、暖帯性の植物である。むろん沖縄各地にもこの樹は自生しており、古くはくり舟を造るのに用いられていたことが、八重山の文献にも散見できる。この樹の名が、どうして陸中船越にある国民宿舎の舎名になっているのか、不思議に思ったのである。

ところが、宿のひとに尋ねてみると、なんのことはない。陸中船越はこのタブノキの北限で、見晴らしのいい国民宿舎から、船越大島の自生林がよく眺望できるのであった。となると、次に問題になるのは、伝藩の方法である。考えられるのは黒潮が種子を運ぶことだが、図鑑でその実を見て驚いた。タブノキというのは、幹は太さが一メートル以上になっても実は至って小さく、せいぜい直径一センチほどの黒い粒である。椰子の実のような大型のものならいざ知らず、豆粒ほどの種子では、浪に攪拌されているうちに粉砕され、それこそ跡形もなくなってしまうのではないだろうか。

陸中船越に自生しているタブノキが沖縄産のものだと決めてかかる理由などは、元よりなにもないのだが、南国樹のタブノキが、あそこだけにどうして自生しているのか、いまでも不思議に思っているのである。

グズリ謁見記

短時日のうちに二度出かけた陸中海岸の旅を思い出すとき、いつも気になるのは宮古の日出島に棲息している愛すべき海燕〝グズリ〟たちのことなので、是非〝グズリ〟のことも書いておきたい。以下は、その〝グズリ謁見記〟である。

〝グズリ〟というのは土地の漁師たちがつけた名で、その鳴き声と動作のにぶさに由来している。「クロコシジロウミツバメ」という長い名が、この海鳥の正式の名である。宮古の日出島と釜石の三貫島は、この海鳥の東半球における繁殖地として知られており、昭和十年（一九三五）に天然記念物に指定されている。

ぼくは鳥に関してはなにも知らないので、この海鳥が夜、漁火めがけてバタバタと漁船に飛び込んでくるので、始末におえないという話を最初に宮古へ行ったときに聞いて、興味を持ったのである。東京に帰って、口さがない友人たちにこの話をすると、「クロコシジロウミツバメ」という鳥の名を知らない輩までが、「鳥が光に眼がくらんで飛び込んでくるなんて話は常識で、知らなかった方がおかしい」と笑われたが、漁師たちがこの海鳥は始末におえないというのは、漁火めがけて船に飛び込んだが最後、〝グズリ〟は自力で空へ飛び上がることができないからである。

狭い漁船のなかは、「グズック、グズック」と奇妙な声で鳴きながら、羽根をバタつかせて転げま

〝グズリ〟の営巣地宮古の日出島。

わる〝グズリ〟で、たちまち足の踏み場もなくなる。天然記念物だから粗雑には扱えない。漁師たちは忙しい手を休めて、転げまわる〝グズリさま〟を一羽ずつ、夜空に向ってほうり投げてやるのである。すると、〝グズリ〟は海面すれすれまで落ちて、そこから滑空して飛び去って行く。

繁殖地のひとつ日出島は、日出島部落の対岸一キロほどのところにある広葉樹林で被われた小さな島であるが、この島はかつて数度に及ぶ隆起沈降の末本土と離れて島嶼となったものである。宮古では〝化石の島〟とも呼ばれており、漁師も無断で島に上陸したり、島のものを獲ったりすることを禁じられている。

ぼくは宮古に住む野鳥の会の田鎖氏に手続をとっていただき、氏と共に島に入ったのだが、苦労してようやくよじ登った崖の上には道らしいものもなく、笹や雑草が背丈ほども密生していて、まるでジャングルへ踏み込んだようであった。

〝グズリ〟は、島のほぼ中央部の沢に面した急斜面に、たくさんの穴を掘って巣をつくっていた。草いきれとフンの匂いが入り混って、あたりにはなんともいいようのない匂いが漂っていた、巣のまわりの土塊にひっかかった産毛が、びるびるゆれている。巣に手を突込むと、なかはかなり深く、腕のつけ根まで入れても届かない。〝グズリ〟たちが巣に戻ってくるのは夜になってからなので、むろんどの巣にも鳥はいなかった。ぼくたちは沢の斜面に斜めに生えている木によじ登り、木の股に腰をかけて〝グズリ〟の帰ってくるのを待つことにした。こうしなければ巣に入る鳥を見ることができないのだから、やっかいなものである。

土の中に巣をつくっている〝グズリ〟たち。

「オオミズナギドリと同じように、クロコシジロも巣を出ると木によじ登り、沢に身を投げるようにして飛んでいくわけです。〝カタパルト〟を持っているわけです。木の幹を見てください。たくさん傷がついているでしょう」

ヤブ蚊に刺されないように、蚊取線香に火をつけながら田鎖氏がいうので、腰をかけている木を調べると、ちいさな傷が無数についていた。こういう木がなければ空へ飛び上がれない鳥というのも、不自由なものだと思った。

それならば、海面に降りたときはどうするのだろう。そのことを尋ねると、田鎖氏は水掻きのある鳥だから、海面ではその水掻きを使って水をけり、普通の海鳥と同じように飛び上がれるという。ただ地上を歩くのが下手だから、地上では充分な飛躍力がつかないのだろうと教えてくれた。

ぼくたちは、一度沢を下って崖の下へ降り、そこにテントと寝袋を置いて早目に夕食をとり、あたりが薄暗くなりかけたときにまた沢を登り、木の股に陣を構えた。鳥の観察とは、まったく大変なものである。そのことを口にすると、田鎖氏は苦笑をもらしながら、

「野鳥の観察は、ただ待つことだけですよ」

と、いった。

月のない、真暗な夜であった。

その闇のなかから、「グズック。グズック」と海酸漿《うみほうずき》を鳴らしているような奇妙な声が聞こえて、第一群の〝グズリ〟が島に戻ってきたのは、午後七時五十分であった。

鳥たちは沢に入っているぼくたちのことを知ったらしく、さかんに鳴き声をあげながら上空をまわりつづけていたが、そのうちに「バサッ」「バサッ」という音をたてて草むらのなかへ降りはじめた。音のする方へ素早く懐中電灯を向けると、彼らは自分たちの巣の前へきちっと降り、ヨタヨタと身体をかしげながら巣のなかへもぐり込んで行くのが見える。その歩き方は、手負いの鳥のようである。田鎖氏が鳥のさえずりまわっている上空へカメラを向けてストロボを焚いているとき、ぼくは懐中電灯を空へ向けてみた。すると、たちまち黒い塊が胸元へ飛び込んできた。あまりの早さに、ぼくはびっくりして思わずのけぞった。

「三貫島で、ボーイ・スカウトがキャンプをしていたんです。するとキャンプの火のなかに〝グズリ〟が何羽も飛び込んできて焼鳥になり、あわてて火を消したことがあったそうですよ」

田鎖氏はそんな話をしてくれたが、これではあぶなくて、火も焚けないだろう。〝グズリ〟の体色は尾のつけ根だけが白く、あとは全身まっ黒である。眼はちいさくて、なんとなくとぼけた表情のある子バトくらいの愛らしい鳥である。捕えた鳥を空にむかって思いきり高く投げてやると、羽根をばたつかせながら、ちょうど眼の前まで落ちてきて、闇のなかへ飛び上がって行った。最後の群が島に戻ってきたのは、十一時過ぎであった。それから島は静まり返った。巣のなかへ入った鳥たちがどうしているか、懐中電灯を照らして覗いてみたが、巣は奥の方で曲っているらしく、鳥の姿は見えなかった。

こうして彼らは、二時過ぎまでぐっすり眠り、まだ空の暗い三時頃には巣を出てカタパルトの木に登り、百キロから二百キロという遠い洋上まで、餌を求めてまた飛び立って行く。巣のなかにいるのは、夜の数時間だけであった（グズリの生活は、その後御蔵島の岩壁の森林のなかで見たオオミズナギドリの生活と同じであった。オオミズナギドリもやはり地上から直接空へ飛び立てず、崖っ縁に斜めに生えている樹木をカタパルトにして登り、身投げするような方法で虚空へ飛び立っていく）。

〝グズリ〟は、たしかに動作の鈍い不思議な鳥である。しかしあのちいさな嘴と水掻きで、よくもあれだけの深い巣穴を掘るものだと思う。そのことに改めて思いがいったとき、また遥かな洋上へ餌を求めて飛び立って行く〝グズリ〟たちにいとおしさを覚えた。

ぼくは彼らが島を飛び立って行く鳴き声を聞きながら、この土地のひとたちが彼らにグズリという名を与えたことを考えてみた。そしてまったく自然発生的に、無造作につけられたと思えるその名の裏に、土地のひとたちのこの鳥に寄せる限りない愛情が潜んでいるように思えてきたのである。直接自分の手で触れて、彼らのちいさな身体のぬくもりを知っただけに、いっそうの愛らしさを覚えずにはいられなかった。

最後の波座士――五島列島・宇久島にて

宇久捕鯨伝記

むかし勇魚《いさな》（鯨）取りの波座士をやっていた老漁師が五島列島の宇久島におられるという話を聞いて出かけたのは、昭和四十二年（一九六七）の九月中旬であった。

それまでの宇久島に関する知識といえばはなはだおそまつで、たしか後藤（五島）寿庵が潜伏してキリシタンの洗礼を受けたというのが、五島の宇久島ではなかったかなという程度のものであった。地図帳を眺めて空想旅行をするのは子供の頃から好きであったから、宇久島と聞けば、五島列島の一番上にあるあの菱形をした島だなと、ぼんやり記憶には浮かんできたが、さてその島へどうやって渡るのかということになると、まるで見当はつかなかった。島に渡るには奇数日や偶数日などによって、連絡船の出航日が変わったり船が出なかったりするので、早速交通公社に問い合わせてみたが、埒があかなかった。そこで知人に教えられた長崎県観光物産センターというところへ問い合わせてみると、運のいいことに宇久島出身の所員がいて、丁寧に帰りの旅程まで心配してくれた。

五島列島のように、たくさんの島が数珠繋ぎに連なっているところになると、船便も列車並みである。急行便、普通便、どこどこ島直行便というのまであって、ややこしいこと夥しい。観光物産センターの所員氏はそれを懇切に教えてくれ、宇久は二日もあれば隅々までまわれるから、帰路はもう二日待ってまた佐世保に戻るなら、その前日に一番南端の福江まで行く各島寄りの普通便に乗って、ゆっくり島巡りを楽しんで福江に泊ったらいいでしょうというのであった。そして最後に、「ただし天気が悪ければ船は欠航し、何日も島に閉じこめられますから覚悟していって下さいよ」と付け加えることを忘れなかった。ぼくは所員氏の親切に謝し、教えられた通りのコースをとって出かけることにしたのである。

夜行で東京を発ち、翌日の昼近くに佐世保に着くと、天気は快晴。思わず顔がほころんだ。船は予定通り正午に佐世保の埠頭を離れ、五島灘をひた走りに進みはじめる。このあたりの水深はどのくらいあるのか分らないが、汗ばむほどの強い陽射しを吸いこんだ海は、輝きひとつ見せない。紺といってしまえばそれまでだが、手をいれればたちまち染まってしまいそうな感じである。海原の色は重く、底知れぬ海の深さを感じさせた。

それから約二時間、山脈を連ねたような五島列島の島々の一番はずれに、ぽつんとひとつ、なだらかな裾を拡げた島が見えてきた。舟は右転し、進路をその島の中央部に定めて波頭をけたてていく。海から眺める宇久島は、誠におだやかな姿態をしていた。島の両裾は長く、ゆったりと海に消えている。その島影をみつめていると、島に住んでいるひとたちの心までが見えてくるような気がする。むろん島の姿態などで、そこに住むひとたちの気質が分るはずはないかも知れない。しかし海から眺める宇久島は、勇魚捕りのような、勇壮な漁師たちを生んだ島とは思えないほど、やさしい姿態をしていた。

さて、島に着いて旅館に荷物を預けると、ぼくはまず島の役場へ出かけていった。島に関する資料は何ひとつ持っていなかったので、町勢やパンフレット類があったら片っぱしからもらって、その日のうちに島の概略だけでも知っておこうと思ったのである。しかし役場の窓口で話をしているうちに、奥の応接室に通され、そこで町長をはじめ、教育長といった島の有力者に引き合わされたのである。

上五島のキリスト教信徒たちの墓。

教育長の山田清嘉氏は、宇久の鯨組〝山田組〟の末裔で、同家に伝わる古文書『捕鯨伝記』まで見せてくださり、老波座士岩本五郎翁との連絡その他、滞在中の予定を一切組んでくださった。町長の藤原岩好氏からは三カ月前に町制施行十周年を記念して刊行されたばかりの『宇久町郷土誌』を戴き、その日旅館に帰ってから、旅の疲れも忘れて宇久捕鯨の歴史を読んだ。

宇久捕鯨の創始者は山田組を組織した山田茂兵衛であるが、茂兵衛が宇久で捕鯨を開始する前に、上五島の魚目（有川湾）で、大村藩の深沢儀太夫が既に網捕り鯨法を用いて鯨を捕っていた。網捕り鯨法は鯨を入江に追込み、入口を網で封じ、さらに二重三重と鯨に網をかぶせて自由を奪い、銛を打ちこんで射とめるもので、儀太夫は長州仙崎湾の紫ノ浦でこの鯨法を見聞して五島に戻った。そして延宝六年（一六七八）から魚目で創業し、年間数十頭もの鯨を捕獲し、たちまち〝グジラ長者〟になったという。ちなみに熊野太地浦捕鯨史編纂委員会編『鯨に挑む町』によれば、網捕り鯨法は延宝三年（一九七五）に覚右衛門頼治（和田家）が「セミがクモの網にかかって」捕えられたのを見て、創案したという。しかし、福本和夫『日本捕鯨史話』には、これよりも早く湾内にはいった鯨を楯切網で塞ぎ、二重三重と網をかけ、袋のネズミとなった鯨を岸へ引きあげるという楯切網鯨法が、丹後国伊根湾に伝わっていたという。網捕り鯨法の発祥地は、明らかではないようである。

五島におけるそれまでの捕鯨法は、寛永三年（一六二六）紀州湯浅の住人庄助が伝えた突獲り鯨法である。これは「大鉾一本を立て船一隻を摑え、幾日ともなく引かれ行けば、鯨死して浮かぶ所を船を寄せ皮を削ぎ油を煎ず」という原始的で危険なものであったから、儀太夫の持ちこんだ網捕り鯨法が、当時どんなに画期的なものであったか容易に想像できる。ただし、この捕鯨法は入江という立地条件が必要であった。

宇久島には魚目のような条件の伴った入江がない。そこで茂兵衛は「要は鯨に泳ぐ自由を失わせればよい。大洋を泳ぐ鯨に網を矢つぎ早やに二枚三枚とかぶせればよい」と考え、船も八丁櫓で「一昼夜に百里」という大型迅速の勢子船（十三人乗り）を造らせたという。こうして茂兵衛は延宝八年（一六八〇）ころから宇久島で網捕り鯨法を開始し、年に二、三十頭の水揚げを見る成績をあげた。

数年後には逆に〝追込み鯨法〟の上五島の有川に招かれて、大洋における網捕り鯨法を指導するようになったといわれる。

しかし、正徳六年（一七一六）一月、三代目の紋九郎の時に、子持ちの白長須を追い、折から吹き荒れた暴風にあおられて鯨船はつぎつぎと遭難し、七十二名の死者を出すという一大惨事が起こったのである。このため紋九郎は捕鯨業を廃し、山田組は解散するのだが、このころから明治二十二年（一八八九）の宇久捕鯨会社の設立まで、豊漁不漁をくり返しながら、宇久におけるいくつかの鯨組の栄枯盛衰の歴史が綴られていくのである。

新しい特産物

翌日も晴天に恵まれた。岩本翁の話は翁の都合で午後からということになり、午前中は山田氏に案内されて島内を一周した。

宇久島は周囲二十五キロ、五島列島の火山帯に属する火山島のひとつである。海上からは島の中央にある城ケ岳（約二六〇メートル）が長く裾をひいている流麗な島に見えるが、島内をめぐってみると白砂の砂丘あり、断崖・奇岩あり、丘陵・草原ありで地形の変化に富んでいる。西海国立公園内の島だけあって、景勝地にはことかかないようである。

ところが島の産業は五・五割が農業、三割が水産業、商業を含むその他が一・五割という構成で、その農作物の主なものは芋であるという。しかしいつまでも芋ばかりでどうにもならない。こういう土地には柑橘類がいいというので最近になって、島でミカン栽培を奨励し、島の田畑はどんどんミカン畑に変わっているという。なるほどどこへいっても同じような七、八十センチほどのミカンの若木が整然と並んでいる。「あと七、八年たてば収穫できるといいます。いまのところは、どこも順調に育っているようです」と、山田氏も新しい島の産物の成長を楽しみにしているようであった。

ぼくは宇久鯨組の基地の跡を是非見たいと思っていた。ところが芋畑、下山、蒲浦、神島といった、かつて鯨基地のあった入江は、江戸末期からはじまった農地拡張の干拓事業のためつぎつぎと埋めたてられ、当時のおもかげを残すものはなにも残ってはいなかった。

〝最後の波座士〟岩本五郎翁。

最も期待していた岩本翁との話は一番最後になってしまったが、ゆっくり島内をまわって旅館に戻り、朝昼兼用の食事をすませて約束の公民館に出かけていくと、翁はもう先にきて待っておられた。翁はそのとき八十五歳、背丈はそれほど大きくはないが、骨太のいかにも荒海で鍛えられた老漁師といった感じであった。そのうえ声も太く、鯨の話が始まると、ことばはたちまち強い方言と、かつての仲間ことばだけとなった。それでももどかしいといわんばかりに、テーブルの上に身を乗り出して、あたかも現場の海で獲物を前にしているような圧倒的な迫力があった（貴重な岩本翁の体験談も、傍らで山田氏が注をはさんでくれなければ、ぼくには三分の一も理解できなかったろう。この点でも山田氏に感謝をしなければならない）。

最後の波座士

さて、岩本翁が〝鯨見習〟として有川の鯨組にはいったのは、明治三十四年（一九〇一）十六歳のときであった。当時宇久にはもう鯨組はなかったが、上五島の有川には網捕り鯨組がまだ残っていて、明治四十二年（一九〇九）までつづいていたという。岩本翁は、最初鯨の進行を塞ぐ「タテクシ（楯切網）のウオマチ」船で、二番役の見張りをつけてもよいというのでその役をもらい、毎年十月になると郷里の宇久を出て有川へ渡り、捕鯨シーズンの終る翌三月までの半年間滞在していたという。

翁が〝網捕り鯨法〟の花形の波座士となったのは二十四歳。有川の鯨組が姿を消す二年前であるから、文字通り最後の波座士ということになる。組には佐賀からきた川原又三という「十人前の目をもった目ばり（見張）」がいて、山見で鯨を発見すると、狼煙をあげて組に報らせる。このとき目ばりは汐の吹き方で逸早く鯨の種類を判別し、旗をあげてその種類をも報らせなければならない。だから目ばりは、普通の目をもったものなどにはつとまらないというのである。

「鯨というものは、ナワ類におじる」

と、岩本翁はいう。鯨にしてみれば、それで自由が奪われてしまうのだから、おそれるのは当然なことかも知れない。それはともかく、山見から鯨発見の報せを受けると、鯨船はいっせいに海へ漕ぎ出し、カネボウたたいて鯨を網へ追い込む。鯨は退くことを知らないから、網をかぶったまま前へ前へと進もうとする。そこへ二重三重と網をかぶせ、銛を突く。

このとき、自由を失ってもがく鯨の背中によじ登って、ハナを切るのが波座士の仕事である。波座士は鯨の鼻へナタを差し込んで、両方の鼻の穴へ通じる一尺二、三寸の「トオシ」をつける。すると待ち構えている副波座士が、その「トオシ」へ綱を通し、網に結ぶのである。

相手は手負いの上に自由を奪われている。たけり狂って、いつとばされるか、海中へ引きずり込まれるか分らない。波座士の仕事は敏捷さが要求される、もっとも危険の多い仕事なのである。

岩本翁は左手の人差指を、第一関節から失っていた。背美鯨と闘ったときに、誤ってナタで切り落としてしまったのだが、指先がないと気づいたのは、仕事を終えて船に戻ったときであったという。その背美鯨は胡麻塩頭の雄で、チンボも大きなやつであったという。

岩本翁の話は、細部にわたり、あたかも鯨絵巻を見ているような趣があった。当時の仲間たちの名前も、すらすら口をついて出てくる。昂揚して髪の毛の薄くなった頭のなかまで赤くし、目がぎらぎら輝く。まるで目の前で鯨との死闘が行なわれているような迫力である。そして、「舸子《かこ》の船は七尋五寸の船」とか、「ハナを通す綱は一寸の太さ二十尋」とか、「網は六分の太さで三尺に編む」といったように、細かな数字まではっきりと記憶しておられるのにはびっくりした。ハナを通されて綱や網でがんじがらめになった鯨は、もう水中に潜ることはできない。やがて動きも鈍り、血が「ボッボ。ボッボ」と水の中から涌いてくる。「それで鯨捕りも終り」となり、南無阿弥陀仏を唱えると、獲物を囲んだ鯨船から歌声があがる。

岩本翁は目を閉じ、乾いた口のまわりをなめまわしてから、「祝いめでたーの、さあよいさ……」と間《あい》の手まで入れながら唄い出したが、これまたすごい声量であった。

鯨が息を引きとるときに、のどを鳴らして泣くという話は、このときはじめて聞いた。ハ、ナ、を切ったときには、目に泪さえ浮かべるという。なかでも子持鯨の母性愛は大へんなもので、子鯨の方を先に捕えると、母鯨は決して近くを離れずに見守っているという。ある子持鯨は、わが子を達羽《たっぱ》の下にかくし、母鯨は自ら銛を受けて死んでいった。「子連れの鯨は手を出すな」という。親鯨の怒りがおそろしいというが、かつて捕鯨が盛んだった地方には、必ずといってよいほど、親子鯨を襲ったための海の悲劇が伝えられている。宇久島には七十二人の犠牲者を出した「紋九郎くじら」の伝説がある。

鯨組がなくなってから、岩本翁は海士《アマンシ》となって海に潜るようになる。サザエやアワビをとるのは女性ではなく、宇久では男の仕事である。それもメガネのわきに皮でつくった四個の空気袋をつけて潜るので、海中での仕事の時間はかなり長くできる。翁は七十を過ぎるまで、この海士の仕事をつづけてきた。しかし黒の着流しに白ゴバン縞の帯をしめ、表が竹の皮、裏が四枚重ねという草履をはいたい、な、せ、な格好の波座士の生活が、いまも忘れられないという。波座士の仕事は岩本翁にとって、まさに青春の血を煮えたぎらせた仕事であったのである。

「これから昼寝だよ。きょうは暑いからな」

話が終ると、岩本翁は手拭いで頬かぶりをしながら、浜の家へ帰っていった。

さっぱりした老漁師であった。その足どりはとても八十五歳の老人には見えなかった。

III 沖縄・先島を歩く

謎の〝パナリ焼〟——竹富島にて

パナリ焼の製法

相変わらずの〝やきものブーム〟である。

日本六大古窯のひとつに数えられる越前焼のふるさとである福井県の山中、宮崎村にある陶芸村を訪ねたときも、やきものの愛好家たちが観光バスを何台も連ねて見学にきていたし、時々のぞくターミナル駅の観光案内所にも、相変わらず窯場めぐりのパンフレットが目につく。たびたび催されるデパートの展示会も毎回盛況なようで、まずは結構なことである。

今回はスポットライトをあびて艶やかに輝く〝伝統〟を誇るやきものではなく、あくまでも土俗的な〝伝説〟を誇るやきものの話を紹介してみたい。

そのやきものは、〝パナリ焼〟と称されている。やきもののふるさとは、沖縄県八重山群島の新城島。この島は上地・下地のふたつの島からなっている。二島が離れているから離れ島《パナリ》といわれているが、現在は下地島は島民がすべて離れ、那覇市の実業家が島を買い取って牧場に変わっている。上地島も

竹富島の沖縄民具蒐集館喜宝院にあるパナリ焼の雑器。

戸数は十数戸、ほとんど無人島化しつつある。

パナリ焼は色彩はなく、代赭色の鮮やかな素焼のもので、素朴ながら雅致に富んでいる。やきものの種類はなべ、種入れ、皿など、みな日用雑器である。

この珍しいやきものをはじめて見たのは、竹富島の沖縄民具蒐集館・喜宝院であった。喜宝院の和尚さん上勢頭亨氏は、若い頃から自費で沖縄各地に散らばる民具を蒐集し、一千点を越えるものを蒐集館に展示している。

蒐集館のあちこちには、代赭色をした器が無造作に置かれており、ざらざらした表面に貝殻らしい白い破片がたくさんついているのに興味を覚えて眺めていると、和尚さんが、

「それは、新城島で焼かれていたパナリ焼です。白いつぶつぶは、陶土に粘りを与えるためにカタツムリをすりつぶして混ぜたかすです」

と、教えてくれた。

珍しいやきものもあると思って、製法をたずねると、蒐集館の館長でもある小柄な上勢頭和尚はとたんに両目を閉じ、口をとがらせて呪文でも唱えるように、

「ピー、ミーカ、フシサラシー。シューラーイー。ピー、イチイカ、フシサラシー。シューラーイー

「……」

と、歌い出した。途中で尋ねると、それは製法を伝える「パナリ焼アヨウ」という古謡（労働歌）で、和尚さんははやしまでつけながらまた最初から歌ってくれた。

それを手帳に書き取り、あとで〝標準語〟にほん訳してもらったが、八重山の郷土史家喜舎場永珣著『八重山古謡』に載っている同じアヨウの歌詞とその意訳を紹介すると、

一　日三日《ピーミーカ》　　土を三日間
　　干《フ》シ晒《サラ》シ　　日干しして晒らし
　　日五日《ピーイチイカ》　　さらに五日間程
　　干シ晒シ　　同様に日晒を終ったら

二　赤ンタバ　　赤色の粘土を
　　クナシ　　水や根無し蔓《かずら》の液などとこねた
　　白土《シルンタ》バ　　白色の粘土も同様に
　　クナシ　　こねてから（植物の粘液と蝸牛とを磨り混ぜて）

三　土鍋《チイチイナビ》バ　　土鍋を手製で
　　造リョウリ　　造った
　　泥鍋《ドウル》バ　　泥鍋を手製で
　　造リョウリ　　こね造った（四、五日間陰干しして）

四　枯《カ》リ茅《ガヤ》シ　　枯葉の茅の(簡単な窯で蝸牛の肉を磨って、その粘液を外部からも塗る)
ヌフアビ　　ぬる火で焼く
枯リユスキィシ　　次は少し火力の強い薄《ススキ》火で
焼キスケ　　焼き終るのである

——このような素朴な原始的製法で、はたして本当にやきものが焼きあがるかどうか疑問に思ったが、カタツムリをすりつぶして陶土に粘力を与えるというのが面白く、すぐにもパナリ焼のふるさと新城島へ渡ってみようと思った。しかし新城島へ渡る連絡船はない。島に渡るには、漁師に頼んで、特別に船を仕たててもらわなければならないという。やむを得ず石垣島にもどって、博物館に陳列されているパナリ焼のさまざまな日用雑器を観ることで、はやる気持ちをおさえたのであった。

上勢頭氏の話では、パナリ焼には水がめ、洗骨つぼ、種子入れ、茶わん、大・小の皿、なべ、湯呑、香炉、たらい、花ばち、水くみの十二種の雑器がつくられ、カタツムリのほかに牛の血なども混ぜていたようだということであった。しかし、パナリ焼の由来についてはほとんどわからない。

喜舎場永珣氏の前著および『八重山民謡集』などの解説にある古老の話によると、むかし支那の陶工が離島に漂着し、島の女をめとって永住して造りはじめたのが最初であり、安政四年(一八五七)ごろまで新城島で焼かれていたことが現在までに判明しているという。陶工たちは島の粘土が粗悪なので工夫をこらし、タブの木や根無し蔓、カタツムリや夜光貝の貝肉などの粘液を使うことを思いついたという。そして製法は島の若者たちに伝えられ、出来上がった製品は八重山群島の島々に鉄器やほかのやきものが伝えられるまで、新城島の〝名産〟として八重山各地に運ばれて、食糧などと交換されていた。

創業年代は不明だが、「安政四年」ごろまで焼かれていたというのは、このパナリ焼雑器が人頭税《にんとうぜい》の品目のひとつに指定されており、安政四年に島民から蔵元へパナリ焼を廃止し、以後ほかの島々と同じように「粟貢」に切りかえの請願が出され、それが認められたためである。島民の請願がスムーズに認められたのは、粟貢の方が蔵元に入る税額が多いためで、このとき仲介の労をとった島の下級役人はその功を認められて蔵元から黄冠を下賜されている。

二つの古謡（ユンタ）

ところで、先に紹介した「パナリ焼アヨウ」とは別に、もうひとつ新城島の隣りの「黒島《くるしま》」に伝わる「パナリチィチヤーミ」という古謡（ユンタ）がある。

このユンタの方は製法ばかりではなく、パナリ焼の仕事に従事していた島の若者たちの生活の一切が歌いこまれ、その情景がほうふつとしてくる。少し長いが喜舎場氏の意訳の部分を紹介してみよう。

新城島の若者たちが、下地島の乙女たちが
早朝に起床して、朝まだきに元気で起き
笊《ざる》の緒をば肱《ひじ》にぬいて、大笊をば取り持って

金串をば握り持ち、いつも持ち歩く金具類をも取り持って
前方の小高い丘に登り行き、高段に走り登って
赤い粘土を掘り出し、粘り土をば突き出して
自家に運んで早足できた、自分の家へ持ち飛んできた
前泊の白砂と、内泊（浜）の砂とを
搔きまぜて、蝸牛の肉の粘液などと混ぜ揉《も》み、踏み捏《こ》ね潤おして
土なべをつくり、厚いなべをば美しくつくり
一週間ほど日晒らして、数夜ほど微温火《ノロビ》で焼き
新城島の前の浜に持ち下ろして、その親泊の海岸に運搬して
自分の舟に積みこんで、その舟に積みこんで
最初に黒島に碇泊し、真初《まはじ》めに航海し
黒島西方の保慶《ふき》部落の泊に碇泊し、前泊に廻船して
土なべをば島に下ろし、厚い土なべをば陸地へ引きあげ
家毎を歩き巡り、各戸をば残らず歩き廻って
新城《パナリ》焼の土なべを買って下さい、厚なべの焼き物をば望んで頂戴と
小豆と交換して下さい、大豆とも交換して下さい、と言っている

このユンタのなかに歌われている製法と前のアヨウに歌われている製法とでは、その工程に相違が

うかがわれるが、さらにつけ加えると、「形を作ってから之を蔭干しにして、その後植物の蔓や枝などを被せ三日三晩焼いて作る」（宮良当壮『南島叢考』）という製法や、火を使わずに蔭干、日干にしたまま造りあげるという言い伝えもある。

破片を調べた結果では焼いたことは確かなようである。こうした伝承はやきものの交換地のみに残っていて、焼元である新城島の古謡・民謡を調べても一切伝承がないのは不思議なものである。

しかし最大の不思議は枯葉の野天焼で、はたしてこれだけのやきものが焼けるものなのかどうかということであった。その後本土各地の窯場を訪ねたとき、この製法をたずねてみたが、陶工たちはみな同じように、「ほほう、カタツムリでね」と感心しながら、「そんな焼き方でやきものが焼けるものかな。置物ならいざ知らず、日用雑器では火や水を使うから、すぐに駄目になってしまうだろうな」と、首をかしげていた。

そういえば、八重山のあちこちで観たパナリ焼の遺品のなかには、底が抜けているものが多かったことを思い出したのである。珊瑚の堆積して出来た孤島では、よい土にも恵まれないし、本格的な製法も伝えられていなかった時代では、粗雑なものでも致し方ない。島の人たちはすぐにこわれることを充分承知の上で、日常の必需品だからつぎつぎと新しい器を買い求めていたのではないだろうか。

しかし、製造盛期にはたいへん高価なものであったことは、竹富島に伝わる有名な民謡「仲筋《なかしじ》ぬヌベマ節」が物語っている。苛酷な人頭税時代の南島の悲哀を表徴する歌でもあるので、この民謡も原歌と喜舎場氏の意訳とを紹介しておこう。

一　仲筋《ナカシジ》ヌ　ヌベマ
フンカドヌ　女童《ミヤラビ》

二　一人《ビトリヤ》アル　女子《ミドナフア》
タヌキヤアル　肝《キム》ヌ子《ファ》

三　パナリ夫《ブド》　持《ム》タシ
ウドキャ夫《ブト》　ムタシ

四　イキャヌ故《ユイ》　ヌベマ
ナグヌスミヤン　女童

五　赤甕《アカガミ》ヌ　ユインド
白身苧《シルミブー》　欲《フ》シャンド

六　水浴《ミヂア》ミヌ　名付《ナチキ》シ
赤甕ユ　カミテー

七　ンブフリニ　登《ヌ》ブテ
ムルヤ頂登《チヂヌ》　ブテ

八　女子ユ　見ルンデイ
肝ヌ子ユ　トルンデイ

九　朝ドウリヌ　タドウリヌ
女子《ミドナフア》ドウ　待チユル

仲筋のヌベマは
同村の乙女であった

一人子の箱入娘だった
掌中の珠だった

新城《パナリ》島の役人の賄女となり
遠島の役人に嫁がせた

どんなわけでヌベマをやったのか
どんなわけで嫁がせたのか

赤甕《あかがめ》をもらったから
白い苧麻を欲しかったから

水浴みにかこつけて母親は
赤い水甕を頭に乗せ

ンブフリィの丘に登って
盛丘の頂上に登って

かわいい子をみようとして
掌中の珠をとろうとして

朝凪・夕凪の頃
一人っ子のヌベマを待ったけど

十　遠《トゥ》サヌケ　見ラルヌ　　海をへだてて遠いので
目涙《ミナダ》マリ　見ラルヌ　　涙が先にたったのでみえはしなかった

パナリ焼の水がめがひとつ欲しいばかりに、島では〝肝の子〟と表現される最愛の娘を役人に嫁がせたこの母親は、水浴びに行くと装ってはその水がめを頭の上にのせて、海上三里ほど隔たった新城島の島影を見に朝夕丘へ登るのだ。なお、〝ンブフリィの丘〟は牛が角で土をけりあげてつくったという海抜一五メートルほどの高所で、竹富島最高峰トウールンクスク岡（海抜四八メートル）につぐ、島の二番目の高所である。

パナリ焼の由来

ところで、民具集などの監修者のなかには、「蝸牛をすりつぶしてこねあげて焼いた」ということさえ誤り伝えられているというものがあるので、いわゆる〝伝説〟ばかりではなく、このパナリ焼について、なにか文献的な手がかりは得られぬものかと探ってみたが、いずれも前記喜舎場氏の著書の解説などが出典となっているようである。

わずかに牧野清著『新八重山歴史』に、「木浦清三郎氏は科学的実験測定の結果、七—八百年の古さを推測する（当間嗣一氏論文）としているが、多和田真惇氏は古拙で人を迷わせるが、西紀一五〇〇年より古いとは思えない」との記述が見られるのみである。

また、伊波普猷氏の『をなり神の島』のなかに収められている「朝鮮人の漂流記に現われた十五世紀末の南島」という解説紹介文がある。この〝漂流記〟は、一四七七年に沖縄の西の果てにある与那国島に漂流した三名の朝鮮人を、西表《いりおもて》島祖納《そない》、波照間島、新城島、黒島、竹富島（?）、多良間島、伊良部島、宮古島、沖縄本島、九州博多へと島伝いに送り、無事に朝鮮国へ送還したというもので、約半年にわたってめぐった八重山の島々での見聞を詳細に記している。そのころの八重山人の生活ぶりを伝える貴重な文献である。

それによると、その島には「釜・鼎・匙・盤盂《さらばち》・磁瓦器の類が無い。土をねって鼎を造り、これを日干しにした後で、藁火で燻《いぶ》すが、五、六日も御飯を炊くと、ひとりでに破《よ》けてしまう」という記述がある。

しかし、その島というのは新城島ではなく、彼らが漂着した与那国島であるのだ。改めて新城島の項を調べてみたが、パナリ焼に関する記述はなかった。

すると、どういうことになるのだろう。

新城島の名産は、そのころ八重山の各島でも焼かれていたというのだろうか。それとも与那国島に伝えられていたものが新城島に伝わり、そのまま島に残ったのだろうか。またはその逆で、新城島から八重山の西はずれにある与那国島へ製法が伝わったのだろうか。その後与那国島へいった時、島の人たちにパナリ焼のことをたずねてみたが、与那国島では伝承も伝わっていないし、やきものにもお目にかかれなかった。与那国島では十五世紀末のことは、もう朝鮮の漂着民の見聞記のなかだけの事項になっていた。

ともあれ、焼元であるはずの新城島には、それを伝えるなにものも残ってはいないのである。ただはっきりしているのは、多くの〝伝説〟にいろどられて、残されたやきものたちだけがさらにその美しさと、稚拙であるがゆえになんともいえない素朴さと豊穣さとをただよわせて、観るものの目を楽しませてくれるのである。

最近では骨董的な価値が高くなり、一般には購えないものになっているようだ。昭和五十四年（一九七九）八重山にいったときは、前年あたりまでそれでも石垣島の土産物屋の店先にいくつか置いてあるのを見かけていたのだが、ほとんど姿を消していた。しかしやっとある土産物屋のウィンドウに鎮座まします完品に近いすばらしい種入れを見つけたが、なんと百万円の値がついていたのには目をまわし、パナリ焼よりも値札の方をしばらく見つめていた。

こうなると、夜陰に乗じて島々の墓所をあばき、納骨つぼやかめ、花さしなどの埋葬品を盗む輩が出てくるのだ。どこの島でも、こういう事件が年に一度や二度は発生しており、島の人たちを激怒させ悲しませている。

その後金子量重著『アジアのやきものの旅』という紀行を読み、タイのチェンマイから二十キロほど奥地へ入った村で、パナリ焼とほとんど同じような焼き方で日用雑器を焼いていることを知った。沖縄八重山に伝わっていたパナリ焼の〝源流〟は、東南アジアにあるのかも知れない。

南波照間島物語——波照間島にて

苛斂誅求の島

沖縄県先島諸島の歴史は苛酷な人頭税《にんとうぜい》の話を抜きにしては語れない。

八重山では野良で働く仕事着のことを「シカマ・キィヌ」といい、明けの明星のことを「シカマ星《ブシィ》」という。金星を〝仕事星〟と呼ぶのは、じぶんたちの食いぶちは夜野良へ出て、星の光の下で働いて得なければならなかったからだと石垣島の古老が教えてくれた。

また、次のような古歌もある。

ばがまりや　なゆしやるまりやだど　朝ま夕ま　くぬあわりばし
朝ま夕ま　たるばどばなうらみ　なるせ親ど　ばなうらみ
あわりまま　やすまりむぬやらば　くりしやまま　失しらりむぬやらば

歌の大意は、「じぶんはなんという不幸な運命の下に生まれたのだろうか。朝に夕にこれほどまでに苦しみ喘《あえ》ぐとは、ああ。／あまりの苦しさに、朝に夕に、誰を恨めばよいか考えてみるが、結局はじぶんを生んだ親を恨むほかはない。／もうこれ以上の苦しみには耐えられない。このまま死んで安楽になりたいものだ。このまま失せて、この苦しみの世界からのがれてしまいたいものだ」

と、いうのである。

恨まれた親とてどうすることもできぬが、その親たちは生まれてきたわが子たちに、ひとつの歌を聞かせる。

汝《な》が父《あさ》や、んざんかいが
汝が母《んま》や、すまんかいが
天太《てだ》たふま、上たふまていど
うな取いが、ぴりたり……

歌の大意は、「お前の父親は、どこへいった／お前の母親は、どこへいった／わたしたちを苦しめる役人を毒殺するために／毒フグを取りにいったよ……」

これは、宮古島で子を産んだ母親たちによって歌われた〝子守歌〟であるという。母親の胸に抱かれた幼な児たちは、母親の口からこぼれる〝人殺しの子守歌〟を聞きながら眠り、どんな夢を見ただろう。これほど恨みのこもったおそろしい子守歌は、まずほかの地方にはないだろう。

二百五十余年にわたって先島のひとたちを苦しめた〝人頭税〟は、慶長十四年（一六〇九）の薩摩の琉球国侵略によってもたらされた。それまで日本や中国、南海の国々と自由な交易を行なって独自な文化を形成してきた琉球は、一朝にして薩摩の属国にされたのであった。薩摩は尚寧王以下の重臣たち百余名を人質として鹿児島に送り、その間に琉球全島の検地を行なって、毎年苛酷な年貢を取りたてはじめた。多くの役人や士族を抱える琉球王府としては、たいへんな負担を強いられることになったわけである。そこで、その鉾先きを宮古や八重山諸島の先島にむけたわけだが、先島のひとたちはこの時からそれまでの三倍以上の年貢を割り当てられた。そして役人に厳しく監視され、南島の孤島苦《しまちやび》にあえぎながら〝納税マシーン〟としての日々を強いられることになったのである。

四十八《もんゆうやあちぬ》　御用物《ぐゆうむち》　船具《ふなぐ》ば納《うさ》め
穀上納《くくじょうのう》ぬ、七《しち》、八俵《ちーたら》ん
御用布《ぐゆうふん》　調製《しだしあ》げ納《うさ》めてん
命《ぬちい》ばあそう　我《ば》が力《ちから》あらぬ
天神《てんかみ》ぬ御助《うたすけ》どやりい

「四十八種の御用物、船具もおさめ／なお穀上納の七、八俵／御用布も調製しておさめ／それでも生命があるというのは、これはじぶんの力ではない／天の神さまの御加護のたまものである」
納税の対象者は、十五歳以上五十歳までの健康な男女すべてである。しかもこの歌にうたわれた〝労働〟のほか、一カ月に二十日間、〝二十日公事〟と称して、さらに王府のための用材切り出しなどに使役される日数がひとりひとりに割り当てられていたというから、まさに苛斂誅求《かれんちゅうきゅう》、おそろしい限りである。

部落集団島抜け

先島諸島の島をめぐっていて、むかしの話を聞かせてもらおうとすれば、ほとんどこうした圧政に虐げられた人頭税時代の話である。

ある時、石垣島の〝裏石垣〟と呼ばれる野底《ぬすく》で、村の先祖たちが黒島から強制移民させられてきたころの話を聞いているうちに、圧政に耐えかねて島抜けをしたという話などは伝わっていないのかどうか、たずねてみた。すると、真黒に日焼けして前歯のないその老人は、火のついた煙草を持った手を、いきなり首の前で横に引いてみせた。島抜けは、見つかったらただちに打ち首ということである。それに〝人頭税〟は各間切（部落）別の徴収制、村びとの連帯制をとっていたので、なまけ者があれば、それだけほかのものにかかる負担が大きくなるということであった。しかしその老人から、

「波照間《はてるま》には、一部落ぜんぶが島抜けをしたという話が伝わっている」

と、思わず快哉を叫びたくなるような、スケールの大きな話を聞いたのであった。

波照間島はわが国の最南端に位置する島である。かねてから一度この島へもいってみたいと思っていたので、早速西表《いりおもて》行きの予定を変更して、波照間島へ渡ることにしたのであった。

この島では、那覇へ出ることを「沖縄へ行く」といい、本土のことを「日本」という。島のひとたちの意識にはそれほどの孤絶感がある。

それはともかく、島では〝一部落島抜け〟の話は、〝伝説〟とも〝実話〟ともつきかねない話として伝わっている。

伝説説をとるものは、「与那国島にもそっくり同じ話があるし、話がよくできている」という。実話説は、「島の歴史を調べてみると、たしかにその話の伝わるヤグ村という村は住人がいなくなったので廃村になっているようだし、島の役人も免職になっている。それに首謀者の名前も伝わっているし、事件のあった年代もわかっているのだから……」というのである。

伝説か実話かはにわかに判定できぬところだが、話のあらすじは次のようである。

慶安元年（一六四八）の春のことである。

島民は人頭税の重圧に苦しめられているのに、さらに蔵元（役所）からは小豆《あずき》の枝で貢衣を織って納めろという命令まで下った。

そのころ、ヤグ村に赤真利《あかまり》という男がいた。赤真利はある夜ひそかに村びとたちを集め、人頭税の重圧から逃れるために島外逃亡の計画をはかった。赤真利は、ちょうど島には王府の公用船がきていて順風を待っている。その船にはじぶんたちから取りあげた貢穀や貢衣布がたくさん積まれているから当分食糧に困ることはないと、村びとたちに訴える。役人たちは船が出るまでは例によって毎夜蔵元で酒に酔いつぶれている。ほかの部落のものたちが寝静まったすきを見はからって船を奪い、それを島の西南にあるウラピタの浜にまわし、村びとたちを全員船に乗せて逃亡しようというのであった。

一家飢餓のうき目にあってなんの望みもなくなっていたヤグ村のものたちは、赤真利のこの計画にすぐに同意した。そして手はずを決め、若者の一隊が王府の船を奪い、村びとたちの待つウラピタの浜へ回航して全員で島を抜け出したというのである。

ところが、ウラピタの浜で船を待っている時、ひとりの老婆が家に鍋を忘れてきたことに気づいたのだ。ひとり住いの老婆はだれにもことわらずに浜から家へ引きかえし、鍋を抱えてふたたび浜にもどってきた。夜はすでに白々と明けはじめていた。男女七十八名（ほかの説では四十五名）の村びとたちを乗せた船は風を孕んで、すでにはるか沖合に出ていた。老婆は田圃のなかで抱えてきた鍋をかきながら、地団太を踏んで泣いた。老婆が泣いていた田圃を、その後誰いうとなく「ナビカキマス」（鍋をかいていた田圃）と呼ぶようになったという。

波照間島は王府の圧政に叛旗をひるがえして八重山のひとたちを救おうとした〝八重山の英雄〟オヤケ赤蜂の生まれた島だけに、赤真利のような勇敢な男が出る下地は充分あるようである。

波照間島の烽火台。

この「ナビカキマス」の話――、赤真利に率いられて島を出たヤグ村のひとたちは、その後どこへいったのだろう。話は「南波照間島物語《ハイ・パテローマ》」へと、さらに発展する。

「南波照間島物語」によれば、それは「波照間島の南西にある山紫水明の自由の新天地、南波照間島である」という。〝実話派〟はこの〝南波照間島〟はさらに南方の東南アジア方面だというが、島の伝説では「天気のよい日の夕暮れ時、島の南西はるか洋上に南波照間島の島影が見え、のどかに夕餉の煙りが立ちのぼっているのが眺められる」という。

泡盛をくみかわしながら宿の主人にその話を聞いたのだが、改めて確認しようとすると、主人は、「天気のいい日には、見えるともさあ。二日や三日島にいるくらいでは、見たくても見えんなあ」と、いった。

気まぐれな旅行者を揶揄《やゆ》するような口ぶりだったが、微笑ののこったその表情には、「大切な宝物をそうやすやすとは見せられない」といった好好爺のおもかげがあった。

東京にもどってから、笹森儀助の『南島探験』を改めて繰って旅の反芻をしていると、明治二十五年（一八九二）、波照間島のひとたちから「子孫の現存する南波照間島を探してほしい」という要望が沖縄県知事を通じて海軍省に出された。海軍省では附近を航行したことのある船の艦長などに照会したところ、「所在不明の島嶼を探す方法はない」と断わられたという件《くだり》があった。地図をひらいても、波照間島より先には島はない。

結局、「南波照間島」は孤島苦《しまちゃび》に苦しみ、人頭税の重圧に耐えて生きつづけた波照間島のひとたちの心の島、〝幻の楽土〟であったのだろう。その後、与那国島へ渡った時にも同島に伝わる「南与那《ハイ・ドナン》国島」の話を聞いた。与那国島からは、晴れた日には台湾の山脈《やまなみ》が見える。与那国島では「南与那国島」は台湾だというひとたちが多かった。

多良間真牛奇譚

八重山に伝わる〝島抜け〟の話として、もうひとつ忘れることができないのは、黒島に伝わる多《た》良間真牛《らまもーし》の奇譚である。

天保十四年(一八四三)旧暦一月二十五日、真牛は田植えのため、ひとりで海上十五キロの西表島の、古見村にある田圃へ、クリ舟をこいで出かけた。二毛作の南島では、一月はちょうど田植えの季節である。黒島は耕地がほとんどなく、島のひとたちは蔵元から命じられて、わざわざ西表島まで人頭税のための耕作に出かけていたのだ。

ところが三日後の二十八日、同じ村のものが古見へ出かけると、先にきているはずの真牛の姿はなく、田も手を入れた形跡がない。古見のひとたちにもたずねてみたが、誰も真牛を見たものはいなかった。古見村の役人は、三日前の午後は急に海が荒れ出したので、真牛は途中から島にもどったのではないかという。村のものはすぐに黒島に引き返してみたが、やはり真牛は家にもどってはいなかった。役人たちは手分けして探したが、まったくのわからずじまいであった。

ちょうどそこへ、隣りの新城島の役人が西表へ用事で出かけ、帰路途中の珊瑚礁に黒島のクリ舟が一隻流れついているのを見つけたので、島に曳いてきてあるという報せがとどいたのだ。

真牛の父親が早速新城島へ渡って検分したところ、そのクリ舟は真牛の家のものに違いなかった。――すると真牛は荒れ出した波に呑まれて、海の犠牲になったのだろうか。父親は思いあきらめ、家に帰ると位牌を立てて息子の霊を弔った。

ところが、不思議なことが起こったのである。

六カ月後の六月二十七日のこと、黒島の三人の若者が、島の東方にある「アザナ」の珊瑚礁で漁をしていると、沖の方から救いを求める男の声が聞こえてきた。波間にひとの姿が見えるので、三人が助けにいくと、なんとその男は溺死したはずの多良間真牛だった。

真牛は若者たちに担がれて家へもどったが、まさか六カ月も海の上に漂っていたわけではあるまい。どこで、なにをしていたのだろう。

島の役人は、真牛の回復を待って早速取り調べた。

真牛は海がにわかに荒れ出し、舟が転ぷくしたので、流れ木に乗ったまま南に流されていったという。そして波照間島のはるかかなたにある無人島にやっとたどりつき、そこで半年の間ひとりで暮らしていたというのであった。

島には幸い水があった。野生の山芋もあった。海岸に流れついた流木などを集めて小屋をつくると、子どものころ島の年寄りから教えられた発火法を思い出し、流木で錐《きり》をつくって火を得た。さらに真牛はアダンの気根を裂いて小綱をあみ、それで魚を捕えて焼いたり煮たりして食べていた。鍋の代わりには夜光貝の大きな殻を用いていたので、不便ながらも、どうにか無人島での暮らしもできたようであった。

しかし、だれもいないという淋しさと、ふるさとへ帰りたいという思いはつのるばかりであった。なんとしても黒島へ帰りたいと神仏に祈っていると、六月の初旬、夢枕に背の高い老人が現われて、「この無人島で一生を送らせるようなことはしない。帰郷の喜びがきっとあるから、一層神仏へ祈願するがよい」といわれた。

真牛が喜びを得てその日のくるのを待っていると、忘れもしない六月二十六日の夜半、ふたたびその老人が夢枕に立ち、そのときが近づいたことを伝えた。

真牛は目を覚まし、素早くその老人を追ったが、老人は小屋を出ると、たちまち漆黒の闇のなかへ姿を消してしまった。

真牛は寝つかれないままに、漁でもしようと燈と小網を持って海へ降りていった。そして魚を捕えていると、いきなり後方から股の間に大きな黒いものがはさまり、驚く真牛を乗せたまま沖にむかって走り出したのだ。

気がつくと、なんと真牛は一丈余りのフカ（サメ）の背中にいた。フカはそのまま真牛を乗せて、夜明けの大海原を疾走しつづけた。そしてちょうど昼頃、なつかしい黒島の「アザナ」の珊瑚礁の沖まできた。するとフカは、真牛を海上にほうり出すように海中深くもぐり去っていったというのである。

〝実話〟とすれば、伝説を地でいったような話である。

役人も、疑わざるを得なかったのだろう。

「フカの背に乗ってきたというが、その証拠になるようなものはあるか」

とでも、たずねたのかも知れない。

真牛は股間を見せた。すると腿《もも》のあたりに、フカのからだと擦れあった傷跡が無数に残っていて、赤くはれあがっていたという。

この真牛の奇譚は、島の役人から王府へ伝えられている。王府の役人はさらに時の琉球国王尚育に伝えたことが、王府の歴史書である『球陽』に記されている。尚育はこの出来事にいたく感じ入ったのだろう。真牛を黒島からわざわざ那覇の王城に招いて、「薩摩の国分《こくぶ》煙草五斤、白木綿布二反」を下賜している。

――ところでその後、真牛が役人に語った話は、「まっかなウソだ」といううわさが、島に伝わったのである。

石垣島の野底の野良で、この話をしてくれた老人が、その真相を語ってくれた。

「真牛はな、しごとがつらくてよ、本当は西表の山のなかへ逃げたんだというんだな。そしてひとりで隠れ住んでおったが、やはり淋しさには勝てなかった。暮らしの不自由さもあるしな。そこで半年後に出てきたわけだ。だが本当のことをいえば、手打ちに合うかも知れんよな。そこでフカに乗ってきたといったわけだ。フカに助けられたという話は、沖縄にはいくらでもある。だが実際にはよ、人間を喰うフカに乗ってよ、遠い海のかなたから、沈みもせずに走ってこられるものかよう。みんなだまされてしまったんだな」

真牛の奇譚は、まんまと国王まで煙にまいた〝偽証説〟の方がはるかに楽しい。

波照間島から帰ってきて、石垣島の市街地にある一ぱいのみ屋で、この話をエサに島の友人と飲ん

でいると、友人は、

「真牛が流れついたのは鳩間島だという説がありますよ。ぼくはその説だな。だって、そうでしょう。海流は南下でなく、北上しているんですよ。流木に乗って流れていったというなら北へむかうわけでしょう」

といい出し、話はまた伝説の迷路にはいっていくのであった。

しかし、真牛もよく語ったものである。のちになってみれば、波照間島のさらに南に島嶼などないことが判明しているから、真牛のほら話もすぐに足を出してしまうところであろう。真牛は当時語られていたに違いない〝南波照間島〟の伝説と、沖縄に多いフカの報恩譚とを見事に結びつけたのではないだろうか。

〝ニーランの神〟をめぐって――竹富島にて

女陰の墓

昭和四十八年（一九七三）の沖縄行は、三月の下旬から四月の中旬にかけての十六日間であった。沖縄ではちょうど清明祭《シーミー》の行なわれる時季にあたっていたので、各地で墓参をするひとたちの姿が多く見られた。

首里の園比屋武御嶽《そのひやんうたき》でも、円鑑池《えんかんち》の弁財天堂《べんざいてんどう》、円覚寺総門前などでも持参した供物を供えながら参拝しているひとたちの姿が見受けられた。糸満にある巨大な幸地腹《こうちばら》門中墓も、祖先の供養に集まった多くの門中のひとたちでにぎわっていた。

幸地腹門中墓は、現在三千人近い血縁者が関係しているといわれる沖縄最大の庶民の墓所で、敷地一千坪を越えるという巨大なもの。「トーシー墓」（母屋墓？）を中心にして、手前左右にそれぞれ二棟ずつの仮墓「シルヒラシ墓」が配置されている。

この幸地腹門中の墓の造りは、普通破風型といわれ、家型に畳んだ石を漆喰でぬりかためたものだが、沖縄ではもうひとつ、亀甲型と呼ばれる墓があり、特異な風物として旅行者の眼を奪う。亀甲墓は女性の下腹部をシンボライズしたもので、人間は女の腹から誕生し、またそこへ還るという意が墓造りに表せられているという。

慶良間列島の阿嘉島に渡るとき、座間味島の海べりにこの大型の墓のあるのが船上から遠望できたが、南島の空と海の色に映える漆喰の白さがなんともいえず、美しかった。墓を抱えた後方のなだらかな山なみを、海に横臥する巨大な女体に見たてたりして、デッキにもたれながらひとときおおらかなメルヘンを愉しんだものだ。しかしこの亀甲型の墓は沖縄古来のものではなく、話好きな八重山竹富島の民具蒐集館長上勢頭亨氏の話では、二百数十年前蔡温《さいおん》の時代に中国の広東あたりにある墓の様式が沖縄に伝わり、流行したものだということであった（なお、上勢頭氏の民具蒐集館の裏手には、ひと抱えもある二枚貝《ギーラ》の殻でふたをした「間引墓」、大きなテーブルサンゴを逆さにしてふたをした不自然死で死んだものを葬る墓など、めずらしい墓があった。いずれも人頭税時代の先島の墓であるという）。

竹富島西海岸の渚にたつニーランの祭石。

ぼくは、墓の様式や沿革に特別な関心を持っているわけではないが、東京生まれで画一化された墓ばかりを目にして育ってきたためか、旅に出ると風変わりな墓がよく目につくのである。槍の形や二叉の木を墓標にした、素朴な前衛彫刻のようなアイヌの墓にも興をそそられた。アイヌには文字がないからもちろん墓標にはなにも書かれてはいなかった。それがまたなんとも印象深かった。名のない墓標は雪や風雨に晒され、いつか朽ちていくのだろう。

また、高知から室戸岬にむかうバスのなかからは、墓石の上に切妻型の屋根をのせた墓の群が望まれて、旅の心をふくらませてくれた。海辺の林のなかに並ぶその墓を、土地ではなんと呼んでいるのかは知らないが、一メートルにもたりない小さな墓の群だっただけに、つましいこびとたちの集落のように思われて、墓地が林の陰に消えるまで振り返っていた。

また五島列島の一番北の宇久島から福江島にむかう途中、中通島の青方《あおかた》というところに船が寄港したときに眺められた墓地の光景も、忘れることができない。東支那海に面したその山の斜面にある墓地を、ぼくは最初新築まもない集合住宅地の家屋かと思って船の上からぼんやり眺めていた。

夕陽に映える白やピンクの屋根や壁――。誰が見てもモダンな住宅と思うに違いない。こんなさい果ての島にずいぶんと思い切ったものを造ったものだと、ふと違和感を覚えたが、よく見ていると、その色彩豊かな家々には正面に出入口のような扉はあっても、窓らしいものはひとつもうかがえないのだ。ちょうど隣りの山のはずれに一軒の瓦屋根が望めたので、その家との大きさを目計りすると、異様な建物はかなり小さいことがわかった。

なにかの小屋かも知れないと、ぼくは思った。だがそのうちに、建物の間から紫色の煙が立ちのぼりはじめ、ひとりの女性が突如として立ちあがった。意外にも、建物の高さは人間の背丈とほぼ同じであり、同時にそこが島の集団墓地であることを知ったのだった。

島のひとたちは、祖先の墓を風雨に晒すことをきらって、家のようなもので墓石を囲んでいるのだろうか。ぼくはバッグのなかからカメラを取り出し、シャッターを切ってそのめずらしい墓の集落をフィルムに収めたのだが、家に帰って現像を頼むと、船の微振動のためだったのか、写真は二枚ともブレていて、ものにならなかった。しかし、墓石を囲んだ周囲の囲いを、すべて色彩豊かに塗料で化粧してしまう島の風習もまた、東京生まれのものにとってはめずらしい旅の土産話のひとつであった。そのほか、五島のキリシタン墓地も、仏教式の墓石の上に十字架が据えられていて、めずらしさを覚えた（二八一ページの写真参照）。

人界・魔界

ところで、沖縄が本土に復帰する前の年（昭和四十六年＝一九七一）にはじめて沖縄を訪ねた時は、八重山の石垣島まで足をのばしたにもかかわらず、旅程の都合で目と鼻の先に浮かぶ竹富島へ渡ることができなかった。竹富島には、海上はるか彼方にある楽土から五穀豊穣をもたらせてくれると伝えられる「ニーランの神」を祀る祭石があるというので、是非それを見たいと思っていたのだが、果せなかったのである。今回は、石垣島に五日の予定をたてていたので、竹富島へもゆっくりいかれると思っていた。ところがそれはとんでもない見当違いであった。

春休みの旅行シーズンで、観光客は周囲九キロというこの小さな島にまであふれ、島の宿の予約はおろか、連絡船の切符まで手に入らない。二日後の予約でやっと目の前の島へ渡れるという有様であった。「ニーランの神」の祭石は、島の西にあたる浜の波打際に、ぽつんとひとつ立っていた。祭石は何の変哲もない一個の自然岩であり、その前に珊瑚の香炉があるだけであった。

素朴といえば誠に素朴な祭石で、それだけ心をうつものがあったが、珊瑚の香炉がコンクリートで置石にぬりかためられているのが妙にそぐわない気がした（あとで蒐集館の上勢頭氏に聞いたところによると、旅行者が手頃な珊瑚が転がっていると思って香炉を持ち去るという事件が相ついで起こったため、盗難防止用にコンクリートでぬりかためたのだということであった。最近では島の墓をあばいて骨壺を盗むものまで現われているそうである）。

「ニーランの神」にぼくが関心を持ったのは、この豊穣をもたらす神が、また人界と魔界との境にいる神でもあるということを、以前友人から教えられ、その話を聞いているうちに、例えばアイヌの神話にある「アフンルーパロ」の話や、『古事記』にある「黄泉国」の話などに非常によく似ていると思って、興味を持ったからであった。しかし、この「ニーランの神」についての概念はかなり複雑で、何人かの現地のひとたちにも尋ねたが、民俗学や宗教にうといぼくにはよくのみこめなかった。

例えば、祭石についても、「あれはニーランの神そのものを祀る石だ」という説もあれば、「あれは遠い海の彼方からやってこられる神を、無事に島へ迎えるためのしるべだ」という説、「西方にむかってたっているのは、その方角の海の彼方に、ニライカナイの楽土があるからだ」という説などがあった。そこで「ニーラン」について、宮良当壮氏の『八重山語彙』をみてみると、次のように記されている。

「竹富島の西海岸の渚に建てる石神の名。其海に面せる外側を通行する者あらば忽然として死に至るべしと深く信ぜり。思ふに、ニーランはニーラ・ヌ・カン（地底の神）にして人界と魔界との境に建てる神なるべし。即ち縦の信仰を横にして、島の端を下界に接する所とせしものなるべし。毎年四月・六月・九月に世願ひ、六月にプイ（穂祈）、八月に結願などの祭礼あり。（略）」

そして、さらに「ニーラ・シィク」という項には次のようにある。

「地の底即ち根の国底の国に相当する信仰上の世界なり。而して其人界即ち光明界に通ずる所はイーザー（岩屋）なり。故に一たび岩窟を下れば魔界即ち暗黒界に入るを得べしと云ふ。此国に住む者はニールピィトゥ（地底人）と云ふ荒ぶれる神共なり。宮良・小浜・新城等に行はるるパニサーボー（南の島の棒）と称する棒舞に現はるるアカ・マター（赤魔神）、クル・マター（黒魔神）もニール・ピィトゥなり。彼等はナービン・ドー（鍋の凹所）と称する洞窟より出で来りて又其洞窟に帰り去るを例せり」

人界と地底の魔界との境には洞窟があり、そこから魔神どもが人界へ出てくるという考え方は、アイヌの神話のなかにある「アフンルーパロ」の考え方とほとんど同じである。

「アフンルーパロ」とは、アイヌ語で「地獄の口」、または

竹富島にある沖縄民具蒐集館喜宝院。

「穴」を意味し、むかし地獄にいる魔神(ウェルカムイ)どもが、人間界の夜にまぎれてこの地獄の口(六)から人間界に忍び込み、多くの人間をさらって逃げていったという(地獄と人間界との昼夜はちょうど反対で、地獄が夜ならば人間界は昼間だという）。

そこで、勇敢なアイヌの祖神（オイナカムイ）は一日アフンルーパロから地獄へ攻め入り、多くの魔神どもをさんざんにこらしめ、再び人間界にくることができないように大きな石で地獄の口（穴）をふさいでしまったという（中田千畝著『アイヌ神話』報知新聞社、大正十三年）。

『古事記』では、死者の住む黄泉国はやはり地底にあり、妹伊邪那美命を訪ねた伊邪那岐命は、悪霊邪鬼に追われながら現世との境である「黄泉比良坂」まで引き返し、黄泉国との境を大石でふさぐ。

ここでは、人界と魔界との境の設定が、〝洞窟〟ではなく、〝坂〟とされているが、しかし岩波版古典大系『古事記・祝詞』の頭注には、「号二黄泉之坂、黄泉之穴一也。」とあり、坂は洞窟であることを教えている。また、西郷信綱氏の『古代人と夢』にもこの点についての指摘があり、「黄泉比良坂」は、「たんなる山坂ではなく、地下へ通じる洞窟を暗示している」とある。

こうしてみると、沖縄の「ニーラ・シイク」は、アイヌの「地獄の口」の口承神話、および古事記の「黄泉国」とほとんど類似していることがわかるのである。

もっとも、「ニーラ・シイク」の説話だけには、人界と魔界をふさぐ石の設定がみられない。しかし、『古事記』の「黄泉国」には、「亦其の黄泉《よみ》の坂に塞《さや》りし石《いし》は、道反之《ちがへしの》大神と号《なづ》け、亦塞《さや》り坐《ま》す黄《お》泉戸《みどの》大神とも謂ふ。」とある。すると、宮良氏の『八重山語彙』にある如く、竹富島の西海岸の渚にぽつんとたつ石は、魔界との境をふさいだ「塞《さや》り坐《ま》」す「道反之大神」のような神石と考えることはできないだろうか。

しかし、毎年旧暦八月八日に、「ニーランの神」は五穀の種子を宝舟に積んで海の彼方の楽土からやってくる。その世迎《ユーンカ》いの祭が行なわれる以上、「ニーランの神」が島の渚に「塞《さや》り坐」している道理はなく、ぼくの推測もこのあたりで迷宮にはいり込むのである。

「ニーラン」と楽土である「ニライカナイ」とはどのような関係にあるのだろう。また「ニーランの神」は、大きな神である。多様な観念を内蔵している神である。島のひとたちの解釈の多様性からもそれがうかがえた。

――これは余談になるが、八重山には戦前まで「ニーラー・コンチェンマ」という童たちの古い遊戯があったという。この遊びは、ひとりの童をコンチェンマ、つまり地中にすむ昆虫のケラに仕立て、海辺の砂の上に顔をふせさせて、魔界である下界の有様を物語らせるという。手で砂をかく真似をしながら、ケラになって下界をのぞく童には、どのような魔界の有様が見えたものか嫗《おうな》は説明してくれなかったが、魔界が自分たちの住む地底にあるという考え方を示す面白い遊戯であると思った。

このように、魔界が自分たちの住む地底にあるという考えはまたアイヌのなかにもある。里神の姉妹が冥界の魔神どもを退治に出かけるというアイヌの『小伝《ポンオイナ》』の「冥界行」の条にある、「黒土の面《おも》てへ、頭を真先に突込んで、ひた下りに下り行く音、国土の底を鳴りとよもす」（金田一京助「小伝、西浦の神」、岩波文学講座「アイヌ文学」昭和七年）などは、遠い南の果てにある八重山のケラ遊びの遊戯との著しい類似をみせているように思う。沖縄、ことに先島の土俗にはアイヌとの類似点のみられるものがあって、不思議な感慨に誘われるのである。

巨軀・怪力の女酋長——与那国島にて

与那国島で使われていた絵文字。

集団虐殺

沖縄にはこれまで五度出かけているが、最西端の与那国島へ渡ったのは、昭和五十三年（一九七八）の五月のことであった。

石垣島まではどうにか飛行便がとれても、そこから先の与那国島や波照間島へ渡るのは、容易なことではない。飛行機は十九人乗りの小型機が一日おきに就航していたが、これはいつもほとんど満席で、スムーズに切符がとれることはまずなかった。

石垣島からの船は定期船が週に何度か出ている。しかしこちらは与那国島の表玄関波多《ナンタ》港が珊瑚礁《リーフ》の浅瀬のため、潮まかせ天候まかせである。石垣島の港にある土産物店のひとは、「あれは定期便でなく不定期便だねえ。夜中に思い出したように急に出ることもあるよう」と陰口をたたいていたが、港は目下浚《しゅん》せつ中で、やがてこの最西端の孤島にも、少しくらいの悪天候では欠航しない良港ができるだろう。

しかし便の悪さをのり越えてやっと渡った与那国島は、なんとものどかで、心のなごむ緑の美しい島であった。

樹々の緑はしっとりとしていて、豊潤そのものである。都会ではもう忘れてしまった樹の香りを惜しげもなくあたりに発散させ、息を吸い込むと、たちまち全身が緑に同化するような気がするほどであった。空気が澄み切っているせいなのか、それとも日射しが強いためなのか、遠くの山々までがぴたりとピントの合った風景写真のようにみえるのがうれしかった。

波多港のある祖納《そない》の集落が一望のもとに見降ろせるテンダバナ（標高一〇〇メートル）の展望台に登る道を歩いているわずかな間にも、両側の樹林から色とりどりの蝶が舞い出してきて歓迎してくれた。たちどころに六種まで数えたほどであった。なかには羽根を垂直に閉じて葉にとまるタテハチョウの仲間もいたが、いずれも珍らしい南島の蝶たちで、名前がわからないのが残念であった。

与那国島に関しては、伝説探訪のほかにいくつかの目的があった。この島を原産とする小型の馬〝与那国馬〟を見たかったこともそのひとつだし、久部良《くぶら》の漁村では勇壮なカジキの一本釣り漁師たちの話も聞きたかった。また戦時中の話や、戦後中国との密貿易の基地になっていたこともあるというので、できたら当時のエピソードも聞きたいと思った。しかし帰りの便や、変わりやすい天候などを気にしながらの三泊四日の旅程では、すべてが思い通りにいくものとも思えなかった。

さて、この島に伝わる伝説というと、まず取りあげなければならないのは、〝口べらし〟のための〝集団虐殺〟の話であろう。

喜舎場永珣著『八重山歴史』によれば、十五世紀の初頭この島はおよそ三万人の人口でふくれあがっていたという。昭和五十三年には、祖納、久部良、比川三つの部落（町）を合わせても島の人口は四千人ほどであった。周囲約二十八キロ、面積三十平方キロの島で三万人は、いかにも多すぎる。一七五〇年の琉球王府の検地のときの沖縄の全人口が約二十万といわれるから、それから三百年前の与那国島の三万という人口は、かなり高いといえるだろう。

妊婦をとび越えさせたという与那国島久部良にある〝久部良割〟の岩壁の裂け目。

この三万人の人口の男女の比率は一対六で、圧倒的に女性が多かったという。しかも女性はつぎつぎと子を生むので、島の食糧危機はますます増進する。そこで当時島を支配していた按司《あじ》たちは人口淘汰の方法を考え、毎年妊婦を集めて久部良部落の岩壁にある岩の裂け目をとび越えさせることにしたのであった。

〝久部良割《くぶらばり》〟の名で呼ばれているその岩の裂け目は、幅約三メートル、長さ十五メートル、深さが七メートルもある。按司たちはこの〝久部良割〟をお腹の大きな妊婦にとび越えさせ、対岸にとび越えられた妊婦だけに子を産むことを許したというのである。

その〝久都良割〟は、のぞき込むだけで、寒気が走るほどである。しかも裂け目の両岸はかなりの勾配があるのだ。力まかせにとべば越えられないこともないかも知れないと思ったが、対岸の勾配の部分にはかじりつくものがない。ほとんどのものはずり落ちるか、はずみをくらってもんどり打ちながら裂け目の底へ落ちていくだろう。首尾よく越えられたとしても、お腹を強打しては胎児や母体が無事であるわけがない。このため女性たちは〝久部良割〟を怖れ、結婚しても子が宿らないよう神仏に祈ったという。

なんともひどい話である。

しかも与那国島にはもうひとつ、人口淘汰にまつわる怖い話が伝えられているのだ。

こちらの話は、島のほぼ中央にある一町歩の田圃に〝人升田《とんぐだ》〟をつくり、按司たちの吹き鳴らすほら貝やドラを合図に、島のものたちをそこへ集め、合図に遅れて〝人升田〟のなかにはいれなかったもの、病気などでこられなかったもの、はみだしたものたちを、即座に打ち首にしたというのである。

女傑サンアイ・イソバ

この〝人升田〟の悪習は、一五〇〇年ころに現われた女傑サンアイ・イソバ（サンアイは村の名）によって廃止させられたという。

サンアイ・イソバは「身のたけ八尺、肩幅三尺」（牧野清著『新八重山歴史』）といわれ、牛や馬が楽に通り抜けられる岩の割れ目の道も、からだを横にしなければ通り抜けることができなかったというほどの巨軀の持ち主であった（祖納に伝わる伝説には、「イソバは男三人より大きい大女で、また知恵にすぐれていた。豊かな胸にはお乳が四つもあった。いつも刀を二刀、腰にさげていた」という）。イソバはそれまで島の各所で勢力を持っていた按司たちを駆逐すると、四人の兄弟を四つの村の按司に配置して、与那国島を支配した。それからのイソバは、率先して島の開拓につとめ、じぶん自身もまだ夜の明けぬうちから田畑に出て働いたので、島民たちもよくイソバに従ったという。

しかし、〝久部良割〟にしても、〝人升田〟にしても、どうにも腑におちないことがあるのだ。以前学校の先生をやっておられたという宿の主人の田頭さんの話では、現在キビ畑になっている〝人升田〟からは人骨が出たことはあったが、〝久部良割〟に関しては、「底にはいって調べたひとがいたが、人骨は発見されなかった」という。とすれば、〝人升田〟の集団虐殺の事実はあったのかも知れないが、沖縄のひとたちの信仰心の厚いことは夙《つと》に知られているところである。そしてこうしたいい伝えの残っているところには、必ずといってよいほど死者たちの霊を祀る拝所のようなものがあるのだが、どちらの場所にもそれは見当らないのである。蛇足を加えれば、たとえば〝人升田〟にしても、ほら貝やドラを鳴らしていちどに島じゅうの島民たちを集めたというが、〝人升田〟の近くの部落に住むものと、遠方に住むものとの間になんの不満も生じなかったのだろうか。

さらに疑念をはさめば、島のあちこちに伝説を残す〝女傑サンアイ・イソバ〟についても、実在した人物かどうかは明ら

仔馬のように小さな与那国馬。

かではないのである。

イソバが与那国島の歴史に現われるのは、「一五〇〇年ころ」といわれているだけである。この背景となる事蹟は、「中山（王府）の命を受けた宮古島の仲宗根豊見親《なかそねとよみや》の嫡子仲屋金盛《かにもり》が八重山島（石垣島）のオヤケ赤蜂討伐の帰途、ひそかに与那国入りを企てたが、サンアイ・イソバによって撃退された」という伝承によってである。

この時、イソバはじぶんの兄弟たちが按司をしている村が、夜中につぎつぎと燃えあがるのを見て驚き、韋駄天《いだてん》走りに山を下り、沼沢や密林を蹴立てて兄弟たちの村へ行った。そしてアラタドウ（浦野お嶽）の近くまできたとき、兄弟たちの村々を焼き払って軍を島中へ進めてくる金盛の一隊と遭遇した。巨軀のイソバは怪力にものをいわせ阿修羅のように金盛に襲いかかると、たちまち両足をとらえて逆さにつるしあげ、

「イテ・ドウィ・ド、チン・ドウイ・ド」

と、叫んだ。

「じぶんの兄弟たちは生捕りにしたのか、それとも惨殺したのか」と、問うたのだ。金盛が「チンドウイ（惨殺）」と言いかけると、イソバは怒り心頭に発し、逆さにつるしていた金盛のからだを真ぷたつに引き裂こうとした。すると金盛はあわてて、「イティ・ドウィ（生捕）」と答えたので、イソバは金盛をその場へ投げ捨て、兄弟たちの部落へ走っていったという。

絶体絶命のピンチを逃れた金盛はイソバに怖れをなし、山に隠れた。そして与那国島侵略の目的を果たせぬまま、ひそかに筏を急造して宮古島へ逃げ帰ったという。

――以上は当時文字のなかった与那国島に伝わる口承伝説であるが、この時のことを宮古側は、「弘治年間（一五五五～一五五七）八重山退治之時遣兵船令攻之然兵船不能入津口而空帰帆也」（「忠道氏家譜」）

と記し、船が津口に入れないのでむなしく帰ってきたとしている。

年代が合わないが、どちらを信じるべきか即断はできない。しかしどうやら、金盛は追い帰されたらしいふしがある。

この事件の顚末を叙した「インシガーヌ金盛ユンタ」という古謡が、ふたつの島とはまるでかけ離れた黒島に伝わっているのである。

古謡は一番から四十一番まである長いものだが、そのハイライトとなっている二十九番以降の意訳のみを記すと――

「金盛の陰謀によって、偉い金志川（金盛のこと）の計略で敵を騙《だま》し／自分の刀剣を抜き持ち、抜身ざしを手に握って／村の中心部に走っていき、島の心臓部に飛んでいき／家毎を巡り寝首を取り、各戸毎を歩き巡って／芭蕉株をなぎ倒すように、筍子の伸びているのを切るように当りまかせに／なぎ切っていったが、切り倒していったところ／二十歳ほどの乙女等に、この若い娘等に／道中にてぱったりと出合い、脚足の中に飛び込まれ／待って下され金盛、惨殺を今中止して下さい偉い大将よ／手をひくわけにはいかない、心をゆるめるわけにもいかぬと答えるや否や／金盛の真首をかき抱いて飛びつき、胸部に抱きつきとびはねた／かようなことがあったから、このような記録があったから／与那国島は維持されてきたのだ、この絶海の孤島は守られてきたのだ」（三一書房『日本庶民生活史料集成19』所収)。

与那国島に伝わるイソバの武勇伝は、このユンタの三十五番から三十九番の情景と重なる。しかしこのユンタでは武勇を働いて宮古軍の大将の金盛を島から追い払ったのは与那国島の若い〝女性兵士たち〟「二十歳ほどの乙女等」となっているのである。

八重山の郷土史家喜舎場永珣氏は、「この古謡は第二回目の征討軍派遣のことを謡っている」としているが、金盛もかかわった宮古軍の再度の与那国島出兵は一五二二年の「鬼虎《ウニトラ》討伐」のほか、八重山の歴史にも宮古の歴史にも見られない。喜舎場氏はこの二度目の出兵の前に、あるいは金盛の「秘密行動」があった「ようにも考えられる」ともいっている。しかし第一回目のイソバの時とまったく同じように、「島中にむかう途中」で若い乙女たちと遭遇し、彼女らに追われて二度も宮古まで逃げ帰ったのだろうか。なんとも気の弱い大将もいたものである。

金盛を撃退したのはサンアイ・イソバではなく、黒島のユンタにうたわれているように、与那国島の勇敢な乙女たちではなかったのだろうか。そして〝サンアイ・イソバ〟とは、男女の比が「一対六」であったという当時の〝女護が島〟の女性優位社会のなかから生まれた〝英雄待望〟の伝説上の人物であったのだろう。「イソバ」とは与那国島では女性をあらわす名であるというが、村の名でもある「サンアイ」とは、ガジュマルのことである。

常緑の大樹で、潮風にも強いこの亜熱帯地方の樹木は、何本もの太い気根を岩石の間から土中深く張りめぐらして、動じようともしない。沖縄では木の精が宿るといわれているこのガジュマルの樹は、与那国島にも多く見られる。そしてこのガジュマルの前に立つとき、一種畏敬の念にも以た感情を覚えるのはなにも旅行者ばかりではないだろう。もし、当時与那国島に伝えられるような巨軀・怪力の持ち主である〝女傑〟が実在していたとすれば、与那国島以外の島々にもその令名が轟いていたと思われるのである。

朝鮮人漂流記

一四七七年というから、イソバが出現した一五〇〇年から二十三年前のことである。この年の二月、東支那海で遭難した三名の朝鮮人が与那国島に漂着した。彼らは六カ月間この島に滞在したのち、島伝いに沖縄本島に送られ、さらに鹿児島、博多を経て二年五カ月目に、無事に本国に帰還した。のちに彼らは南島の島々の見聞記を残したが、そのなかで当時与那国島には「酋長」はいなかったと書き記している。そして与那国島の風俗・習慣を次のように述べている。


「着いた晩から米の飯を炊いてくれたり、濁酒や乾海魚《ひもの》を振舞ったりしてくれたが、魚はいずれも名の知れないものばかりであった。

男女共徒跣《はだし》で、履物を穿いていない。

男は髪を絞《よ》って屈畳んだのを苧《お》縄で束ねて、髻《もとどり》を項《うなじ》の辺に持ってくる。その鬚《ひげ》の長いのになると、臍を過ぐるものがあるので、ときたま絞《よ》って数回髻をめぐらしたのもある。

婦人の髪もまた長い。中には立って跟《くるぶし》に及ぶのがある。短いのでも膝の長さ位はある。そして髻をしないで、ぐるぐるまいて頭の上に束ね、木梳《きのくし》を鬢《びん》の横に挿《さ》している。島人の容貌は朝鮮人とよく似ている。耳朶《みみたぶ》に穴をあけ、小さい青珠を貫いたのを二、三寸ばかり垂れさげ、珠を貫いたものを項《うなじ》に三、四回めぐらして、一尺ばかり垂らしたりしている。これは男女共同様だが、年取った者はそういうことをしていない。

釜・鼎・匙・筋《はし》・盤盂《さらばち》・磁瓦器の類が無い。土をねって鼎を造り、これを日干しにした後で、藁火で薫《いぶ》すが、五、六日も御飯を炊くと、ひとりでに破《さ》けてしまう。

食物はもっぱら米を用いる。粟はあることはあるが、余り好まない。

飯は竹筒に盛る。握って拳《こぶし》大の丸い形にして食べる。食卓が無い。小さい木几を銘々の前に置くのだが、食事の都度、一人の姉人が司会して、人ごとに一丸宛を分け与える。するとまず木の葉を掌中に置き、飯塊《にぎりめし》をその上に載せて食べる。この木の葉は蓮の葉の恰好をしている。一丸が尽きると、また一丸を頒つが、三丸をもって限度とする。でも、大食家になると、その丸数が数えられない位である。

塩や醤油がまるきり無い。海水を菜に和して羹《あつもの》をこさえる。

酒類には濁酒があって清酒がない。米を水に漬けて置いて、女に嚼《か》ませて糜《かゆ》となし、これを木桶に醸《かも》すのだが、麴糵《こうじ》を用いない。

牛・鶏の肉は食べない（西表島や波照間島では食べている）。死ぬとすぐ埋めてしまう。その肉は食べられるから埋めてはいけないといったら、島民は唾をぺっと吐いて冷笑した。

家には溷厠《かばや》がない。大小便は野で放っている。

盗賊がいない。道に遺《お》ちたものは拾わない。罵詈したり喧嘩したりすることが無い。子供は可愛がる。

だが、いくら泣いても、かまわないでほって置く。

そこには、酋長が無い。文字も無い。」（以上、伊波晋猷「朝鮮人の漂流記に現われた十五世紀末の南島」『をなり神の島』所収、比嘉春潮「朝鮮漂流民の見聞」『沖縄の歴史』所収から抜萃）

島民たちは三人の朝鮮人漂流民たちを「替りばんこで賄った」という。「二つの部落が済むと、次の部落が引取って賄った。一カ月後には、彼等を三か所に分置して、また同様なことをした。そして大概一日に三回酒食を供給」してくれたというから、ほぼ島の全部落をまわって、歓待されたのだろう。

この見聞記をみる限りにおいては、当時の与那国島は豊かでいたって平穏。いかにも南島ののどかさが感じられる。

一四七七年といえば、まだ乙女のサンアイ・イソバが〝久部良割〟や〝人升田〟の悲惨な悪習を目にしていた時代であったろう。しかしその時代は、〝口べらし〟のために同じ血を分けた島民たちを集めて、集団虐殺を行なわなければならなかったほどの逼迫した食糧危機などは、朝鮮人のこの見聞記からは感じられない。〝久部良割〟や〝人升田〟の悲劇が行なわれたとはどうしても思えないのである。

ゆなぐにぬとけや　いきぬみじくくる（与那国島への渡海は　池の水心）
くくるやしやしと　わたていもり……（心やすやすと　渡っていらっしゃい……）

「与那国《どなん》しょんかね《スンカニ》」の一節である。白夜のような長い夕暮れ、福木に囲まれた家のなかから蛇味線の音が聞こえてくる。さい果ての島は、のどかな島であった。

石になった八重山乙女――石垣島にて

野底マーペの悲恋

女性の石化伝説に関心をいだいたのは、沖縄が本土に復帰する前の年の昭和四十六年(一九七一)六月、はじめて沖縄に出かけ、石垣島で「石になったマーペ」の話を聞いた時であった。

一週間ばかり本島のあちこちをめぐり歩いたあと、先島の宮古、八重山へと足をのばした。そして一日、石垣島のバスターミナルからバスを乗り継ぎ、西海岸まわりで島をひとめぐりしたのである。マングローブの林が広がる名蔵川河口を経て、川平《かびら》で下車。〝八重山随一〟といわれる風光明媚な川平湾の美しさをしばらく堪能したあと、バスを乗り継いで舟越《ふなくや》にむかったのだが、裏石垣の悪路にゆられながらぼんやり車窓の風景を眺めていると、やがて前方の山なみのなかに、若い女性がかぶるチューリップ・ハットのような形をした岩山が見えた。富士山に似たその山容はなだらかで美しく、しばらく見入っていたほどであった。

やがてバスは坂道をくだり、平久保《べーぶく》半島のつけ根にあたる舟越に着いた。ここからまたバスを乗り継いで半島の最北端にある岬へむかったのだが、ちいさな売店でひと休みした折、売店の前の木の根元に座ってくつろいでいた老婆に、車窓から眺められた美しい山の名を尋ねてみたのだ。すると老婆は流暢なやまと言葉で、「野底《ぬすく》岳」（海抜二八二メートル）という山の名を教えてくれ、さらにつづけて恋人との間をむりやり引き裂かれ、山頂で恋人のいるふるさと黒島《くるしま》の方角をみつめながら（黒島は於茂登岳にさえぎられて見えない）、石と化していったという山にまつわる乙女《みやらび》の話――、「野底マーペ」の話を聞かせてくれたのである。

伝説の山〝野底岳〟の山容。

老婆の話を聞いて、にわかに乙女マーペの石化伝説に興味を持ちはじめた。そしてどのようなことがあって、相思相愛の恋人たちが仲を裂かれ、このような哀しい伝説が生まれたのか、伝説の背後を少し探ってみたいと思ったのである。

「野底マーペ」の話は、琉球王府の強制分村が生んだ悲話である。一七三二年、尚敬王二十年に琉球の首里王府は人べらしのため、黒島島民の一部に、石垣島の裏石垣にある野底地区への強制移住を命じた。王府の記録である『球陽』の尚敬王二十年の条に、次のようにある。

「八重山ノ黒島ハ、本島ヲ相離ルコト海路五里外ニアリ。田畑甚ダ狭ク、人民増繁ニシテ飲食堪ヘ難シ。川平村ノ属地ニ曠野アリ。名ケテ野底ト曰フ。泉甘土肥ニシテ宜シク五穀ヲ種ルベシ。黒島ノ民人ハ往来舟ヲ用イテ、田ヲ耕シ地ヲ鋤キ以テ労苦ヲナス。是レニ由リ在番官酋長（蔵元の頭）呈請シテ、彼島民人四百余名ヲ分ケテ此《ココ》ニ移居セシム。乃チ之レヲ叫《ヨ》ンデ野底村ト曰フ。因ッテ与人一人目指一人ヲ設ケテ総理ス」

ちなみに記せば、黒島は石垣島から南へ十五キロの洋上にある周囲十二キロの隆起珊瑚礁の島で、最高地点は海抜七メートル。当時の島民は千三百余名。耕地は砂地で少なく、島民たちは十キロ近い海原を西表島まで刳舟を漕いで渡り、原野に田畑を拓いて耕作していた。

また分村先の石垣島の野底について、『球陽』には「泉甘土肥ニシテ……」などとあるが、果してそうだったのだろうか。当時の野底一帯の原野は、「八重山《やえやま》ヤキ」といわれたマラリアなどの風土病の猖獗《しょうけつ》地として恐れられていた未開地であった。黒島からの分村移住後九年目の一七七一年、石垣島を襲った〝明和の大津波〟ではこの新村の被害は殆どなく、人口は五百九十九名までふえていたが、明治三十八年（一九〇五）には廃村となり昭和九年（一九三四）、たった一人留まっていた老婆が新川村へ移住してから戦後に至るまで、村は完全に廃村となっていた。

首里王府がとった黒島の分村移住政策は、「道切り法」（道切り寄人法）と呼ばれた強圧的なものであった。村の道に区分けの線を引いて村を分け、有無をいわせずに移住者をきめるという、情け容赦のないものであった。こうして黒島に住む四百余名のものたちは、道をへだてて生活していたばかりに、親子、肉親の間を引き離され、恋人たちは仲を引き裂かれて、泣く泣く裏石垣の野底の原野へ移されていったのである。

ところで、「野底マーペ」の伝説には、先行する島歌がある。分村後十五年ほどして歌い出されたという黒島を代表する節歌「ちんだら節」だが、対語・対句を重ねて叙事詩的に展開していくその歌詞からは、恋する乙女のやるせない哀しみが切々と伝わってきて、胸をうつ。「野底マーペ」の伝説へのプロセスが分るので、少し長いがその全文を紹介してみたい（歌詞の意訳には喜舎場永珣著『八重山古謡』、外間守善編著「南島古謡」『日本庶民生活史料集成19』所収などを参照した）。

一、とぅばらまとぅ　ばんとぅや　　いとしい人と　わたしは
かぬしゃまとぅ　くりとぅや　　可愛い人と　わたしとは

二、いみしゃから　あさびとぅら　　幼い時から　遊び仲間
くゆさから　むちぃりとぅら　　子どもの頃から　もつれ仲間

三、しぃまとぅとぅみで　うもうだら　　島とともにと　思ったら
ふんとぅとぅみで　うもうだら　　村とともにと　思ったら

四、くるしまに　ぶるけんや　　黒島に　いる時は
さふじまに　ぶるけんや　　サフ島（黒島）に　いる時は

五、しぃまぴぃてぃじ　やりうり　　島は一つで　あり
さとぅぴぃてぃじ　やりうり　　里は一つで　あり

六、ぶなびしん　ばふたありぃ　　苧紡をしても　わたしたちは二人
ゆいふりん　ばふたありぃ　　結い（共同作業）をしても　わたしたちは二人

七、やまいきん　ばふたありぃ
　いすうりん　ばふたありぃ
八、ばがりぶしゃ　ばなねぬ
　ぬきぶしゃ　くりねぬ
九、うらとぅとぅみで　うもうだら
　ばぬとぅとぅみで　うもうだら
十、うきぃなから　うさしずぬ
　みうまいから　みうんぐぃぬ
十一、しぃまばぎりで　おはられ
　ふんばぎりで　おはられ
十二、とぅばらまや　いきぐりしゃ
　くるしまに　ぬくされ
十三、かぬしゃまや　ぶるぐりしゃ
　ぬゆしぃくに　ばぎられ
十四、なくなくとぅ　ばぎられ
　ゆむゆむとぅ　ばぎられ
十五、うがむぶしゃ　ありばん
　ばんみぶしゃ　ありばん

山へ行っても　わたしたちは二人
磯降りも　わたしたちは二人
別れたくは　わたしはない
離れたくは　わたしはない
あなたとともにと　思っていたら
わたしとともにと　思っていたら
琉球王府から　御指図の
首里王府から　御命令の
島を分けよと　仰せられ
村を分けよと　仰せられ
いとしい人は　行かさないように
黒島に　残され
可愛い乙女は　引き分けられ
野底に　分けられ
泣く泣くと　別れさせられ
いやいやながら　別れさせられ
拝みたく　あっても
わたしを見たく　あっても

十六、ばんいやりぃ　するばげ / わたしは伝言をすることができない
おはいやりぃ　するばげ / あなたは伝言をすることができない
十七、てぃんからぬ　ぴぃきぃみょうる / 天に輝く星に　例を引いて見ると
うやきぶしぃで　いそかや / 牽牛・織女という星は
十八、ならぶれば　さだみょうりぃ / 七夕の夜(天の川をはさんで)並ぶと定められている
いかゆんでどぅ　しぃかりる / 行き合うと　聞こえている
十九、とぅばらまとぅ　ばんとぅや / いとしい人と　わたしとは
ふれはだみ　いかいみゆな / 肌身を触れて　行き合うこともできないことよ

「野底マーペ」の伝説は、この「ちんだら節」に歌われた哀話から、乙女がかぶる頭巾に似た野底岳の山容が擬され、さらに哀しみの極みとしての石化伝説が仮託されていったのである。相思相愛の仲を引き裂かれた黒島乙女の哀しみの感情が、山頂でたちまち冷たい石と化していく――。その強烈な結晶作用によって凝縮され、石と化した哀しみの極みは、明らかに怒りであり、王府にむけられた乙女のどうしようもない忿怒の証でもある。重い税にあえぎ、苦しみ、虐げられていた沖縄先島の人頭税時代を語るとき、よく「苛斂誅求《かれんちゅうきゅう》」という言葉が使われるが、「野底マーペ」の伝説は、そうした時代が生んだ南島の孤島苦《しまちゃび》の強制移住の哀話として、忘れがたい伝説のひとつである。島歌から化石伝説への成長は、恋人との仲を引き裂かれた黒島乙女の哀しみと怒りを石と化すことによって、さらに強烈なインパクトをもった伝説として聞くものの心をうつのである。

花嫁石と穴石の伝説

石垣島にはもう一話、「花嫁石《アイナー》」という乙女の石化伝説がある。川平村の富農の娘が、当時「この世の果て」のようにいわれていた島の最北地、平久保の農家に嫁入りすることになった。縁談は「人は親のいうがままに、夫婦の縁をきめるもの。自分勝手にきめるのは、犬も同然だとさ」と「でんさ節」に歌われていた時代で、親が勝手にきめたもの。乙女は夫になる平久保の二歳（若者）の顔も見たことはない。気がすすまぬうちに嫁入りの日を迎え、盛装盛儀の行列が平久保めざして伊原間、舟越をすぎ、やがて榕樹《あこう》の林が広がる久宇良岳のふもとにさしかかる。ここから平久保の集落までは、あと二里（八キロ）の道のりである。

すると花嫁は、急に用をたしたいといい出して籠から降り、かたわらの榕樹の密林のなかへ入っていく。――が、それっきり花嫁はいくら待っても戻ってはこなかった。不思議に思って、男衆たちが探しにいくと、花嫁は林の奥で小用する格好のまま、石と化していたという（このことがあってから、嫁入りの道中では休息を忌む風習が生まれたという）。

また、八重山石垣島の乙女たちの哀しい石化伝説を語るうえで見落せない、「穴石《アボイシ》」という石にまつわる話もある。

むかし桃里《とうざと》村の若者と野底村の乙女が愛し合い、結ばれたいと願いつづけていた。二人は険しい山道をたどり、山中の村境にある浦底越地《くいつ》（峠道）で、秘かに逢う瀬を重ねていたが、ある時桃里村の若者は強制分村で村から離れていかなければならなくなった。

別離の日の前夜、二人は越地のかたわらにある岩に腰をかけたが、二人には語り合う話など、もうなにもなかった。二人は雨にぬれ、泣きながら静かに小石を握って岩をうがっていた。やがて白々と空が明けはじめると、二人はお互いの村へ帰っていったが、二人が腰かけていた岩には、二つの小さな穴がうがたれていた。そのくぼみは、男のものよりも乙女の方が深かったという。

二つの小さな穴があるこの「穴石《アボイシ》」は、川平村と崎枝村の山中の村境にある川平越地にもある。こちらの岩をうがったのは、川平村の若者クイスマと崎枝の乙女マーチのものであるという。

この「穴石」の話に感銘した岡本太郎は『忘れられた日本——沖縄文化論』（一九六一年、中央公論社）のなかで、「こんな美しい悲しみ、こんな純粋な話を、私は知らない。さりげない単純さ。たとえばギリシャ悲劇などの、天地が動顛するような慟哭の悲劇にくらべて、このくぼみはどんなに小さく、ささやかであるか。だからこそまた痛切である」と、感動的に記している。

石にまつわる伝説はわが国には多く、その数は一千を越えるだろうという。女性の石化伝説もまた多くある。後にキリシタン伝説の取材で島原へいった時、禁教令下隠れキリシタンだった夫が摘発されて役人に引きたてられていく後姿を、林間から遠くみつめながら峠の道で石と化していったという魚洗郷《いわれごう》の妻の話や、姨捨山に棄てられた姥が石と化し、夜になるとその石からすすり泣く声が聞えたという長野県更級の「姥塚の夜泣き石」の話など、いくつか聞いて心を動かされた。しかし石垣島の老婆から「野底マーペ」の話を聞いたときの感動的な衝撃は忘れられない（一九八五年、ぼくはマーペの伝説を『石になったマーペ』というタイトルで物語絵本化し、沖縄の版画家儀間比呂志氏にすばらしいさし絵を描いていただき、ほるぷ出版から刊行した。さらに同物語は、二〇〇二年度から日本書籍版教科書『小学国語　6下』に掲載された）。

津波と人魚の話――石垣島にて

明和の大津波

オヤケ・アカハチの碑がある石垣島大浜の崎原公園の西北の隅に、円筒形の巨大な石がある。直径十メートル、高さ五メートル、石の周囲三十六メートル、重量七百五十五トンという巨大な石の前に立つと、その大きさに圧倒される。これはまるで、小山である。身を反るようにして見上げる石の上部には、うっそうと草木がおい茂っている。近づいて石の壁面に目を据えると、テーブル珊瑚やみどり石、貝類などの化石がついていて、巨大な石は海中にあった岩石だということが分る。

この大石は、「津波大石《うふいし》」と呼ばれ、津波によって海から押しあげられたもので、公園の海辺の砂岩には、大石が擦ったと思われる洗濯板のような筋目が何条も刻まれていた。島をバスでめぐったとき、車窓に広がるパイン畑や田畑、草原のなかに周囲四、五メートル以上もある黒い丸い石が忘れ物のようにいくつも転がっているのが目について、不思議に思った。これらの石は、みな津波のときに打ちあげられた海中の岩礁で、島では「津波石」といっている。

大浜・崎原公園にある津波で打ちあげられた大石。

津波石は津波が進入してきた島の太平洋岸の東南地区に多く、二立方メートル以上のものが三百個を越えているという。そしてこれらの津波石は、明和八年三月十日(一七七一年四月二十四日)石垣島を直撃した津波——、「明和の大津波」がもたらしたものであるという。

明和八年三月十日午前八時ごろ、大きな地震が起こって島の大地がゆれたのが、大惨事のはじまりであった。しばらくたって地震のゆれがおさまると、東方のはるか洋上で雷鳴が轟いた。すると間もなく島の東南岸の岸辺に打ち寄せていた海水が、沖合五百メートルほどのところにあるリーフ(珊瑚礁の外干瀬)まで、いっせいに引き出した。

この時の様子が島に残されている津波の記録「大波之時各村之形行書」の「大波揚候次第」(『日本庶民生活史料集成7』、牧野清著『明和の大津波』)に鮮明に記されている。

「鳴神ノ様轟キ、間モ無ク外ノ干瀬迄潮干シ所々潮群立、右潮壹ツニ打合以ノ外東北東南ニ大波黒雲ノ様飜立《ほんりつ》、一時ニ村々江三度迄寄揚潮揚高、或《あるいは》貳拾八丈(一丈は約三メートル)、或貳拾五六丈、或貳参丈、沖ノ石陸江寄揚、陸ノ石並大木根ながら引流シ……」

——沖のリーフまで引いていった海水は、そこで湯が沸騰するように盛りあがっていくつも群れ立ち、その大波が今度は黒雲のようにひとつになって一時に島を襲い、二波、三波とやってきた。沖の海底の岩は陸に打ちあがり、陸の石、大木は根こそぎ引き流され、津波はなんと八十四メートルの高所まで打ちあがったという。

この地点は、津波が直進した宮良川の河口に位置する嘉崎浜で、ここでは岩壁が二百メートル余り切れている。宮良川を逆驀進した津波は於茂登《おもと》岳（五二五・八メートル）のふもとで二手に分流し、一方は島の西側の名蔵湾に流入。もう一方は西水岳、東水岳、カラ岳の裏側をまわって野原、仲与銘村など島の北東部へむかった。

津波は第一波よりも第二波の方が大きいと聞いたことがあるが、第三波とつづく津波の襲来で、石垣島は総面積の四十パーセントが海水に浸ったという（『明和の大津波』）。

前出の古記録に、

「村所跡形不残被引崩石原ニ相成……」

と記された村は、二十村余りあった当時の石垣島の村々のうち、八村にも及んでいる。仲与銘村などは家屋、田畑ばかりではなく、男子百四十名、女子百四十三名、合計二百八十三名の村民全員が、襲来した十・七メートルを越える津波にのまれて、村は全滅。文字通りあとかたもなく無に帰した村もある。

また村民四百八十二名のうち四百六十一名が津波にのまれ、生存者わずか二十一名という安良村。当時石垣島で最多の人口があった白保村は村民千五百七十四名のうち、わずか二十八名しか残らなかった。このため白保村は村を建てていけず、津波後他村や波照間島などから新しく村民を移住させている。津波による死亡、行方不明者が八十パーセントを越えた村は六村に及び、犠牲者は全島民一万七千三百四十九名のうち、八千四百三十九名にものぼっている。


ところで、「大波之時各村之形行書」には、津波災害五年後にまとめられた「奇妙変異記」という一文が併録されていて、そこには津波発生時やその後に起ったいくつかの変事が記されている。

——安良村の農夫うめぅは、大波に引かれて干瀬（リーフ）から一里（約四キロメートル）ほど先の沖合まで流された。そこで立ち泳ぎをしていると、一丈ほどのサバ（サメのこと）が突然股の下に入ってきて、身体を持ちあげた。うめぅは驚いて抱きつくと、サバはそのままうめぅを背にのせて走った。そしてうめぅを干瀬の近くにたくさん浮いている流木の上に乗せると、そのまま沖へ戻っていった。うめぅは流木の上を乗り移って、無事に島まで帰ってきたという。

——津波に襲われてから一と月ほどたった四月十五日の夜十時ころから、石垣村にある宮鳥御嶽《おん》のなかから奇妙な音が聞えてきた。その夜は雨も風もない静かな晩だったが、木の枝や草が風で打ちあう音や、松葉が風に吹かれて起るような不思議な音が五、六百メートルくらいの遠方まで聞えた。音を聞きつけた人たちは、なんの音だろうとあやしんでいたが、翌日御嶽内をこまかく調べてみたところなんの変異もなかった。

——津波があった年の七月十九日から八月五日ごろまでの間に、隣りの西表島の仲間、南風見の両村の東海に、雷のような音が八、九度聞えた。地震も起って、人びとは心配した。仲間村では道の真中に一尺くらいの穴と、二尺ほどの穴があいて、泉が湧きあがってきた。やがて雷のような音が聞えなくなると、水が湧き出した泉も消えてしまった。

そのほか、島に伝わる次のような津波の民間伝承が、牧野清著『明和の大津波』に採録されている。

——津波に流されてきた女性の長い髪の毛が、大きなソテツの葉にからみついて命を救われた。

——逃げ遅れて家の屋根の上にのぼったところ、引き波に家ごと海に持っていかれた。かやぶきの屋根は波間に浮かび、そのまま西表島の古見まで流されて救われた。

——津波の第一波で海岸の水がリーフまで引いたとき、海岸近くに住んでいた人たちは魚を捕ろうとして露呈した海底に下りていったが、第二波の津波にのみ込まれ、遭難した人が多かった。

——津波襲来の報せを聞いて家から飛び出し、裏の木につないであった馬にとび乗って山へ逃れようとしたが、馬は木のまわりをぐるぐる廻るばかりで走り出さない。気がつくと、あわてていて、つないである縄を解いていなかったのだが、そのわずかな遅れの間に、途中の低地に津波が押し寄せていて、危うく巻き込まれるところだった。

津波の襲来を教えてくれたジュゴン

ところで、石垣島にはナイ（地震）は地の底に棲んでいる大きなカニと大ウナギが引き起すという古い伝承がある。

この二匹は仲が悪く、悪癖のあるカニは機会を狙っては大鋏をふるってウナギを奇襲し、尾をはさむ。ウナギはその痛さに耐えかねて、からだをふり動かす。そのとき地震が生じてナン（津波）が起るというのだが、明和の大津波は人魚《ザンノイオ》（ジュゴン）が教えてくれたという伝説が、島の北東部の野原崎に伝えられている。

津波が島を襲う前日のこと、野原崎の漁師たちが海に仕かけてある網を引きあげにいくと、世にも珍しい大きな魚がかかっていた。上半身が人間の形をした、人間の生まれかわりのような奇妙な大魚を見て、漁師たちは驚いた。数日前から深夜になると、はるかな海原から美しい歌声が聞こえていたので、この魚が歌っていたのかも知れないと思った。

上半身が人間そっくりなのが、なんとも気味悪い。しかしせっかく捕えた大きな魚だから食用にしようと相談したが、獲物が大きくて、とても崖の道をのぼって集落までは運べない。そこで浜で解体して持ち帰ることにすると、突然魚は涙を流しながら口を開き、

「わたしはこの海にすむ人魚です。どうか、助けてください。助けてくださったら、おそろしい海の秘密を教えましょう」

と、人間の言葉を口にしたのだ。

漁師たちは、びっくりした。そして相談した結果、人魚を海へ放してやった。すると人魚は「ありがとうございます」と礼をいってから、

明治40年（1907）3月、石垣島で捕獲された人魚のモデルのジュゴン（『岩崎卓爾一巻全集』より）

「明日の朝、この島に大きな津波《ナン》が押し寄せてきます。沢山のひとが死ぬ。山に逃げてください」といって、波間に消えていった。

漁師たちは集落にとんで帰り、身のまわりを整えて山に避難した。漁師たちの集落は白保村からの分村だったので、親村にも報せようと、二十キロほどの道を若者が白保村へ走った。親村の役人に報せれば、役人はそこから馬をとばして石垣の蔵元に伝え、島の村々へ報されるだろうと思った。しかし白保村の役人は一笑に付して、まったく取りあわなかった。

翌朝、果たして人魚がいったとおり、巨大津波が島を襲ったが、この津波で白保村は最も大きな被害を受けたという（白保村は全村崩壊、村民の死亡率は九十八パーセントに及んでいる）。

人間に捕われた大魚が海の秘密——津波の襲来を教えるという伝説は、八重山諸島の他の島にもある。

西表島の干立に伝わる伝説では、ピートゥという大型魚が漁師に捕われて火にあぶられているところを、魚は津波を起こして海に戻してほしいと神に救いを求め、津波を招来させて海に戻る。漁師は人語で話されるその言葉を聞いて難を逃れたという。

黒島にも同様の話が伝えられているが、黒島ではピナーシサバという魚である。さらに宮古の伊良部島に伝わる伝説では、ヨナタマという魚である。なお、ピートゥはイルカ、ピナーシサバはフカ（サメ）、ヨナタマは人魚（ジュゴン）に似た人面魚体という（赤色の巨大イカという説もある）。

柳田国男は「物言ふ魚」のなかで、ヨナタマを海霊——海の神として、「物をいふ霊魚を害しようとした者が大津波によつて罰せられたといふことは、同時に一方のこれを放そうとした者の助命を意味」し、「人魚と津波伝説」は信仰の零落に伴ったものだと、語っている。

昭和四十年（一九六五）一月、ヨナタマの伝説で知られる宮古の伊良部島で、漁師の網に若い雄のジュゴンがかかって、沖縄でニュースになった。近年は日本政府が沖縄に駐留する米軍の代替基地として、沖縄本島北部の辺野古沖に飛行場を建設しようとして、リーフにジュゴンが生息していることが判明した。沖縄本島には辺野古沖をはじめ、東南部の泡瀬、金武湾の宮城島周辺などの藻場がジュゴンの餌場として知られている。

戦前は石垣島の沿岸にも姿を現わしていた。八重山地方では、石垣島と西表島のリーフの一部が、むかしからジュゴンの食草の一種であるウミショウブの生育地として知られていた。ジュゴンの肉は不老長寿の霊薬といわれ、王府時代西表島のウミショウブの藻場に近い新城島だけは、人頭税の上貢品目にザンノイオ（ジュゴン）の干肉があったという。

ジュゴン（人魚）の肉が不老長寿の霊薬といえば、福井県若狭に伝わる「高橋長者の娘」の話が思い出されてくる。そして父親が捨て忘れた人魚の肉塊を一口食べただけで、娘は八百歳まで生きたという本土の八百比丘尼と人魚の伝説へと、ぼくの想像はひろがっていくのである。

女は戦さの先ばり――石垣島にて

石垣島の英雄、オヤケ・アカハチ

「オヤケ・アカハチ」という変わった人名をはじめて聞いたのは、昭和四十八年（一九七三）三月、二度目に石垣島を訪ねたとき、世話になった宿のおかみさんからであった。

波照間島に生まれたアカハチは石垣島の大浜に居を構えて、八重山統治の一翼を担った按司（首長）の一人であった。宿のおかみさんの話では、重税にあえぐ石垣島の人たちを救済するため首里王府に反旗をひるがえし、島に攻めてきた王府軍と激しく戦って敗れた〝石垣島の英雄〟だというのであった。

「アカハチが住んでいた大浜の崎原公園に、大きな記念碑があるさ。バスで五、六分だから、いって見てきたらいいさ」

おかみさんがいうので、朝食をすませると、早速出かけてみることにした。島の反逆者ということに、心が動いた。そして宿を出ようとすると、外からおかみさんが走ってきて、

「ちょうどいいよう。裏の家で、崎原公園の先にある磯辺のパイン工場まで用事で出かけるというか

オケヤ・アカハチの碑。

ら、いっしょに乗っていきなさい」

といって、裏の家へ連れていかれた。

裏の家の前では、小型のトラックのエンジンがもう唸っていて、運転席で頭に白い手拭いタオルを巻いた裏の家の主人が笑っていた。とまどいながら恐縮して頭をさげると、気さくな宿のおかみさんが早く車に乗れとばかりに、助手席に押し込んでくれた。どのような話をしたのか、用事に出るという裏の家の主人も、車も、まるで自分のもののようである。こういうこだわりのなさというのが南島に住む人たちの明るさ、おおらかさというのだろうか。とまどいながらも、心が大きくひろがるのを覚えた。

大浜の崎原公園にあるオヤケ・アカハチの碑は昭和二十八年（一九五三）四月に建立されたもので、八重山の郷土史家喜舎場永珣（一八八五－一九七二）の撰文になる、およそ次のような碑文がある。

「オヤケ・アカハチは豪勇衆にすぐれ、群雄割拠のその当時、大浜村を根拠として酋長に仰がれていた。文明十八年（一四八六）首里王府の尚真王は八重山へ使者を特派し、イリキヤアモリの祭祀を淫祠邪教として厳禁にしたところ、島民は信仰への不当なる弾圧だといたく憤激した。ここにおいてアカハチは島民の先頭にたって反旗をひるがえし、朝貢を両三年壟断して王府に反省を求めたが、尚真王は大里王子を大将とし、副将並びに神女君南風《ちんぺー》らとともに精鋭三千人を兵船四十六隻で反乱鎮圧に派遣した。アカハチは大いに防戦奮闘したが、衆寡敵せず、恨みをのんで底原の露と消えた。時に明応九年（一五〇〇）のことである。アカハチは封建制度に反抗して自由民権を主張し、島民のためにやまれぬ正義感をもって戦ったのである。戦いは利あらず敗れたけれども、その精神と行動は永く後世に光芒を放つことであろう」

――イリキヤアモリ（伊里幾屋安真里）というのは、石垣島の島民がまだ穴居して家屋を造ることも知らずに、動物を追い、果実などを採集していたという八重山開闢時代、島民に初めて耕種飲食などの諸法、農耕と火による料理法を教えたとされる神で、「屋根のてっぺんに天降る神」のことだという。

戦いの先頭に立つ神女

長い碑文をたどっていて目が止ったのは、王府の討伐軍団の船に、神女たちが同乗していることであった。神女は戦いの場で、どのようなことをしたのだろう。後日東京へ戻ったら、購った文献で調べてみようと思った。

首里王府の記録である『球陽』の尚真王の条には、アカハチは「心志驕傲《きょうごう》ニシテ、老ヲ欺キ幼ヲ侮リ、遂ニ心変謀叛ヲ致シ、両三年間、貢ヲ絶ッテ朝セズ」と記して、アカハチが隣島の宮古を攻め取ろうとしているので討伐に乗り出すとある。そしてその戦況が記されている。

首里王府軍の先鋒をつとめ、兵船を導いたのは、宮古島を統治していた仲宗根豊見親《なかそねのとよみや》であった。

昭和初期の八重山の祝女。

王府軍が石垣島に上陸しかけると、反乱軍はけわしい山を背にし、大海に面して陣を敷いた。そして「婦女数十人ヲシテ、各々枝葉ヲ持チ、天ニ号シ地ヲ呼ビ、万般咒罵セシメ、法術ヲ行」なったという。

神女君南風たちも、同じように先頭にたった王府軍の兵船上からアカハチ軍にむかって呪詛し、法術を行ない、兵士たちを鼓舞して味方の勝利を神に祈っただろう。しかし反乱軍の勢いが盛んなので王府軍はなかなか上陸できず、一時軍船を沖へ引いて、夜になるのを待った。

この時、神女君南風は神託を受けたのか、一計を案じた。竹筏に炬火を点じて流したのだ。反乱軍がその火に気をとられている間に、王府軍は二手に分れて上陸した。そして激しい戦いののち、アカハチは作原山で捕えられ、誅伐された。主謀者のアカハチ一族はもちろん、主な同調者の一族まで処刑されたという。一説には、アカハチは蓮の深田のなかに潜んでいたところを発見されたという。

アカハチの碑文で関心が生じた、君南風などの神女の軍船上での役割りについては、さらに宮古島の郷土史家慶世村恒任（一八九一―一九二九）の『宮古史伝』のアカハチの乱の記述（第二編第六章「中曽根豊見親」）に、次のように解説されている。

「此の頃は交戦の始まりに神司（琉球では祝《ノロ》）等の婦女子を先頭に置いて天地神祇に呪咀せしめ敵の士気を衰へさせて後、武器を取って戦ったものである。宮古語にメドムヤイヴサノサキバリといふ言葉が残ってゐる。「女ハ軍ノ先バリ」といふ直訳になる。先バリはさきがけとか先頭とかいふ意ではない。バリとは陰部を露はすことで（略）古代神に祈を捧げる時は裸体を最もよしとされたが、それが後には着物を着用するやうになっても神衣の裾をからげ襟前をはだけてせめて陰部なりとも露はして誠意純真の表象としたといふ。それで軍の先に立つ神女は陰部を露はして祈ったもので先バリといふ言葉になったと思はれる。若い美しい神女等がタグサを手にし蔓のカウスを被り白い神衣を着し、そして白腿を露はに熱心に祈るところは寧ろ当時戦陣の花と見られたかも知れない。王軍も神女等を先頭に立てゝ祈らしめ、士気を鼓舞して進んだ」

王府軍はアカハチの反乱を制圧して、首里に凱旋した。尚真王は王府軍を先導し、勝利に導いたとして神女君南風の勲功を大いに称えた。君南風は神女のつとめを立派に果したのである。琉球は尚真王によって政教一致の中央集権化がすすみ、強固な国家体制づくりを押しすすめていた。その体制を維持していくためにも、聞得大君《きこえのおおきみ》を王府の最高神女とする君南風たち高級神女たちに、祭祀を司るばかりか、政治的にも重要な地位と権威を与えたのであった。アカハチ征伐に従軍した君南風は、王府時代を通じて、戦さ時の「先ばり」の役目を見事に果した最も有名な神女であったという。

人頭税に苦しんだ島——宮古島にて

美女マムヤの墓

沖縄先島諸島の宮古島へはじめて出かけたのは、沖縄が本土に復帰する前の年、昭和四十六年（一九七一）六月のことだった（パスポートを申請にいったり、予防注射にいかされたり、面倒な手続きがまだ必要な時代だった）。

本島の那覇空港から南西航空の双発のプロペラ機ＹＳ11に乗り継いで無事に宮古島に到着。空港の乗降口にむかう屋内の通路で、まず驚かされた。ピータイル張りの通路の隅に、何かが動いているので目をやると、体長十五センチほどの木のぼりトカゲが、ぴょんぴょん跳ねながら歩いていた。

さすがは南島だなと苦笑したが、さらに驚いたのは、乗降口の脇に「私たちは時間を守りましょう」と大書きした、宮古島平良《ひらら》市役所の立看板が立っていたことだ。その時は何のことか分らなかったが、その後何回かの沖縄行で友人・知人たちも出来てくると、ことの意味をいやでも思い知らされることになった。約束の時間を定めても、相手はほとんどその時間に現われないのだ。何も宮古の人たちばかりではない。本島の人でも同じである。たとえ一パイ呑む約束でも同じで、時間の約束事にはいささか無頓着、定めた時間は一応の目安で、あまり気にしないらしい。南島人の気質なのだろうと納得しているが、のちになってこういうことを、「沖縄タイム」というのだと聞かされた。

ホテルに着いてひと休みしてから、ぶらりと外へ出た。もう六時をすぎていた。平良港の岩壁まで十分もないというので港へむかうと、十名ばかりの島の人たちが船着き場の突堤の先で、釣りをしていた。自転車やオートバイで来ているものもいる。釣れている魚は体長十〜十五センチほどのチヌだった。突堤脇のむこうの岩壁の下に裸の男の子が二人いるのが見え、楽しそうな勘高い笑い声が聞こえてきたので、彼らのところへいってみた。

二人の少年は、背が立つほどの浅瀬の海に素潜りで潜り、海底の砂にへばりついている舌ビラメを捕っているのだという。釣果は、背後の岩壁にぺたぺた貼りついていた。突堤の人たちも少年たちも、夕食のおかずを捕りに来ているのだということだった。しばらく話をしていると、朝は魚の水揚げがあるから突堤はにぎわうというので、ぜひその光景を見たいと思った。

翌朝、食事の前に突堤へいくと、もう何隻もの漁船が帰って来ていて、船から魚を降ろしていた。赤、青、緑、黄色と、どれも原色鮮やかな大型の魚で、本土では見たことのないものばかりであった。

突堤の上にあげられた魚は仲介人のような若い男がいったん買い受ける。それをその場で値をつけ、集まってきているおばさんたちに売るのだ。おばさんたちは買上げた魚を大きな金盥やザルのなかに入れ、頭の上にのせたりして急ぎ足で去っていく。おばさんたちはその魚を、町や村のお得意さんたちの家へ売りにいくのである。勘高い笑い声や大声が飛び交っていた突堤も間もなく静かになり、人っ気がなくなったが、漁師たちは黙々と船のなかで漁の後片づけをつづけていた。

ホテルに戻って朝食をすませると、ホテルのウェイトレスに聞いた「美女マムヤの墓」を見るため、まず東平安名岬《あがりへんなざき》にむかうことにした。「むかしは保良は美人が多かったといいますが、マムヤはそのなかでも、抜きん出た美人だったといわれていますよ」

東平安名岬にある美女マムヤの墓。

というその一言で、出かけてみることにしたのだ。当時はタクシー代が安かった。一日借りきってもホテル代以下だったので、タクシーで島をめぐることにした。

島の歌謡「マムヤのあやぐ」によれば、保良平安名に生まれたマムヤは、島の東部に広大な土地を領していた若い野《の》城《ぐすく》按司《あじ》の崎山坊に慕われていたが、男嫌いのマムヤは住居を変えて隠れつづけていた。崎山坊は漁にことよせて探し求め、やっと東平安名岬の海に面したヤブ草の生い茂る断崖の中腹にある岩穴で、機を織っているマムヤを見つけ出す。

機の音は崖の上にいくと下から聞こえ、下へ降りると今度は崖の上方から聞こえるので、崎山坊はかなり苦労して探し出した。そしてマムヤを家に連れてきた。その後のことが、「マムヤのあやぐ」

に次のように歌われている。

子《ふあ》の母《んま》と見合《みあ》さで家《や》の妻《とず》と見合さで
家《や》の妻《とず》の臭《かざ》や小便《ゆずばり》ぬがざ
マムヤが匂《かざ》あ、こみ香のかざ
美女が匂あ、にふにりの匂
見合し見る伯母《ぶばま》、くらび見る伯父《ぶざさ》
今《なま》のこと思《うむ》いば美女《あばらが》どます
後《あとうぬ》のこと思いば子《ふあ》の母どます
…………

子の母と見くらべ、家の妻と見くらべ
家の妻の臭いは小便くさい
マムヤの匂いは、くみ香の匂い
美人の匂いは、香草の匂い
見合わし見る伯母、くらべ見る伯父
今のこと思えば美女がいい
将来のこと思えば子の母がよい
…………

——というので、欺かれたマムヤは東平安名岬の断崖から身を投げてしまった。マムヤはのちに崎山坊に追い出されて、断崖から身を投げたとも伝えられる。

マムヤは死に臨んで、「保良には美しい女が生まれぬように」祈った。しかしマムヤの祈りは、神に聞き入れられなかった。保良にはその後も美女が多く、いまにつづいているという。マムヤが生まれた保良の元大鳥居は海外からの渡来人が多く、土地のものとの接触を避けて暮らしていたという。マムヤ美人説の謎は、このあたりにあるように思った。

マムヤの墓から次にむかったのは、東平安名岬の対極にある島の最西端、西平安名《いりへんな》岬であった。蟹の鋏に似た岬のつけ根にある狩俣村は、平家の落武者が漂着したところだという。海辺には北方からの渡来人の遺趾らしいものもあり、村にはその子孫で、証拠になる書き物（古文書）なども残っている家があるという。タクシーの運転手氏はその家を知っているというので、連れていってもらうことにした。

村の祭神は、「赤血ぬ赤台の真王」という倭《やまと》神であるという。赤色は平家のシンボル・カラーである。壇ノ浦で壊滅した平家の南走伝説は奄美諸島までで、沖縄にはないはずだと思っていた。それが本島を飛び越えて、先島にあるというのが意外であった。これは面白い話に出会えるかも知れないと期待に胸をときめかしたが、あいにくその家にはだれもいない。留守であった。

ぼくはまた海辺に出て、しばらく北方の海を凝視《みつ》めていた。心の目はさらに水平線を遥かに越えて、海上二十キロ先に浮かぶ幻の八重干瀬《やえびし》を凝視めていた。八重干瀬は春の大潮の時だけ、東シナ海の大海原に浮かびあがる、周囲二十五平方キロメートルもある広大なサンゴ礁原である。旧三月三日のサニツには、宮古島や池間島の人たちが舟をつらねて潮干狩に出かけ、サンゴ礁の間に閉じこめられている魚や貝を獲るのである。八重干瀬は沖縄では知られた宝貝の採取地で、シプレア・モネタという黄金の筋のある子安貝は、古代中国の貝貨などに使われていたという。柳田国男は『海南小記』

『海上の道』で、八重干瀬にこの宝貝を採りにきていた中国人が宮古に稲作を伝え、それが島伝いに日本本土へ伝播したという〝稲作北上説〟の仮説をたてた。ぼくはしばらく幻のサンゴの大礁原を夢見つつ、そのうちに是非一度八重干瀬に渡ってみたいと思った。

そのころの宮古島には平良の町を離れると、昼食をとれるような食堂は、ほとんどなかった。ぼくは狩俣からいったんホテルに戻ることにした。

その途中、荷川取《にかとら》の海岸沿いの道の脇に、ぽつんと一個、長方形の岩が建っていた。それが人頭税石（賦測石《ぶーばかりいす》）であった。

荷川取海岸にある人頭税石。

人頭税は明治三十五年（一九〇二）に撤廃されるまで約二百年、琉球王府が宮古、八重山諸島の先島の人たちに課していた人頭賦課の租税である。

先島の人たちには、本島の約三倍の税が課せられた。宮古では十五歳になると男女を問わず一・二五メートルのこの石で身長が計られ、石の高さに達したものは手足を失った障害者を除き、五十歳まで均等制を基本とした税を課せられていたのである。その取りたての厳しさについては、宮古島に伝わる子守り歌を本書の「南波照間島物語」で紹介したとおりである。

宮古島は面積百八十一・九平方キロメートル、全島琉球石灰岩と隆起珊瑚礁の台地状の島である。最高地点一一三メートルで河川のない島であり、その上土地は痩せ地で、干ばつや台風などの自然災害も多い島である。

人頭税時代の島の人たちの負担は過重で、堕胎、口べらしのための子殺しをはじめ、盗賊になりさがるもの、人頭税の誅求を免れるため、自ら手足を折るものなども多かったという。空も海も、まっ青であった。周囲は物音ひとつない白昼の静寂――、目の前の人頭税石を凝視していると、石のなかから、かつての島の人たちの苦渋の叫び、慟哭が、幾重にも重なって聞こえてくるようであった。

宮古島漲水海岸を見下ろす丘にある英雄仲宗根豊見親の墓所。

荷川取海岸の人頭税石から平良の町中に入ると、漲水海岸を見降ろす小高い丘に、王府時代宮古島を統治していた仲宗根豊見親玄雅《げんが》の墓がある。

この墓は豊見親玄雅が父親のために造った、一族の門中墓である。切り石を十三段の階段状に積みあげ、屋上に七個の立石を並べた石の建造物で、一見古代エジプトの遺跡を思わせる立派な墓である。

内部は前後二つの石室に分れ、その間に通用口とのぞき穴があるという。

豊見親玄雅は一五〇〇年、首里王府の尚真王の命を受け、八重山のオヤケ・アカハチを討って武勲をあげたが、島の人たちの飲料水確保のための井戸掘りや、巨石を積みあげて造った長さ六百六十二・六メートル、幅二・四メートルの下地橋道の築造など、当時としては類を見ない大工事なども完成させている。そして島の人たちから〝宮古の英雄〟と称えられている人物で、その業績の数々は叙事詩ともいうべき島の「あやぐ」に歌われて、いまに伝えられている。

午後は島の西南部にある与那覇湾から、南部をまわってみることにして、二時にいったん会社へ帰ったタクシーに来てもらった。

外は相変わらず、ものすごい暑さであった。車内にはクーラーなどないから、窓は開けっぱなしである。すぐに汗が吹き出してくる。

「まったく暑いなあ。水に入りたいよ」

ふと呟くようにいうと、運転手氏は、

「それならいいところがあるさ。宮古で一番水がきれいなところ。まだあんまり知られていない海水浴場です。案内します」

と、走り出した車をターンさせた。水に入りたいと思っても、水着など持参していなかったが、宮古で一番水がきれいなところというなら、一度見ておいてもいいと思った。

車は来た道を戻り、平良の町中を横断して豊見親の墓、人頭税石の前を通過、やがて立ち枯れしている畑のなかを突っ切って、崖を降りていった。目の前にはまっ白な珊瑚土の砂浜と、メロン色の海が広がっていた。かたわらには海にせり出した岩壁があり、巨大な侵蝕穴の空洞が出来ていて、むこう側の海が顔を覗かせている。まっ白い砂浜には数名のアメリカ人の家族らしい一家がいるだけだ。小ぢんまりしているが、なるほど美しい海水浴場だった。

ぼくが周囲を見まわしていると、水に入ることを躊躇しているのかと思ったのか、運転手氏は、

「かまわないさ、素裸だって。トンネルのむこうで泳げばいいさ。こっちはここの日陰で寝ていますから、ゆっくりね」

というのだった。

うなずいて岩内をくぐり、岩壁のむこう側へ出てみると、そこにはだれもいなかった。水はあくまでも澄んでいて、海の底の白砂の襞《ひだ》までが、はっきりと見えた。素早く裸になって水のなかへ入ると、足の先の爪までがきらきら光って見えた。数度水を蹴って泳いだが、すぐにあがってしまった。美しい水を汚しているようで、なんとなく気遅れがしたのだ。

周囲のたたずまいといい、水の透明さといい、たしかに宮古のこの砂山の海辺の美しさは、すばらしい。沖縄でも有数の海の景勝地に違いないと思った。

Ⅳ 伝説の真偽

幻の〝八文半の軍靴〟――沖縄・阿嘉島にて

学童集団斬込み事件を追って

懇意にしている那覇の旅館に荷物を預け、慶良間列島の阿嘉島に渡ろうとしたのは昭和四十八年(一九七三)三月三十一日の朝のことであった。

「天気は大丈夫かしらねえ。この風では船は出るかしら?」

玄関先まで見送りに出てくれた旅館のおかみさんは、ドブネズミ色の雲の走る空を見上げながらそういった。傍らに植えられている棕櫚の大樹が、根元から揺れている。低気圧の前線通過とかで、きのうは沖縄近海に波浪警報が出ていたが、きょうも天候は駄目なのだろうか。

「〝二月風まわり《ニガツカサマーリ》〟というのは、本土の春の嵐みたいなものですね。欠航では予定が狂ってしまうし、船が出てもこの天気では相当苦しめられるし、ついてないなあ……」

旅館のおかみさん相手に、旅館の玄関前で今にも降り出しそうな空を仰いでいると、春休みで旅行にきている同泊者の大学生が顔を出して、「どこへ行くのですか」と尋ねてきた。

「阿嘉島」と答えると、大学生は、
「慶良間の？　泊港《とまりみなと》から二時間半ですってね。泊るところは一軒もない島だって聞きましたよ。面白いところでもあるんですか？」と、ぼくの顔をのぞき込んできた。ちょうど路地から空のタクシーが飛び出してきたので、ぼくは二人に会釈をしながら車へ走った。阿嘉島行きの目的はおかみさんが知っているから、あの学生に話してくれるだろう。阿嘉島はぼくにとっても未知の島だが、ここ二年ばかり、なにかにつけ気がかりになっていた島である。しかし、そこに面白いところがあるわけではない。

沖縄戦記の一頁でも開いたことのあるひとなら誰もが知っているとおり、阿嘉島は米軍が本島上陸に先がけて補給基地確保のために一番最初に上陸した島である。この島には、隣りの座間味島や海峡をはさんで横たわる、渡嘉敷島で起こった島民の〝集団自決〟のような悲惨な事件はなかったらしい。だがある意味では、それ以上に痛ましい出来事が伝えられている。当時の阿嘉国民学校（小学校）全学童が、上陸してきた敵軍に対して一斉に斬込みを敢行、全員壮烈な最期を遂げたという。この出来事は旅館のおかみさんも知っていて、沖縄のひとたちの間で、今も〝八文半の軍靴〟として伝えられているというのである。

ぼくがこの事件をはじめて知ったのは、昭和四十六年（一九七一）のことだった。

当時ぼくは、米潜水艦の魚雷攻撃で瞬時のうちに沈められた、沖縄からの学童疎開船対馬丸の数少ない生存者の少年をモデルにした『沖縄少年漂流記』という少年小説を書くための資料を集めていた。そして沖縄での取材を終えて帰ってきたあと、沖縄戦を報じる当時の新聞記事を調べるために国会図書館に通い、昭和二十年（一九四五）五月十三日付の「西日本新聞」に載っていた次のような記事に目を奪われた。少し長いが、その記事の全文（原文のまま）を紹介しよう。

学童も手榴弾で
敵陣に突込む
壮烈慶良間島の奮戦

「〔沖縄前線野村　下瀬報道班員発〕血沫く孤島に咲いた壮烈鬼神も哭く少国民の戦ひの一篇が沖縄慶良間列島阿嘉島より決死伝令として〇月〇日〇〇に到着した〇〇少尉以下〇名の勇士によって齎された、以下は同少尉の語る天晴れ学童の悲壮な奮戦記である。敵が慶良間列島に三月三十一日上陸するや平和な孤《こ》島は一瞬《しゅん》にして敵の猛撃《まうげき》に曝《さら》されたが島の人々は予《かね》てこのことを予期《よき》し老人と幼い子供を壕《ごう》に避難《ひなん》させ男も女も学童《どう》も一斉《せい》に起ち上って所在部隊に協《きょう》力、上陸の敵に斬込みを敢《かん》行多大の出血を与《あた》へつつあったが、なにせこの島は慶良間列島の中でもとくに小さい猫《ねこ》の額《ひたい》のやうな島で敵の撃《う》つ鉄量《りょう》の中には如何ともなし得なかった、島の人々もいまは一人傷つき二人倒《たふ》れ、〇日つひに悲壮《ひさう》な覚悟を固めなければならなかった、そして勇士とともに一斉《せい》に最後の斬込みを敢《かん》行したがわけても言語に絶《ぜつ》する壮《さう》挙は同島阿嘉国民学校児童《どう》の最後の斬込みであった。

戦ひのはじまる前、この学童たちは先生とともに長い間守備部隊に協力して壕掘りに陣地構築にあるひは荷役などに必死の作業をつづけてゐた、そして幾度か部隊長から褒められたこともあった、年端も行かぬ学童ではあるが、この戦争の容易ならぬこともよく知っていた、そして最後には必ず日本が勝つことも固く信じていた、子供たちは嬉々として勇士たちとともに立働いた、そのよい子供もいよいよ最後の突撃の日である。

ちょうど自分らが命令《れい》を受けて〇〇へ決死の伝令に出発する直《ちょく》前、全学童《どう》に先生から手榴弾《りゅうだん》が手渡された、それから間もなく自分らは島を離《はな》れた瞬《しゅん》間学童《どう》たちは手榴弾《りゅうだん》を持って一斉に敵陣《じん》に斬込んだのだ、喊声が挙がった、健気な子供達の総突撃《げき》、後髪《がみ》を引かれる思ひであった、幼《おさな》い子供達が従容《よう》として悠《いう》久の大義に生きる雄《お》々しい姿《すがた》であった、自分たちもこの戦争《せん》こそ必ず勝つと確《かく》信し学童《どう》たちの冥《めい》福を祈りつつ任務《む》についたのであった」

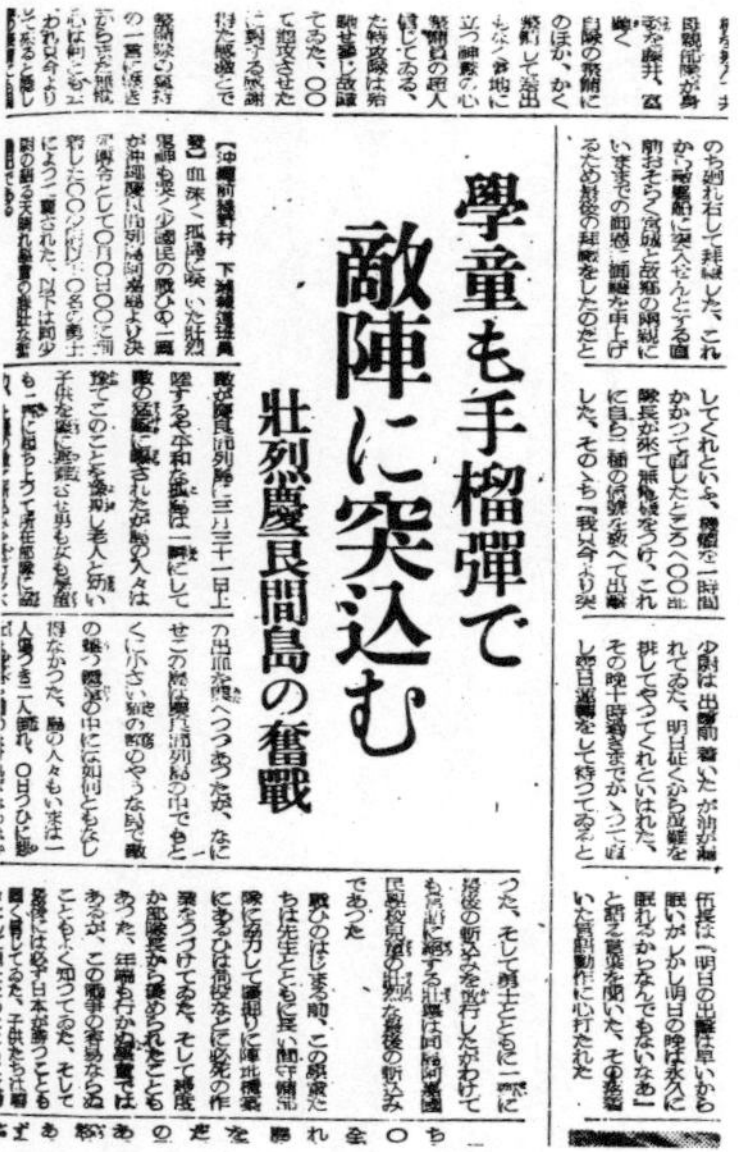

昭和20年5月13日付「西日本新聞」記事。

新聞記事を読んで、ぼくは唖然とした。沖縄へ出かける前にもっとよく当時のことを調べて行くべきだと思った。しかし後の祭である。その時は対馬丸のことで頭はいっぱいであったのだ。そしてこの出来事について、後日少しずつ調べてみようと考えた。

その後沖縄戦を扱った何冊かの〝記録〟を読んだが、不思議なことに、事実は一向に明瞭にならない。ますますわからなくなっていくばかりであった。だが、事件の記述について、それぞれの書物に共通点と、決定的な相違のあることがわかってきた。それを、次に記してみよう。

まず、斬込みに参加した学童数を八十名、約八十名と明記し、全員悲惨な最期を遂げたとするものに、金城和彦著『愛と鮮血の記録』、上地一史著『沖縄戦記』、小山内宏著『沖縄―この恐るべき歴史と現実』、大田昌秀著『醜い日本人』（この記述では、地元の小学校六年生以上の少年たち八十名となっている）。

これとは異なり、学童たちの集団斬込みについて、まったくふれていないもの。琉球政府沖縄史料編集所編『沖縄県史9』の沖縄戦記録年表、沖縄タイムス社編『鉄の暴風』、琉球新報編『沖縄の百年3、歴史編』の沖縄戦の章、浦崎純著『沖縄の玉砕』。

その他、戦記ではないが、阿嘉島の学童たちによる集団斬込み事件があったと記述されているものに、東恩納寛惇著『琉球の歴史』、沖縄タイムス社編『新郷土地図2』の写真コメントなど。

沖縄戦を扱った書物は、むろんこの数倍にものぼっていよう。ぼくが入手したものは以上のほんの僅かであるが、しかしこの他の戦記についても、いずれ前記三類のどれかにはいるであろう。

こうなると、わけがわからなくなってくる。例えば、書物の冒頭に掲げた『愛と鮮血の記録』の〝小学生も戦列に！　慶良間列島の戦ひ〟の項のなかで、著者の金城氏は、

「——阿嘉島の戦ひで、最後に特筆しておきたいのは、今でも〝八文半の軍靴〟として涙のうち

に語られてゐる阿嘉《あか》国民学校児童約八十名が、野田少佐の特攻部隊指揮下に入り、三月二十五日の夜、敵陣地に斬込みを敢行して最後を遂げたことである。世界の戦史に、果してこのやうな事実があつたであらうか。いたいけな子供たちが敵陣に飛び込んだあの時の姿が見えるやうで、溢れる涙を禁じ得ない。」

と、慨嘆しておられるが、事実とすれば相手が小学生たちだけに、鉄血勤皇隊やひめゆり部隊の悲惨さよりも、はるかにすさまじい酸鼻をきわめる出来事である。

ぼくは、歴史的事実というものは、調べれば調べるほどその輪郭がはっきりしてくるものだと思っていた。しかしこの出来事はまるで逆である。歴史の真実を知らせてくれるはずの〝記録〟であるにもかかわらず、出来事の決行日も書物によって違っているし、記載のないものもある。そして出来事だけが形容詞をつけられて記されているのだ。こうなれば島へ行って、当時のことを知っているひとたちの口から直接たしかめるしかない。

そうは思うが、先だつものがなかった。ぼくは大変なことに首を突っ込んだものだと嘆息した。

その後、防衛庁戦史室編『沖縄方面陸軍作戦』や米国陸軍省編『日本最後の戦闘』などを読んで当時の状況を調べていたが、やっとこの三月、米軍が二十八年前にはじめて阿嘉島に上陸した二十六日に、島へ渡る予定をたてたのだった。

ところが春休みの観光シーズン。飛行機の切符はなかなかとれず、那覇に着くと、今度は船は出たあと。二日ほど待たされて、やっと三十一日に途中の座間味島へキャンプに出かける多くの若者たちと一緒に、ケラマ観光の連絡船鹿島丸（百四十五トン）に乗り込むことができた。

ぼくはここ数年、離島に惹かれて幾つかの島へ渡った。北の礼文島行の時も五島の宇久島行のときも、海はかなり荒れていた。だが今回の阿嘉島行はこれまでの経験を上まわっていた。港を出た船は強風雨（帰路船員氏に尋ねたら、この時の海上は風速十二メートル。欠航しようかどうか相談していたという）のなかでもまれ、船首にくだける波飛沫は操舵室を越え、後方甲板にまで滝のように降ってくる。ぼくは船室降り口に腰をおろしてうずくまり、手帖にメモを書き込みはじめた。

三月三十一日、風雨強し。

午前九時、泊港出航。鹿島丸一四五トンにて阿嘉島に向う。船は殆ど満員。船室に空席なく、甲板の船室降り口に座り込む。座間味へキャンプに行く若者たちも甲板にあふれている。

九時十分、海霧《ガス》発生。桟橋方向かすみはじめ、那覇の街殆ど見えなくなる。海の色濃紺。

九時十五分、船ピッチングと共にローリングはじまる。舷側をイルカの群れが泳いでいく。

九時二十分、ローリング激し。船尾を見ていると、左右に四十五度以上振れている。吐くもの増え出す。

九時二十五分、前方二時の上空に青空顔を出す。ローリング少し静まる。雨小降りとなり、甲板の若者たち喜ぶ。〝ケラマ見えても睫毛は見えず〟の俚諺あるも、洋上なにも見えず。

九時四十分、再び強雨。ローリング激し。船はガスのなかを強引に突っ走る。身体ほうり出されそうなのでパイプにかじりつく。吹きつける汐水でメガネ見えなくなる。ああ、まだあと二時間！

——旅に出るといつもそうなのだが、目的地へ近づくにしたがってたまらない孤絶感に襲われ出すのだ。まことに幼児的で気恥しい限りだが、「このままもう家へ帰れないのではないか」という感慨に囚われはじめ、妙に落ちつかなくなる。もぞもぞとバッグのなかをかきまわして、やたらと帰りの列車や船の便などを調べたくなるのだ。この〝病気〟は天候とはまったく関係はない。どうしてオレはこんなところへこなければならなかったのだろう、できたらこのまま真直に引き返してしまいたいという気持ちに追いたてられる。そして手帖にやたらと文字を書き込みたくなるのも、決まってこのときなのだ。

ともあれ、攪拌されること二時間半。船は座間味島で大方の乗客と荷物を降ろすため、約三十分桟橋の突端に停泊していた。この間に空模様はがらりと変わり、今度は頭上から焼けつくような陽が照りはじめた。汐水をかぶった顔が、ヒリヒリと痛み出してくる。やがて船は真白なサンゴ土が堆積した海峡の無人島安慶名敷島の岬をまわって、いよいよ阿嘉島に近づく。すると突然船が停まり、汽笛が鳴った。

船内がざわめき出したので、何事かと乗船者のひとりに尋ねると、阿嘉に着いたという。島のまわりはサンゴ礁の浅瀬だから、船はこれ以上島には近づけない。降りる者は島から迎えにくるサンパンに乗り移るというのであった。雨のなかをさんざ揺られ、また小舟で一キロ近くも揺られるとは！しかし、陽に映えたメロン色のサンゴ礁の海はあくまでも美しい。これが阿嘉か。とうとうやってきたんだな。真白な砂浜を遠く眺めながら、ぼくはやっと微笑をもらした。

島の人々の証言

サンパンに揺られて島の突堤に着くと、岩を積み重ねた石垣の人家が浜に並ぶだけで、一軒の店物屋も見えない。船の切符を買うときに、船会社のひとに泊るための家を紹介してもらっていたので、まずその家を訪ねようと思ったが、皆目見当がつかない。そこで一緒に舟を降りた子連れのおじさんにその家への道を尋ねた。

「どこからきなすったね?」

とおじさんが聞く。東京からだというと、

「東京から? なにをしにこんなところへきなすったね」

と、いぶかしげにぼくを見まわした。そこで早速取材にとりかかった。

「戦争中わたしは兵隊にとられて本島にいたが、そんな話は聞かんかったですねえ。〝八文半の軍靴〟ですか。当時小学生まで戦闘に刈り出されて、訓練させられたという話は、戦後島に帰ってきて聞きました。しかし、全員突込んで、戦死したというのは聞いておりません」

妙なことだが子連れのおじさんの話を聞いたとき、ぼくは殆ど驚かなかった。なぜかほっとした。やはり事件はなかったのだと反芻すると、それが当然のことのように思われた。たとえ当時島にいなかったとしても、おそらく島はじまって以来の凄惨な出来事を、今までまったく耳にしたことがないということはあり得ない。ぼくはおじさんの話を信じた。

「そんなことを調べに、わざわざ東京からきなすったかね?」

「はい」

と応えると、おじさんは陽焼けした顔に白い歯をのぞかせた。

「Kさんの家はここをまっすぐ行きなさい。あそこの奥さんは、戦争中もずっとこの島におったひと

岩石を積みあげた強風除けの石垣のある阿嘉島の民家。

ですよ。だから当時のことはよく知っておる。二階建ての家だから、すぐわかりますよ」

赤い仏桑華の咲いている木立の角で、ぼくは子連れのおじさんと別れた。

阿嘉島は、沖縄本島の西方約四十キロにある周囲十一キロの島である。行政的には隣りの座間味島、南にある慶留間島、外地島と共に座間味村となっている。部落はサンパンの波止場のある浜の上手に並んでおり、どの家も屋根を低くとり、風よけの石垣で周囲を囲んだ南島独特の造りをしている。そして石垣の角にはかならずといってよいほど、〝石敢当〟と刻んだ魔除けの石がある。

浜から二百メートルも歩けば、もう山に突きあたる。その僅かな平地に百七戸、四百四十二名（昭和四十八年二月末現在）のひとたちが、半農半漁の生活を営んでいる。

ぼくが訪ねるKさんの家は、部落の一番奥、山の麓にあった。要件を告げると、物静かなKさんの奥さんは苦笑をもらした。泊るところも定めずにやってきた無頼の輩に、あきれたのかも知れない。

「一晩ですね」と小さな声でいいながら、部屋のなかに通された。例の子連れのおじさんの話で事件の有無はわかったが、戦争中も島にいたというので奥さんにまた話を聞く。当時のことを少しでも詳しく思い出してもらおうと、ぼくはコピーしていった資料を読みながら話を聞いた。

米軍上陸当時の阿嘉島の人口は約五百名で、日本軍はこの島に特攻艇百隻を持つ野田少佐以下の海上挺進第二戦隊がいた。隊員は約三百六十名、朝鮮人軍夫三百五十名、それに十六歳から六十歳までの島の男子を召集した防衛隊八十五名。

米軍側の資料『日本最後の戦闘』で当時の戦況をふり返ると、阿嘉島上陸は昭和二十年（一九四五）三月二十六日午前八時四分となっている。以下、戦況の経過を記してみよう。

「上陸の時に日本軍一個分隊を艦砲で壊滅。同じ日の午後、島の東方高地で斥候戦を続けたあげく四八名の日本軍を倒した。（略）二十六日午後五時までに阿嘉島の三分の二を占領し、三百の日本軍と四百の民間人は山の中へ逃走していった——」

防衛庁の戦史『沖縄方面陸軍作戦』では、米軍の上陸開始は「〇八〇〇」、午前八時とある。米側資料と殆ど同時刻であるが、敵上陸の際の戦闘状況には「防戦した」と記し、戦死者は一名となっている。そして——、

「野田戦隊長は二十六日夜半を期して総員出撃し、斬込みを実施すると共に特攻艇による出撃を企画した。二二〇〇（午後十時）ころ次の内容の命令を下達した。

一、慶留間島の第一中隊に対する出撃の連絡（この連絡には水泳達者な第三中隊の特別幹部候補生篠崎純一伍長が選抜された）

二、（略）

三、各隊は特攻艇の出撃を容易にするため、各所の敵陣地に斬込みを敢行し出血を与えること。

この斬込みにはかねてから訓練してあった部落の義勇隊（小学校六年以上の男子を含む）も参加した。出発に際し野田戦隊長は『総力を挙げて斬込みを決行し、戦隊将兵は出撃をする、無電は最後の連絡を打って破壊した。われわれの行くてはもはや玉砕あるのみ、われわれは日本の捨て石となってここに玉砕し悠久の大義に生きる。卑怯な行動者は即時処罰する』旨を訓示した」

――斬込み隊は三隊に分かれて出発したが、途中で敵に遭遇。中止して司令部に戻るのだが、この夜の戦闘で整備中隊長鈴木茂治大尉以下十六名の戦死者が出た。

「野田戦隊長は、二十六日夜の総動員斬込みは損害多く成果が少なかったので、二十七日夜は選抜した斬込隊の派遣と特攻出撃を企画、（略）二〇〇〇（午後八時）ころ豪雨の中を出動した――」

しかし、この時も特攻艇隊は出撃を中止し、斬込み隊も「特別の戦果を得られ」なかった。そして沖縄戦で米軍がいちばん最初に上陸したこの阿嘉島の戦いは、三月二十八日以降終戦を経た八月二十三日、隊がやっと武装解除する日まで、殆ど交戦のない持久戦に移るのである。

日時に不明のところがあるが、伝えられている学童たちの集団斬込みがあったとすると、戦死者十六名という二十六日夜の斬込みと、戦死者不明の二十七日夜、豪雨のなかの斬込みのどちらかであろう。そしてこの二回のうちのどちらかといえば、二十六日夜半をおいてないと思う。

二十六日夜、野田隊長の命をうけた篠崎伍長は、敵艇の間をかいくぐって約二百メートルほど南にある慶留間島に泳ぎつき、そこで大下少尉に会っている。そして二十七日夜、今度は慶留間島から大下少尉以下十数名の兵と共に四艇の特攻艇に分乗、戦況報告のため敵艦の蝟集《いしゅう》している阿嘉海峡を横断して、沖縄本島に出発する。途中二艇は消息を絶ったが、大下少尉以下八名が奇跡的に本島にたどり着き、当時の「西日本新聞」に載った記事となるのだ。

○○少尉の報告とは、つまり篠崎伍長の報告であり、その日時は、阿嘉島を彼が離れた二十六日夜半ということになろう。すでに玉砕を決定し、全員斬込むことになっていた。本島への戦況報告の命を受けた篠崎伍長は、泳行中に十六名の戦死者を出した闘いの交戦音を耳にし、吶喊《とっかん》することになっていた児童たちの最期の姿を想い浮かべたのであろう。

しかし、一連の戦記の記録や推測ではなく、当時はどうだったのだろう。八十名という数はどこから出たのだろう。この点をKさんの奥さんに確かめる。

「八十名というのは、それは当時のここの学校の全校生徒数じゃなかったですかね。それくらいでしたよ、女の子も含めてのね。それは当時、義勇隊をつくって毎日訓練はしていましたよ。でも八十名全員斬込んで、みんな一度に死んだなんていうことはありませんでしたよ。それは、何名かは巻き込まれてというのは、あったかも知れませんでしょうね。わたしたちは島の裏側にある谷間に逃げました。だからこの目で見たとはいえませんけどね……」

「義勇隊というのは、小学生全員だったのですか？」

「いや、あれは高等科（現中学校の一、二年）の男子だけではなかったですかね。それが各隊に何名かずつ配属されていたんですね。でも闘っているときは鉄砲は持っていないし、正面には出なかったと聞いたことがありました。それよりも、隊長の野田はね……」と、物静かなKさんの奥さんは顔をゆがめた。この島にもやはり日本帝国軍人の卑劣な蛮行があったのだ。——スパイ容疑の名目で老人夫婦を惨殺したこと、食糧を盗んだカドで後手に縛った五名の朝鮮人軍夫を、みせしめのために浜辺で銃殺したことなどを、Kさんの奥さんは激しく糾弾した。

その後ぼくはKさんの家を出て、出会った三名ほどの島のひとたちに尋ねた。だがそのひとたちの口から、義勇隊の犠牲者の名前は遂に一名も聞き出せなかった。また隊員だったひとにも会えなかった。阿嘉島には雑貨店が二軒ほど（ぼくが見たのは一軒）あるだけで、他の店屋はない。中年層の男子はほとんど本島などに出稼ぎに出ており、島にいるのは老人と女子、子供だけだ。若い者もまた島を出、この島も深刻な過疎に悩んでいる。島で生計がたてられるようにと、百九十トンの大型カツオ船宝泉丸を建造したが、その船さえ動かせずに、もう何カ月も沖に繋留されたままであった。だれもいない、めくるめくサンゴ礁ののどかな海を眺めながら、ぼくは阿嘉島へきたのではなく、まるで見当外れの島にきてしまったのではないかという錯覚におちいったほど、島は明るく静まり返っていた。その時になって、ぼくは二年前に沖縄へはじめて取材にきたときのことを思い出した。まったくそうだ。死んだ子の齢を数え、あれほどまでに死者たちのことをいとおしむ沖縄の人びとが、八十名もの子供たちを一度に失って、平気でいられるわけがない。しかも親や兄たちが組織していた防衛隊もあった。その親や兄たちが幼いわが子や弟たちだけを突込ませて、果して平然としていられるだろうか。

しかし、一名の犠牲者の名前も聞けなかったということで、学童の犠牲者が全くなかったとは、ぼくにもいいきれない。Kさんの奥さんがいったように、何名かの義勇隊員が犠牲となっているかも知れない。ただ、八十名という学童の一斉集団斬込み事件だけはなかったといい切ることはできる。悲惨な事件は、素朴な島から、島のひとたちが知らないまま、遠く海を越えた〝情報文化圏〟でひとつの伝説として誕生し、それがまことしやかに拡がり、書かれつづけられてきたのである。

阿嘉島からの帰路、ぼくは役場のある座間味島に寄り、助役で村の遺族会の会長をなさっている宮里さんに会うことができた。宮里さんも、そんな〝事件〟は知らないといっておられた。


追記＝「幻の〝八文半の軍靴〟」は、雑誌「伝統と現代」23号（昭和四十八年九月刊）に掲載したが、同年の沖縄戦終結記念日にあたる六月二十三日付の「サンケイ新聞」朝刊に、この趣旨を発表した。『沖縄——愛と鮮血の記録』を刊行し、いわば「〝八文半の軍靴〟は事実なり」という肯定説の先鋒をかついだ金城和彦氏は、その折、小生の否定意見に対して反論を寄せ、そのなかで、

「当時、兵士として島にいた人の話などから事実だと信じている。島の人たちは記憶が薄れたか、本当のことを話したがらないのだろう」

と、語っている。

「八十名もの児童」に斬込みをさせておいて、「記憶が薄れた」とは、あまりにも島の人たちを愚弄した発言だと思う。「島の人たちの戦争の記憶が薄れてしまったのか、本当のことを話したがらない」かどうかは、直接島の人に聞いてみればわかることである。〝八文半の軍靴〟についてはなにも語ってはくれないだろうが、当時の阿嘉島の守備隊長であった野田少佐をはじめとする兵隊たちの蛮行については、それこそ憤怒して、昨日のことのように語ってくれるだろう。〝八文半の軍靴〟の伝説は、その後沖縄県教育委員会から刊行された『沖縄県史・第十巻、沖縄戦記録12』（昭和四十九年三月）に収められた阿嘉島の人たちの当時の証言集によって、完全に否定されることになった。

しかしこののちも、例えば「いまも島民の間で語り継がれている」と、この〝伝説〟を事実として紹介する「朝日新聞」昭和五十二年（一九七七）六月十五日夕刊「やすらかに……沖縄の戦没学徒」の記事や、「兵士とともに散った阿嘉島の学童」（別冊一億人の昭和史『学童疎開』毎日新聞社、昭和五十二年九月刊）などに紹介され、なお語り継がれようとしているのである。

安仁屋政昭氏執筆になる前記『沖縄県史』の総論に、次のようにある。

「――南部戦跡観光バスのガイドに典型的にみられるように、言語に絶する県民の戦争体験を欠落させたまま、将兵中心の戦争ロマンが語られていたり、かと思うと、たとえば〝八文半の軍靴〟の名で語られる『阿嘉島少年義勇隊の斬込み』のように事実無根の伝説が流布されているありさまである。戦記が通俗的なロマンとして流布するところに戦争体験の風化がみられる。このような状態を放置しては、われわれはあの戦争の体験から歴史の教訓を何一つひきだしたことにならないだろう」

まさに、そのとおりであろう。

この「八文半の軍靴」について、もうひとつ、つけ加えておきたいことがある。

この記事が報じられたのは、昭和二十年五月十三日付の「西日本新聞」であることはすでに記したが、その後改めて当時の新聞を調べてみたところ、昭和二十年六月三日付の「毎日新聞」東京版に、〝カタカナの遺書〟と題された次のような詩が掲載されていた。

阿嘉島の子ら（沖縄）

聞くだにも　涙は止まず
常ならば　いくさ遊びに
うつつなき　幼な子らは
ちいさき手に　まこと火を噴く
手榴弾を　しかと握りて
敵陣に　敵の戦車に
突撃し　遂に散りしか。

カタカナに　遺書は記せしか
はたそれは　残さざりしか
露ほども　命惜しまず
手に重き　砲弾抱きて
子らいまだ　双葉ながらに
日の本の　桜は桜
いみじくも　散りにけるかな。

わが胸に　響きて止まぬ
八文の　軍靴の音よ
その小さき　特攻隊の
うまれしは　十を越えしか
学びしは　そもいくとせぞ
皇国のために　散れとの
それをのみ　学びたりしか。

敵せぬは　つとに知りせむ
知りつつも　止むにやまれぬ
久米の子の　血を継ぐ子らは
みそっ歯も　残りしならむ
その口に　万歳と叫び
あいつぎて　斃れたりしか。

阿嘉島の　小さき子らは
師や親が　教えのままに
いささかの　疑いもなく

生ひ足りぬ　命捧げし
あわれげに　その良き子らよ。

さきがけて　笑み散りたる
その子らに　誰か泣ざる
その子らに　誰かおくれん。

記事によれば、詩の作者は「苛烈《かれつ》なる南方各戦線《せん》を経て今もなお〇〇で活躍《やく》中の〇〇部隊詩人曹《そう》長吉田嘉《か》七氏」で、「報に涙して阿嘉島の子らを讃へ、その霊に祈る」ため、毎日新聞社に寄せられたものであるという。

「八文半の軍靴」関係の記事は、事件のあらましを伝える「西日本新聞」と〝阿嘉島の子ら〟を掲載した「毎日新聞」のほかには見当らないが、この事件を新聞で知った当時の少年たちに与えた反響は、どのようなものであったのだろう。

たまたま目にした都下町田市の町田地方史研究会発行の「町田地方史研究」第二号（昭和五十二年九月刊）に、薄井清氏が「〝狼少年〟として生きる——わが戦争体験を語る」という談話を発表している。

薄井氏は、「戦争以外を知らされず、戦争によって育てられ」、「行動も思想のすべても戦争の一点につながった生き方しか与えられず、それ以外の生き方はまったく知らされずに育った」当時の自分を狼に拾われて育てられた〝狼少年〟にたとえ、「一人の狼少年が涙をこらえ唇を噛みしめながらこの詩をノートした記憶」を語りながら、「破局に向かって突き進む戦争のもとでは、少年の心をゆする幾多の詩が生まれていたと思われます。それにもかかわらず、この詩だけが書き写されているということは、狼少年の眼が、この詩の中により鮮烈な狼少年のイメージとして読みとったからではないかと、いまにして思われます」と、語っている。

当時の純粋な〝狼少年たち〟に与えた反響は、大きなものがあったようである。

「ジュリア・おたあ伝説」について——神津島

ジュリアの墓。

ジュリア祭の由来

伊豆七島の一つ、神津島は、〝朝鮮の聖女〟と称えられるジュリア・おたあの終焉の地であり、その墓があるという。手許にある島の顕彰会から刊行されている〝ジュリア祭〟のパンフレットなどの記述によると、〝ジュリアと神津島〟との関係は次のようである。

「朝鮮の役によって三歳の時、日本につれてこられた貴族の娘〝おたあ〟は、小西行長の養女となった。行長はアウグスチノとよばれる有名なキリシタン大名である。そのもとに成長した〝おたあ〟は信仰の生活にはいり、ジュリアとよばれた。関ケ原の戦の後〝おたあ〟は、家康の側室の御もの仕えとなって、桃山、江戸、駿府の側室と共に移り住んだが、禁教令と共に神津島に流刑されたのは慶長十七年（一六一二）のことである」

「ジュリアの渡った神津島は十軒ほどの漁師の家があるだけの食べ物にも困る孤島であった。島の中央にはキリスト受難のカルワリオに似た山があり、ジュリアは神へ一心に奉仕するには絶好の地と信じ、その後、この島で約四十年間、観想生活を送り、数奇な運命を閉じた」

「たまたまこの島には小西行長の友である石田三成の一族がかくれ住むことになった。彼らはキリシタンではなかったが、ジュリアを保護したと思われる。彼らが建てたと推察される灯籠形をしたジュリアの墓は鎖国の間にも島民に護られ、約三百四十年後の今日までつつがなく建立当時のままで遺っている。日本キリシタン遺跡の中でもっとも完全でまた重要なものである」

「ジュリアの墓碑は、島民たちに女の神を祀った〝宝塔様〟として敬われて来た。隠れキリシタンを印すものが、いろいろの形で伝えられているように、ジュリアの墓碑を保護するためには〝宝塔様〟として伝えなければ、厳しい鎖国の目をのがれることができないと見た島の人びとの知恵であったに違いない。純真な島の人びとは、言い伝えに従い、毎日のように榊と線香を供え、供養しながら灯籠形をした二層の墓碑を今日まで護り続けてきたのである。

島の人びとがこの宝塔様をジュリアの墓碑と知ったのは十数年前（一九八四年五月刊の〝15周年記念・ジュリア祭しおり〟による）のことであった。ジュリアが『流刑生活でもっとも苦痛なことはミサにあずかれないこと』と訴えた手紙が遺されており、この望みを一日も早くかなえてあげ、うずもれた殉教の高徳をたたえようと島民の善意が盛り上がり、ジュリア祭がはじめられることになった」

少々長くなったが、以上が神津島におけるジュリア・おたあの事蹟と、昭和四十五年（一九七〇）から毎年五月に行われるようになった島の〝ジュリア祭〟の由来である。

資料からみたジュリア

しかし、ジュリアは神津島で本当に「四十年余島で観想生活を送って、帰天」したのだろうか。一九六〇年代末に判明したという〝宝塔様〟、流人塚にある二層の灯籠は、本当にジュリアの墓なのだろうか。例えば当時の宣教師たちの書簡などを見てみると、そのようには思えない。ジュリアは許されて神津島を出たことが推測できるのである。

それらの資料からジュリアのその後を追ってみよう。

「——皇帝はドーニャ・ユリアという大奥の侍女を少数の漁師しか住まない離島に追放した。彼女は島で数年間、数々の苦難に苦しんだ」（J・D・ガルシア注、井出勝義訳『オルファネール 日本キリシタン教会史一六〇二年～一六二〇年』、雄松堂書店、一九七七年刊。原著の出版は一六三〇年マドリード。傍点筆者）

次は、当時のマニラのスペイン人司令官で「マニラおよび日本のドミニコ会士の大恩人」であったというドン・ファン・ルイス・イコアガに宛てた、一六一八年三月二十二日の日付のあるドミニコ会士フランシスコ・モラーレスの書簡。

「——すでに私はマヌエル・ゴンサーレスの船で長い手紙を出しましたので、いま改めて申し上げる事はありません。ただ閣下がジュリア様に送って下さった銀をその方面へ行く神父に渡しました。確かにもう受け取ったと思いますが、その方は遠方に住んでいるしまた取締りが酷しいので、まだ返事がありません。閣下はこのような慈善によって功徳を重ねることになりますから、これからも続けて下さい」（ホセ・デルガード・ガルシア・O・P・編注、佐久間正訳『福者フランシスコ・モラーレス・O・P・書簡・報告』、キリシタン文化研究会シリーズ⑦、同研究会、一九七二年刊）

この書簡が紹介されている同頁の「編者解説」には、ファン・デ・ロス・アンヘレス・エルダの一六二五年三月十五日付の次のような書簡の一部も紹介されている。

「将軍によって追放された七十人の中に朝鮮生まれのジュリアという女性がいる……今マニラから信心深いキリシタンが彼女に施物を送っている」

これらの書簡から、ジュリアに対して海外からも多くの援助の手が差しのべられていたことが窺《うかが》える。

これらのことを受けた前出モラーレスのイコアガ宛ての別の書簡がある。一六二〇年二月二十八日、長崎大村鈴田牢から殉教を前にしたモラーレス最後の書簡である。

「――閣下がドーニャ・ジュリアに最初に送って下さった四百レアール（昔の貨幣）と二回目に送って下さいました二百レアールは、彼女が確かにそれを受け取ったことを私は知っています。キリスト教の事が酷しくなっているので、ドーニャ・ジュリアから受け取ったという便りはまだ来ていませんが、閣下が金をことづけた婦人から知らせがありました」（前出『福者フランシスコ・モラーレス・O・P・書簡・報告』）

これらの記述からは、ジュリアの所在は不詳だが、次に紹介するドミニコ会のホセ・デ・サン・ハシントの書簡には、当時ジュリアが長崎におり、ドミニコ会のSanta Confradia（信心会、組講）で奉仕していることを明らかにしている。

「——そのころ数人のベアタ〔注・在俗ではあるが一生を信仰に捧げた未婚の女性〕が奉行の前に連れて来られました。それは彼女たちが女の子を集めて教義を説いたり連禱《レタニーア》を教えていたからです。奉行は彼女らを叱責し、今後それをしないように命じました。その中に朝鮮生まれのジュリアという女がいました。ロザリオへの信心が深く信心会のために常によく働いていましたので、何回も自分の家や町から追い出され、今は家もなく神の御心のままに /f337v/ 家から家へと移り歩いています」（デルガード編注、佐久間正訳『福者ホセ・デ・サン・ハシント・サルバネス・O・P・書簡・報告』、キリシタン文化研究会シリーズ⑬、同研究会、一九七六年刊）

「そのころ」というのは、書簡の記述の前後から一六一九年（元和五）の八、九月ごろと推測される。

そして、一六二二年二月十五日〝日本発〟のフランシスコ・パチェコ神父の書簡の末尾に、「信仰の為に追放された高麗人大田ジュリアは、いま大坂にいる。私は既に援助したし、出来る術で施している」（J・G・ルイズデメディナ著『遥かなる高麗《カオリ》——十六世紀韓国開教と日本イエズス会』近藤出版社、一九八八年刊）

と、ある。この最後の資料集は、戦後イエズス会司祭として三十年近くをわが国で過し、その後ローマ・イエズス会歴史研究所日本布教関係史料研究部主任を務めた編著者が、イエズス会ローマ古文書館に眠る朝鮮・日本関係の未刊の教会史資料を集成したもので、これまで紹介してきた資料を含むジュリア・おたあのローマ字書簡など多数が紹介されている。編著者によれば、一六二二年二月十五日付のフランシスコ・パチェコ神父の書簡に記されている消息が「筆者が大田ジュリアに関して見出した年代的に言って最後の記録」であるという。

なお、同書に収められた各書簡、それに付されている著者の解説、付録の「韓国カトリック教会年代表」などによって、ジュリアの事蹟を年表風に跡づけると次のようになる。

一五九六年（慶長元年）五月下旬、ジュリア、熊本の宇土でモレホン神父によって受洗（「私は初めて六十名の人々に洗礼を授けましたが、その中には高麗から来てアウグスチノ〔小西〕に仕えている身分の高い者もいます」一六九六年、ペトロ・モレホンの書簡）。

一六〇〇年（慶長五）小西行長の死によって、ジュリア、家康の大奥に仕える。

一六〇六年（慶長十一）ジュリア、江戸の宮廷に仕えている。迫害の噂を聞くと遺言を書き、財産と他の持ち物を貧しいキリシタンに分け与える。

一六一一年（慶長十六）ジュリア、駿府でスペイン大使セバスチャン・ヴィスカイノを訪問する。

一六一二年（慶長十七）三月、駿府の徳川家康の侍女になっていた高麗人ジュリアが棄教を拒んだため、大島を経て無人にも等しい神津島に流される。

一六一六年（元和二）六月一日、徳川家康死去。

一六一七年（元和三）ジュリア、神津島の流刑を終えて本州へ呼び戻された後、長崎で貧しい生活を送る。ドミニコ会管区長フランシスコ・デ・モラレス神父の仲介で、フィリピンのスペイン司令官ホアン・ルイズ・デ・イコアガより施しとして銀貨を受ける。

一六一九年（元和五）フィリピンのイコアガ司令官は、大村の鈴田の牢にいるモラレス管区長を通して再びジュリアへ援助金を送る。

一六二二年（元和八）長崎から逃れてきていたジュリア、この年大坂で極貧のうちに生活する。管区長フランシスコ・パチェコは経済的に出来るだけの援助を彼女におこなう。この前後から朝鮮の教会設立につくそうと、日本を脱して祖国に戻るキリスト教徒たちが多くなる。

ジュリアの事蹟をこうして年代順に並べてみると、家康死後に幕府からなんらかの赦免の沙汰があったのではないかと推測もされるのである。いつであったか、テレビでおかしな情景を観た。ジュリアの墓というものは〝ジュリア祭〟が行われるようになった「十数年前に発見された」にもかかわらず、「島の人たちはジュリアの墓に線香を供える時、昔から十字の形にして供えてきた」などと、その場面を写し出して真《まこと》しやかにナレーターが解説していた（島の人から聞いた話では、そんなことは以前はしていなかったという）。こうしたにわかづくりの習俗も新たな伝説づくりへの架橋なのだろう。神津島におけるジュリア・おたあ殉教説は〝ジュリア祭〟と共になお伝説として成長しつづけていくのかも知れない。青森三戸の「キリストの墓」伝説同様、これも昭和になって生まれた、それも戦後になって、なんらかの意図があって生まれさせられた伝説のように思えてならない。ジュリア・おたあが神津島に流されたことは、さまざまな資料によって明らかにされている。キリシタン遺跡として、その流刑の地を崇めようということは、大いに理解できる。しかし、そのことと「島で四十年余過し、立派な墓まである」〝殉教地〟として喧伝することとは、まったく異なることであろう。どうして殉教地にしなければならないのか。疑念が生じる資料が公刊されている以上、それらの資料に目をつぶることはできない。顕彰会などでのしかるべき検討が必要であろう。そこからより真実に近い事蹟が導き出されると思うのである。

あとがき

伝説や歴史探訪といった旅に興味を抱きはじめたのは、高校時代であった。当時相ついで翻訳出版されたカミュやカフカなど、ヨーロッパの小説に心をときめかしながら、その一方で、柳田国男を耽読するといった、おかしな読書体験をつづけながら青春時代を過ごしてきたのである。

アルバイトで得たわずかな小遣いを貯えながら、何度あの魑魅魍魎《ちみもうりょう》が跋扈《ばつこ》する『遠野物語』や『雪国の春』『海南小記』の旅に憧れたかわからない。小遣いは結局食費や月謝などに消えてしまい、憧れの旅は地図帳のコースをなぞることで終わってしまった。両親とも東京生まれのためか、下町以外の地を殆ど知らずに戦後の混乱期のなかで育った物知らず、世間知らずの都会少年にとって、柳田国男の著作はまさに〝日本文化開眼〟の書であったのだ。

各地を旅するようになったのは、三十歳を過ぎてからである。書物などで知った伝説、伝承などが、その地のどのような風土のなかで生まれ、育まれてきたのかということを、自分なりに知りたいという衝動に駆り立てられて、旅に出る。そして旅からもどってほかの資料などにあたりながら探訪の整理と旅の反芻をするとき、心は弾んで精神が活性化する。そしてさらに新たな想像への羽が羽搏くのだ。資料や書物のなかを経巡《へめぐ》ることもまた、ぼくにとっては探訪の旅の一部なのである。

『伝説の旅』は、こうしたぼくの旅の記録である。各稿は一九七三年から一九七六年にわたって、主として雑誌「歴史と人物」(中央公論社刊)や「伝統と現代」(伝統と現代社刊)に連載したもので、一九八〇年七月創林社から単行本として刊行した。

刊行後は、例えば「朝日新聞」書評欄に二段見出しで取りあげられたり、「サンケイ新聞」ではかなりのスペースをさいた著者インタビューで紹介されたりして、好評であった。売れ行きも比較的順調であったが、間もなく出版社が倒産し、そのまま絶版となってしまった。ぼくにとって愛着のある本で残念に思っていたが、今回梟社林利幸氏のご好意で、新しく刊行されることになった。

読み返してみて、古さは感じなかった。伝説の寿命は長く、しかも成長をしながら何十年何百年と生きつづけるものだということを、改めて知らされた思いがする。この機会に、全編の構成も整えて加筆し、一部写真を入れかえた。沖縄に取材したものは、「八重山のキリシタン事件」を除いてⅢ「沖縄・先島を歩く」にまとめ、同稿を含め新たに六編を書き加えた。「樹のなかのひみつ」、「石になった八重山乙女」、「津波と人魚の話」、「女は戦さの先ばり」、「宮古島をめぐって」などで、加筆を含む書下ろし新稿は百枚をこえた。Ⅳ「伝説の真偽」の「ジュリア・おたあ伝説について」は、一九八七年新潮社〝新潮選書〟の一冊として刊行した『キリシタン伝説百話』を一九九六年筑摩書房〝ちくま学芸文庫〟に移した時、〝昭和のキリシタン伝説〟として新しく書き加えたものである。

旧版の稿を大きく改めたものはない。ここに収めた各伝説への関心は現在も依然として継続中だが、その後いくつか新しい事実が生じているものがある。謎に包まれた秋田大湯の「環状列石」は一九八五年七月、遺構から甕棺《かめかん》が出土した。脂肪酸分析法で調べたところ、ヒトとみられる体脂肪が検出され、環状列石は「縄文時代の墓にほぼ間違いない」ことが判明したという（「朝日新聞」一九八六年五月十六日朝刊）。

また、山形県以東岳の大鳥池に棲息する「幻の魚瀧太郎」について。十年ほど前に地元の登山パーティの一行が、大鳥池で「体長二メートル以上もある大魚の背ビレが湖面に出ているのを見た」という話を、耳にした。酒田の旅館の主人にはじめて話を聞いてから、瀧太郎は伝説の巨魚として、さらなる成長をつづけているようである。

著者略歴

谷 真介（たに しんすけ）
1935年東京に生まれる。中央大学第二文学部中退。編集者をへて、児童文学の分野で活躍する。この間、キリシタン史、沖縄史に関心を示してきた。1992年、巌谷小波文芸賞を受賞。著書に、『沖縄少年漂流記』、『台風の島に生きる——石垣島の先覚者岩崎卓爾の生涯』、『失われぬ季節』、『みんながねむるとき』、『キリシタン物語』全7巻、『キリシタン伝説百話』などの他、多数の絵本がある。

伝説の旅

2003年9月7日・第1刷発行

定価＝1900円＋税
著者＝谷 真介
発行者＝林 利幸
発行所＝梟 社
〒113-0033 東京都文京区本郷2-6-12-203
振替・00140-1-413348番 電話 03(3812)1654
発売＝株式会社 新泉社
〒113-0033 東京都文京区本郷2-5-12
振替・00170-4-160936番 電話 03(3815)1662 FAX 03(3815)1422

印刷・編集工房egg 長野印刷
製本・並木製本

山深き遠野の里の物語せよ

菊池照雄

四六判上製・二五三頁・マップ付
写真多数
一六八〇円＋税

哀切で衝撃的な幻想譚・怪異譚で名高い『遠野物語』の数々は、そのほとんどが実話であった。山女とはどこの誰か？　山男の実像は？　河童の子を産んだと噂された家は？　山の神話をもち歩いた巫女たちの足跡は？　遠野に生まれ、遠野に育った著者が、聴耳を立て、戸籍を調べ、遠野物語の伝承成立の根源と事実の輪郭を探索する／朝日新聞・読売新聞・河北日報・岩手日報・週刊朝日ほかで絶讃。

遠野物語をゆく

菊池照雄

A五判並製・二六〇頁・写真多数
二〇〇〇円＋税

山の神、天狗、山男、山女、河童、座敷童子、オシラサマ。猿、熊、狐、鳥、花。山と里の生活、四季と祭、信仰と芸能——過ぎこしの時間に埋もれた秘境遠野の自然と人、夢と伝説の山襞をめぐり、永遠の幻想譚ともいうべき『遠野物語』の行間と、そのバックグラウンドをリアルに浮かびあがらせる珠玉の民俗誌。

神と村

仲松弥秀

四六判上製・二八三頁・写真多数
二三三〇円＋税

神々とともに悠久の時間を生きてきた沖縄＝琉球弧の死生観、祖霊＝神の信仰と他界観のありようを明らかにする。方法的には、南島の村落における家の配置から、御嶽や神泉などの拝所、種々の祭祀場所にいたる綿密なフィールドワークによって、地理構造と信仰構造が一体化した古層の村落のいとなみと精神史の変遷の跡を確定して、わが民俗社会の祖型をリアルに描き出す。伊波普猷賞受賞の不朽の名著。

うるまの島の古層

琉球弧の村と民俗

仲松弥秀

四六判上製・三〇二頁・写真多数
二六〇〇円＋税

海の彼方から来訪するニライカナイの神、その神が立ち寄る聖霊地「**立神**」。浜下りや虫流しなどの**渚**をめぐる信仰。**国見の神事**の祖型。南島の各地につたわる**オナリ神**の諸相——こうした珊瑚《うるま》の島の民俗をつぶさにたずね、神の時間から人の時間へと変貌してきた琉球弧＝沖縄の、村と人の暮しと、その精神世界の古層のたたずまいを愛惜をこめて描く。

十七年目のトカラ・平《たいら》島《じま》

稲垣尚友

四六判上製・二七七頁
二二〇〇円＋税

かつて放浪の旅のすえ、奄美大島で出会った風物と人間に金縛りにあったナオは、奄美の北、トカラ諸島の中ほどにある平島に住みつく。そこでの人と暮しを記録し続けて数年、思わぬ筆禍事件によって、追われるように島を離れてから十七年後、竹細工職人として一流をきわめたナオは、今浦島子のように、畏怖し愛執する島に戻る。巧まざるユーモア、人間味あふれる辺境の島の人と暮しを活写して、現代文明を鋭く照らしかえす会心の私記録。各誌紙絶讃。

密林のなかの書斎

稲垣尚友

四六判上製・三〇五頁
二五〇〇円＋税

『十七年目のトカラ・平島』で、二昔ぶりの帰島を果たしたナオは、その翌年、再び島にわたった。だが、あらためて見れば、かつてナオが、その前近代性を指摘して筆禍事件のもととなった島の古い体質は、この二十年の間に確実に変様し、一方で、ナオが原初を夢想した往時の島の活力もその面影を失ったかに見えた。ナオは、中央と辺境の差異を解体され、成熟は喪失の謂でもあった島のわが民俗社会の生きざまを新たに記録するために、密林の中に板切れ一枚の書斎をかまえる。

和田博夫著

●障害者の医療はいかにあるべきか1

福祉と施設の模索

四六判上製・三七〇頁
二八〇〇円＋税

ポリオや脳性マヒなどの四肢不自由に悩む障害者への機能改善医療の可能性を求めて四十余年。機能改善は不可能とする医学界の常識と闘いながら、野の医師・和田博夫が執刀した手術例は数千に及んだ。患者たちから現代の赤ひげ先生と慕われた氏が、本書では、時代の福祉施策を批判しながら、障害者が生きる場のひとつとして、施設はどうあるべきかを問い、医療と福祉の現在と未来を模索する。

●障害者の医療はいかにあるべきか2

機能改善医療の可能性

四六判上製・三一八頁
二八〇〇円＋税

ひとりの整形外科医として、和田医師ほど四肢不自由に苦しむ人々が、自力で歩むことに愛と情熱を傾けてきた者はいない。眼前に存在する、医療を必要とする障害者に、自身の医術のすべてをもって応答することを自らに課した異数の医療者の、真摯な医学的模索、思想と人間の輪郭が、本書において浮かび上がる。

●障害者の医療はいかにあるべきか3

障害者とともに歩んで

四六判上製・三九四頁
二八〇〇円＋税

時の医療や施設からしめ出された人びとが、人間らしく生きることのできる方途は、どこに、どうあるべきか、ひたすらな実践者として生き、障害者とともに歩みつづけた和田医師が逝った。小さきもの、弱きものへのまなざし、たくまざるユーモアの姿形、ほんとうのものへの信頼と不屈の信念、私心なき闘いの生涯が、ここに静かに刻銘されている。